TEORÍA Y PRÁCTICA DE
LAS VELAS

Joachim Schult

TEORÍA Y PRÁCTICA DE LAS VELAS

Nuevos diseños
Materiales modernos
Trimado y optimización

VOLUMEN 13

Editor: David Domingo
Coordinación editorial: Paloma González
Traducción: Max Strempel
Revisión técnica: Manuel Figueras

Primera edición: 2006
Segunda edición: 2009
Tercera edición: 2015

No está permitida la reproducción total o parcial de este libro, ni tampoco su tratamiento informático, ni la transmisión de ninguna forma o por cualquier medio, ya sea electrónico, mecánico, por fotocopia, por registro u otros métodos, sin el permiso previo y por escrito de los titulares del Copyright.

Traducción de la 11.ª edición publicada en alemán con el título: Segeltechnik.

© 2004 by Delius Klasing Verlag GmbH, Bielefeld
© 2006 by Ediciones Tutor, S.A.
c/ Impresores, 20
P. E. Prado del Espino
28660 Boadilla del Monte, Madrid
Tel.: 91 559 98 32
E-mail: info@edicionestutor.com
www.edicionestutor.com

Socio fundador
de la World Sport Publishers' Association
(WSPA)

Dibujos: Joachim Schult, John Bassiner

ISBN: 978-84-7902-600-4
Depósito legal: M-29.562-2015
Impreso en Artes Gráficas COFÁS
Impreso en España – Printed in Spain

> NOTA: El autor y los editores han puesto todos los medios a su alcance para garantizar una información exacta en el momento de la publicación de este libro, lo que presupondrá de ningún modo que deban asumir responsabilidades legales de ningún tipo sobre el empleo de los métodos o productos descritos en el mismo.

ÍNDICE

PRÓLOGO 7

1. **LA ENERGÍA EÓLICA ES GRATUITA** 9
2. **AERODINÁMICA A BORDO** 27
3. **ECONOMÍA DEL VIENTO** 43
4. **EL BALANDRO MODERNO Y SUS VELAS** 61
5. **LA VELA MAYOR** 77
6. **LA INTERACCIÓN ENTRE LA MAYOR Y LAS VELAS DE PROA** 123
7. **VELAS DE PROA GEOMÉTRICAS** 135
8. **VELAS DE PROA ASIMÉTRICAS: CÓDIGO CERO, GENNAKER, BLISTER** 165
9. **EL SPI ES UNA VELA DE PROA SIMÉTRICA** 187
10. **EQUILIBRIO DE FUERZAS: TIMÓN Y RUMBO** ... 207
11. **SOBREPASAR LA VELOCIDAD DEL CASCO, ¿O FRENAR RIZANDO?** 223

ÍNDICE ALFABÉTICO 235

Prólogo

El buen hacer marinero abarca el manejo elemental de un barco, ya sea propulsado a remo, a motor o con una simple vela.

Por contra, la técnica de la vela consiste en el uso correcto de la superficie vélica disponible, que es soportada por un aparejo más o menos complicado, para navegar con seguridad y rapidez en todas las condiciones meteorológicas.

Los conocimientos teóricos y las habilidades prácticas necesarias ya se explicaron durante muchos años en las 10 ediciones anteriores de este libro. Para la nueva generación de aficionados a la navegación a vela, para los que la imagen es un medio importante e incluso imprescindible de aprendizaje, se ha desarrollado cuidadosamente esta 11.ª edición, que incluye 240 figuras didácticas a dos colores. He intentado explicar con la mayor sencillez posible relaciones aparentemente complicadas, pero también he explicado con detalle las cosas más simples.

Este libro no sólo está pensado para los responsables de la escota o la caña, que deben tomar decisiones técnicas. También está dirigido a los aficionados ocasionales o inactivos, para que puedan entender las muchas posibilidades diferentes de trimado. Esta obra ha sido escrita siguiendo el lema "aprender sin grandes dificultades" y tengo la esperanza de que el lector percibirá que he transmitido la experiencia adquirida durante una larga vida dedicada a la navegación a vela.

A bordo del *Cormorán*, julio de 2004

Joachim Schult

ND

La energía eólica es gratuita

El viento es la fuente de energía de nuestro barco. Genera la fuerza para que éste pueda moverse. Sin embargo, antes de tratar la pregunta de cómo una vela se convierte en el motor eólico más antiguo que se conoce, nos vemos obligados a especificar con mayor detalle el concepto de "viento".

Lo que en tierra se conoce generalmente como "viento" (el movimiento horizontal o, a veces, también vertical del aire, que puede percibirse por razones meteorológicas tanto en el mar como en tierra) será descrito en este libro como viento atmosférico. Este movimiento del aire sólo se percibe en un lugar de observación que no se mueva. Para el navegante a bordo de un velero en movimiento este viento atmosférico o viento real sólo tiene un significado relativo. A bordo de un velero en movimiento sólo se percibe el viento relativo, que se encuentra en un lugar entre el viento atmosférico y el viento generado por el avance del velero. Este viento también es llamado viento aparente; sin embargo, en este libro evitaremos esta expresión. Ya explicaremos el porqué más adelante.

La dirección del viento atmosférico puede reconocerse en tierra y en el mar observando columnas de humo y banderas, la dirección de los barcos fondeados o la dirección de las olas sobre la superficie del agua. Meteorológicamente se describe la dirección del viento según la dirección de donde sopla, por ejemplo, el viento del norte sopla del norte y el viento del sudoeste, del sudoeste.

■ LA VELOCIDAD DEL VIENTO PUEDE MEDIRSE

La velocidad del viento se indica en metros por segundo (m/s), en nudos (kn), en kilómetros por hora (km/h) o en millas inglesas por hora (mph).

TEORÍA Y PRÁCTICA DE LAS VELAS

La conversión de estas unidades puede consultarse en la escala de valores (fig. 1). Uno puede estimar la velocidad del viento y clasificarlo, segun los valores medidos o estimados en la escala de la fuerza del viento creada en 1805 por el almirante británico Beaufort. Mientras que internacionalmente se indica la velocidad del viento en nudos, en algunos partes meteorológicos se indica según la escala Beaufort. En la aerodinámica se calcula la velocidad del viento en metros por segundo.

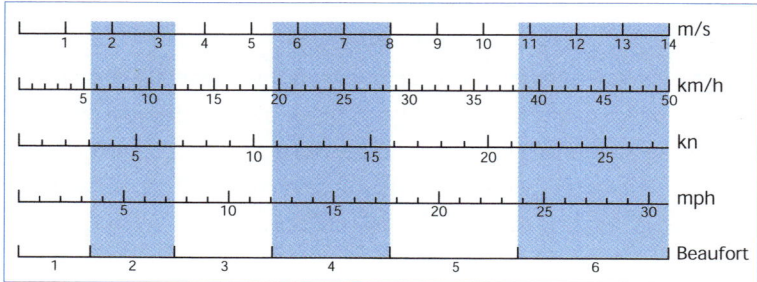

Fig. 1 Escala de valores comparativa de la velocidad del viento en (de arriba abajo) metros por segundo (m/s), kilómetros por hora (km/h), nudos (kn) (valor tradicionalmente marino y meteorológico), millas inglesas por hora (mph) y según la escala Beaufort.

Considero que la definición "fuerza del viento" es algo engañosa si se emplea como sinónimo de velocidad del viento. Las doce graduaciones en las que se divide la escala Beaufort y en la que pueden integrarse las escalas de 0-36 m/s o 0-64 nudos es demasiado amplia para especificar la fuerza que actúa durante la navegación a vela. La expresión "fuerza" siempre está relacionada con "intensidad". Asimismo, la fuerza o energía que nos suministra el viento no crece de forma lineal, como podría deducirse de la escala Beaufort, sino que se va multiplicando gradualmente. La diferencia puede observarse en la figura 2.

- En las áreas inferiores hasta Bft 3 se percibe la aceleración de la velocidad del viento con mayor claridad que su aumento de fuerza. Es decir, un viento ligero en el límite inferior de una brisa moderada (Bft 3 = máx. 5,4 m/s o 10 kn de viento) tiene relativamente poca fuerza, 1,9 daN/m² (19 N/m²).
- Entre fuerza 4 y 5 (entre 11 y 21 nudos) la velocidad del viento sólo

LA ENERGÍA EÓLICA ES GRATUITA

crece 10 nudos, pero la fuerza del viento aumenta hasta 7,6 daN/m² (76 N/m²), con lo que casi se cuadriplica.
- A partir de fuerza 6, el viento ya puede considerarse fuerte, y su intensidad se duplica con cada graduación de la escala, de forma que cualquier subestimación de la velocidad del viento puede ser peligrosa si no se reconoce su verdadera fuerza.

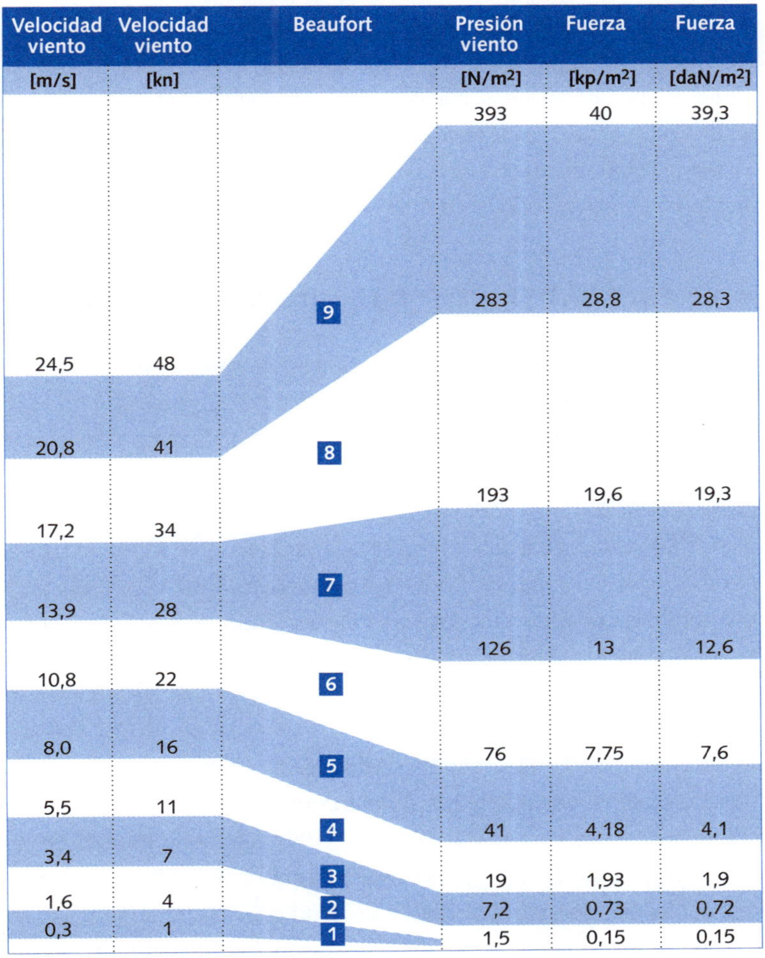

Velocidad viento [m/s]	Velocidad viento [kn]	Beaufort	Presión viento [N/m²]	Fuerza [kp/m²]	Fuerza [daN/m²]
			393	40	39,3
		9			
			283	28,8	28,3
24,5	48				
20,8	41	8			
			193	19,6	19,3
17,2	34				
13,9	28	7			
			126	13	12,6
10,8	22	6			
8,0	16				
		5	76	7,75	7,6
5,5	11				
		4	41	4,18	4,1
3,4	7	3			
1,6	4	2	19	1,93	1,9
0,3	1	1	7,2	0,73	0,72
			1,5	0,15	0,15

Fig. 2 *Al observar la escala Beaufort debe tenerse en cuenta que la fuerza del viento no crece de forma lineal, sino que crece progresivamente con el cuadrado de la velocidad del viento, tal y como muestran claramente los valores en newtons por metro cuadrado.*

Esta diferente valencia de la fuerza del viento siempre debe estar presente en nuestras mentes. Muchas tripulaciones no son conscientes de que la fuerza del viento prácticamente se dobla de 19 a 41 N/m^2 cuando el viento aumenta una graduación en la escala Beaufort (en este caso, de 11 a 16 nudos); ni que este valor casi vuelve a doblarse de 41 a 76 N/m^2 cuando pasamos de fuerza 5 a 6, con un aumento de sólo 6 nudos en la velocidad del viento.

Un pequeño aumento de la velocidad del viento genera un considerable incremento de la fuerza del viento: si con fuerza 4 la velocidad del viento aumenta un nudo, su fuerza aumenta 7,5 N/m^2. Sin embargo, si con fuerza 6 aumenta un nudo, su fuerza aumenta 13 N/m^2 y con fuerza 8, incluso 19 N/m^2. Esto representa un aumento considerable de la energía del viento en el mar, especialmente, con viento racheado.

■ LA FUERZA DEL VIENTO SE MIDE EN NEWTONS (N)

Este valor del sistema de unidades internacional lo aplicaremos en nuestro cálculo (más adelante) a un metro cuadrado de superficie vélica (N/m^2), de forma que cada navegante pueda calcular para su barco y superficie vélica la utilidad o peligrosidad de la energía obtenida por el viento atmosférico en un rumbo determinado. En la quinta columna de la fig. 2 se ha indicado esta fuerza del viento aplicada verticalmente sobre una placa plana en kp/m^2 (kilopondios por metro cuadrado; 9,81 N = 1 kp), tal y como puede consultarse en los libros especializados más antiguos y que facilita el entendimiento al convertir la fuerza en masa. Actualmente se mide en decanewtons por metro cuadrado (daN/m^2) y, más correctamente, en N/m^2, tal y como haremos aquí.

Sin embargo, este valor con un coeficiente de 1,0 hace referencia a un obstáculo que opone resistencia al viento, que está en su camino y al que puede ejercer presión: por ejemplo, la pared de una casa o el casco de un barco con su aparejo en el lugar de fondeo. Y también es válido para la fuerza del viento que genera el oleaje y que produce el sistema de olas. Un ejemplo ilustrativo de lo que significan 40 N o 4 daN puede obtenerse cuando se hace volar una cometa, de solo un metro cuadrado de papel, a la que hay que dominar con una cuerda, cuando encuentra el viento en altura.

Sin embargo, nuestra vela no es una placa plana, sino una máquina motriz de energía eólica (aunque se trate de una máquina muy simple, pero más potente). Gracias a su diseño y a un ángulo de incidencia adecuado, puede generar más energía. Esta fuerza vélica puede calcularse, por ejemplo, con un coeficiente de fuerza del viento de 1,5, tal y como podremos ver más adelante. Pero primero seguiremos con la energía del viento.

■ EL GRADIENTE VERTICAL DEL VIENTO

Es otro factor, no siempre muy agradable, que debemos tener en cuenta como usuarios de un motor eólico. Entendemos bajo este concepto la reducción de la velocidad del viento atmosférico de arriba abajo, es decir, el aumento de la fuerza del viento hacia arriba en función de la estructura de la capa limítrofe encima del mar y la tierra. El espesor de esta capa depende de la orografía de la superficie de la tierra y de las capas de temperatura del aire, oscilando entre 10 y 100 m. Debajo hay la capa limítrofe, en la que percibimos la velocidad del viento y en la que el viento atmosférico determina la dirección y la fuerza de las olas (fig. 3).

La potencia y la rapidez con las que el viento desciende de las capas de aire superiores a la capa siguiente que se encuentra por encima del nivel del mar dependen del estado de la mar y de la velocidad del viento. El mar abierto tiene una superficie de rugosidad diferente en función de la mar de viento generada por el flujo de aire. Debido a estos gradientes verticales del viento, las velas, que izamos en palos altos, están sometidas a diferentes velocidades del viento; por ejemplo, a la altura de la botavara tenemos una diferente fuerza que en la zona central o a tope del palo. Conocemos los efectos de la diferente aportación de energía eólica, que varía con la altura de la jarcia gracias a la torsión de la vela; pero también hay que considerar otros factores.

Así, por ejemplo, si el equipo de viento, a 10 metros de altura, nos indica fuerza 5, en cubierta y a 2 m por encima del nivel del mar sólo percibimos fuerza 4. O si a 15 metros, con fuerza 6 actúan 25 nudos de viento en la parte superior de la vela, en la bañera sólo apreciamos o podremos medir 19 nudos con el anemómetro de mano (fig. 4). Cuanto menor sea la velocidad del viento del día, menores serán las diferencias con relación a la altura. Dicho de otro modo, a mayor fuerza del viento, más efecto sobre el gradiente vertical respecto de la diferente velocidad del viento.

TEORÍA Y PRÁCTICA DE LAS VELAS

Posteriormente, cuando calculemos la fuerza vélica bajo distintas condiciones de viento y en diferentes rumbos con respecto al viento, volveremos a hacer referencia al diagrama del gradiente vertical del viento.

El beneficio que podamos obtener de la velocidad del viento atmosférico reinante también depende de si podemos ofrecer toda la superficie vélica al flujo de viento de forma óptima. Estas condiciones sólo se dan cuando un barco navega adrizado (fig. 5). Cuanto más escora un barco, más reducimos la superficie útil y menos viento puede aprovechar la vela, con

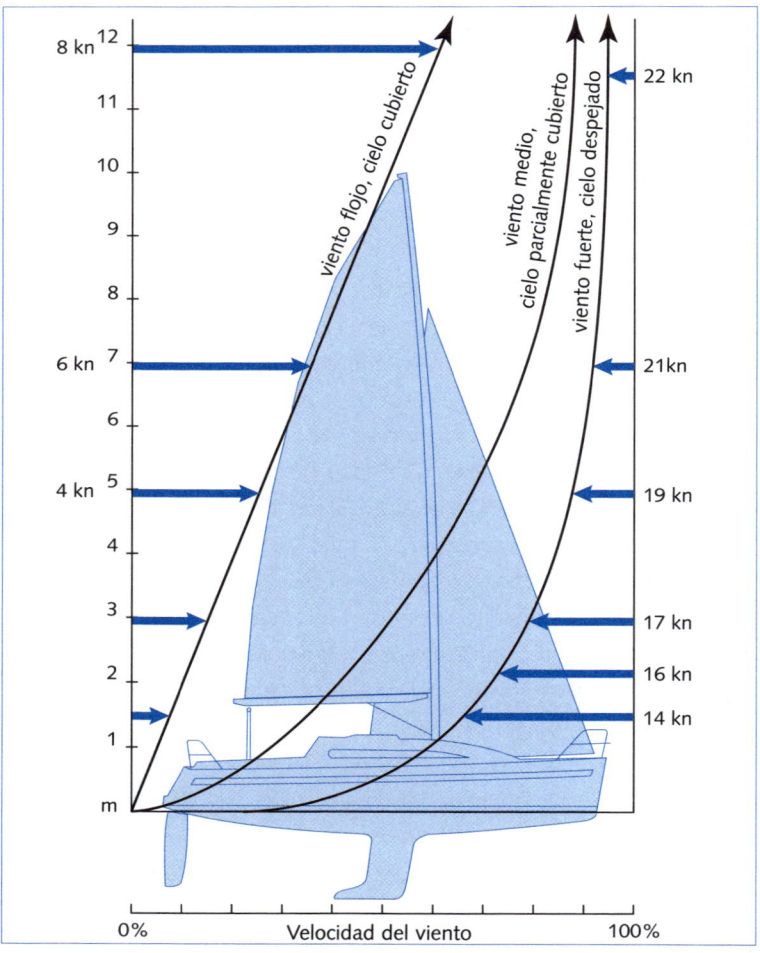

Fig. 3 *La velocidad del viento aumenta con la altura por encima del agua y varía según las diferentes condiciones meteorológicas.*

lo que se reduce la fuerza vélica y, en consecuencia, la velocidad. La figura 5 muestra que con un 30% de escora la pérdida de superficie efectiva es de un 13%.

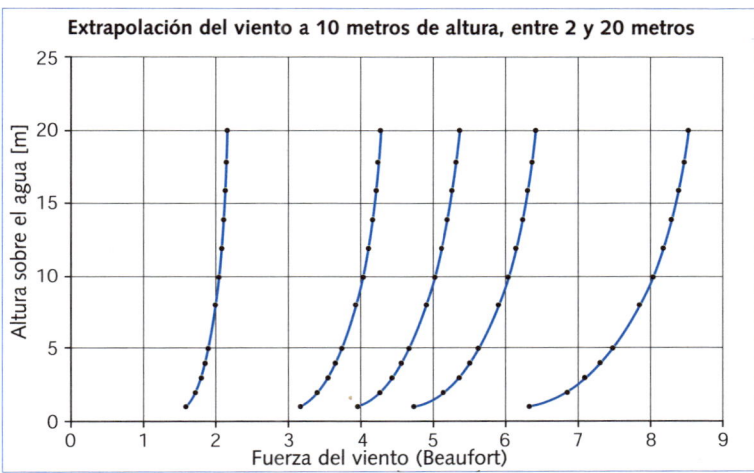

Fig. 4a Cambio de la velocidad del viento con la altura calculado sobre la escala Beaufort.

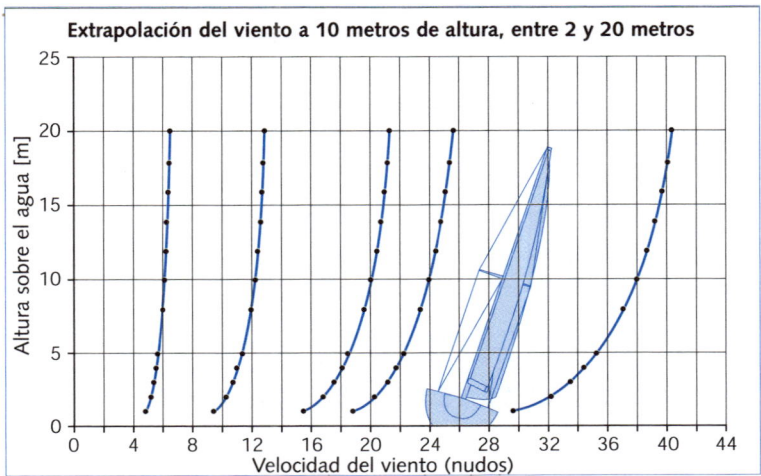

Fig. 4b Cambio de la velocidad del viento en nudos con la altura. Las dos ilustraciones muestran el gradiente vertical del viento calculable a partir de una velocidad del viento medida o predicha a 10 m de altura.

TEORÍA Y PRÁCTICA DE LAS VELAS

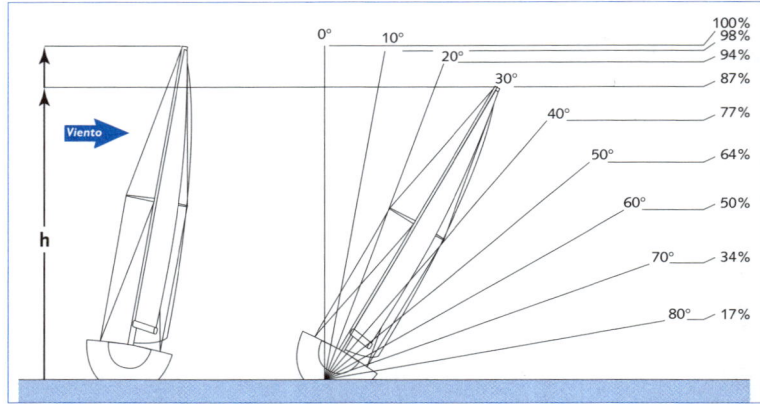

Fig. 5 *Cuanto más escore un barco, menos viento aprovecharán las velas.*

Otro efecto secundario negativo de la escora es la variación del ángulo de incidencia de la vela causada por la inclinación del palo. Tal y como veremos posteriormente, la efectividad óptima del ángulo de incidencia, por ejemplo, de 20 grados respecto al viento relativo de a bordo, que se consigue cuando el barco está adrizado, se reduce a la mitad si el barco escora unos 25°. Asimismo, también cambia el embolsamiento de las velas que, actuando como cámara de combustión, es lo que más influye sobre la potencia específica de las velas. (En caso de peligro, la escora también puede emplearse como válvula de seguridad para utilizar menos energía eólica.)

En este libro no trataremos los fenómenos del viento, como brisas marinas o terrales, rachas y chubascos, cambios de dirección en costas planas, turbulencias en cabos, corrientes de aire en estrechos u otras peculiaridades.

■ ¿CÓMO SE GENERA LA FUERZA DEL AIRE?

Meteorológicamente, el viento se genera como consecuencia de la diferencia de presión entre dos zonas: el aire fluye de una zona de presiones altas, que se define como anticiclón, a una zona de presiones bajas, llamada depresión. Esta compensación de presión no sólo se produce

LA ENERGÍA EÓLICA ES GRATUITA

a gran escala, es decir, entre el Atlántico Norte y el continente europeo, sino también localmente sobre nuestras cabezas, por ejemplo, cuando pasa un frente tormentoso con sus típicas formaciones de nubes. Existe viento en todos los lugares del planeta porque la Tierra está envuelta en una capa de aire; para ser más exactos, estamos envueltos en una masa compuesta de gases. El aire como masa tiene peso y densidad (1.225 kg/m^3 es la densidad del aire a 15° de temperatura y 101.300 N/m^2 o 1013 hPa al nivel del mar) y, puesto que el aire llega hasta una altura muy elevada, ejerce sobre la Tierra una presión determinada. Cuando medimos la presión estamos pesando la columna de aire en el lugar de observación. Esta medición se realiza a gran escala en diferentes estaciones meteorológicas, pero también en puntos determinados de nuestra vela cuando se efectúan los correspondientes ensayos con diferentes porcentajes de embolsamiento (véase la fig. 21) o entre la vela de proa y la mayor y en el canal de aire entre ambas.

Con la mínima diferencia de presión el aire fluye de inmediato y con la velocidad correspondiente desde la zona de mayor presión hacia la zona de menor presión. Fluye hasta que se ha producido un equilibrio de la presión y, si se hace fluir por una vela con la forma adecuada, puede crear empuje y, en combinación con el casco del barco, obtener fuerza, avance o propulsión.

La masa de aire genera una presión que se corresponde con el estado de su movimiento: una masa inmóvil genera una "presión estática" y una masa en movimiento, una "presión dinámica". En cada estado el aire dispone de una energía determinada y, puesto que puede pasar de un estado inmóvil a un estado móvil (y viceversa), también cambia la distribución de su porcentaje energético intrínseco. Según la ley de la conservación de la energía, ésta no puede crearse ni destruirse, sino únicamente pasar de una forma a otra. La energía global es la misma.

Para los navegantes de un velero esto significa que en un día de calma el aire inmóvil sólo dispone de energía estática. Sin embargo, el viento como aire en movimiento posee energía cinética más un determinado porcentaje de energía estática. Cuando colocamos nuestras velas al viento aprovechamos la presión dinámica del flujo de la masa de aire y (principalmente) el porcentaje de energía cinética. Cuanto más sopla el viento, es decir, cuanto mayor es el flujo de aire, más aumenta el porcentaje de energía cinética y se reduce el porcentaje de energía estática.

TEORÍA Y PRÁCTICA DE LAS VELAS

El proveedor de energía eólica para navegar a vela no es el viento (atmosférico) sobre el agua, sino el viento generado por nosotros mismos a bordo del barco. Es un viento relativo originado en un sinfín de variaciones a partir del viento atmosférico y el viento causado por el avance del velero. Evito conscientemente hablar de viento aparente, ya que no se trata estrictamente de una fuerza aparente, sino de una fuerza real que permite generar la energía con la que nuestras velas pueden desarrollar una potencia medible y conseguir el avance del barco. Asimismo, también evito hablar de viento real que, en la mayoría de los casos, he sustituido por la denominación de viento "atmosférico".

Mientras que navegando podemos reconocer sin problemas la dirección del viento atmosférico observando la dirección de las olas y conocemos perfectamente el viento causado por el avance del velero gracias al rumbo navegado y a la velocidad del barco, los instrumentos de a bordo nos muestran la dirección del viento de a bordo.

Los indicadores de viento más simples son los catavientos, que son unos hilos de lana que se colocan en los obenques a la altura de los ojos, y las veletas giratorias colocadas a tope del palo. Quienes deseen navegar veloces encontrarán en el mercado un sinfín de sofisticados aparatos electrónicos, con sensores de viento en el palo e indicadores en la bañera a la vista del timonel. Estos aparatos no sólo registran la velocidad del viento, sino también los cambios en el ángulo del viento, de forma que ya no resulta difícil darle al viento de a bordo un aspecto geométrico y representarlo en el paralelogramo de las velocidades.

■ UN DIBUJO PARA EL VIENTO DE A BORDO

En la práctica también puede realizarse este paralelogramo: tomando como base la posición del palo de nuestro barco trazamos el vector del viento atmosférico en la dirección de las olas. Seguidamente, trazamos el vector del rumbo del barco. La longitud del vector del viento atmosférico nos la da el parte meteorológico o un cálculo del viento determinado a partir del oleaje (aquí: 13 kn = Bft 4). La longitud del vector del viento causado por el avance del barco se corresponde con la velocidad del mismo (en este caso, 5 nudos). A continuación, prolongamos estos dos vectores paralelamente a su vector opuesto.

LA ENERGÍA EÓLICA ES GRATUITA

En el paralelogramo de velocidades obtenido podemos apreciar como resultante la dirección y la velocidad del viento de a bordo en forma de flecha negra. Este esbozo también nos ofrece el ángulo del viento, si nuestras velas están trimadas según el ángulo de incidencia óptimo, con respecto al viento de a bordo (en este caso, un rumbo de ceñida). Estos valores también se nos muestran en los barcos de regatas que estén equipados con ordenadores de a bordo. (Oficialmente, el ángulo entre el rumbo y el viento atmosférico se denomina "ángulo de viento real" y el ángulo entre el rumbo y el viento de a bordo, "ángulo de viento aparente".) Para entender la técnica de la vela también es útil conocer el ángulo

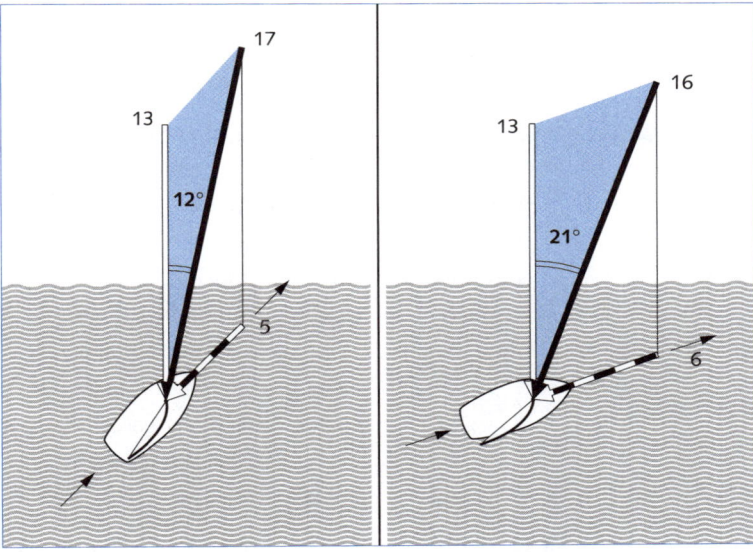

Fig. 6 Rumbo de ceñida óptimo. El viento de 17 nudos a bordo es mucho más fuerte que el viento atmosférico que ha generado el oleaje. La diferencia de dirección de ambos es pequeña, 12°. El "ángulo de viento aparente" es de 33° y el ángulo de viento real, de 45°. El barco navega con la mar en contra a 5 nudos.

Fig. 7 Rumbo de bolina con un ángulo de viento de 50° con respecto al viento de a bordo. Con 16 nudos, su velocidad sigue siendo mayor que la del viento atmosférico. La diferencia angular entre ambos ha aumentado hasta 21° porque también ha aumentado la velocidad en un nudo, gracias a enfrentarse a una mar más cómoda.

TEORÍA Y PRÁCTICA DE LAS VELAS

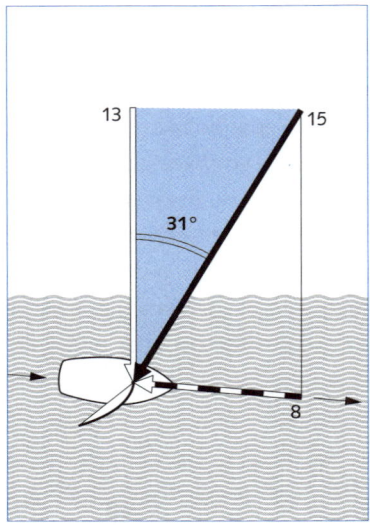

Fig. 8 *El rumbo de través paralelo a las olas es, con 8 nudos, el más rápido: el viento de 15 nudos a bordo sigue siendo más intenso que el viento atmosférico que ha generado el sistema de olas, y el barco ya no tiene que navegar con mar en contra.*

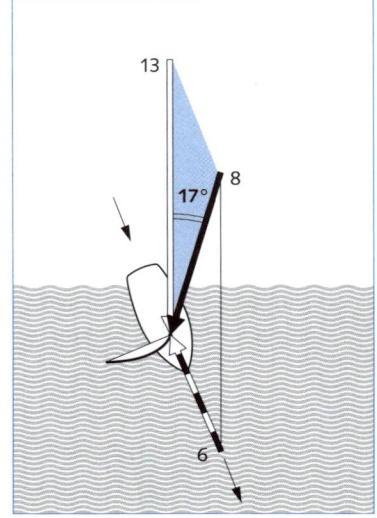

Fig. 9 *Navegando con el viento por la aleta con 6 nudos de viento, el viento de a bordo y el viento atmosférico son similares. La fuerza del viento (supuesta) sobre las velas trimadas en este rumbo se reduce considerablemente, porque ya no pueden trabajar de forma óptima como motor eólico a un rumbo de 160° con respecto al viento.*

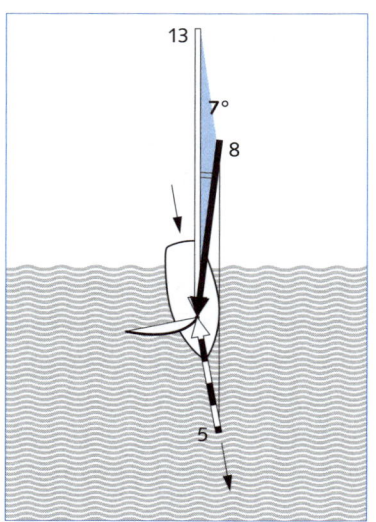

Fig. 10 *Viento de popa. Incluso un barco rápido se obstaculiza a sí mismo, porque su velocidad sigue reduciendo el viento de a bordo, todavía de 8 nudos, y la vela no trabaja aerodinámicamente. Incluso izando el spi este barco navegará a menor velocidad que en otros rumbos indirectos.*

formado en los diferentes rumbos entre el viento atmosférico y el viento aparente.

En las figuras siguientes, el vector blanco abierto representa la fuerza y la dirección constante del viento atmosférico, y el vector blanquinegro, la fuerza del viento generado por el avance (que cambia según el rumbo y la velocidad). La flecha negra representa la dirección y la fuerza del viento de a bordo relativo, que también cambia en correspondencia. Todos los parámetros de velocidad están en nudos. Los barcos están insertados en una representación del oleaje tal y como lo aprecia la tripulación de un barco y en ella puede reconocerse indirectamente la dirección del viento atmosférico.

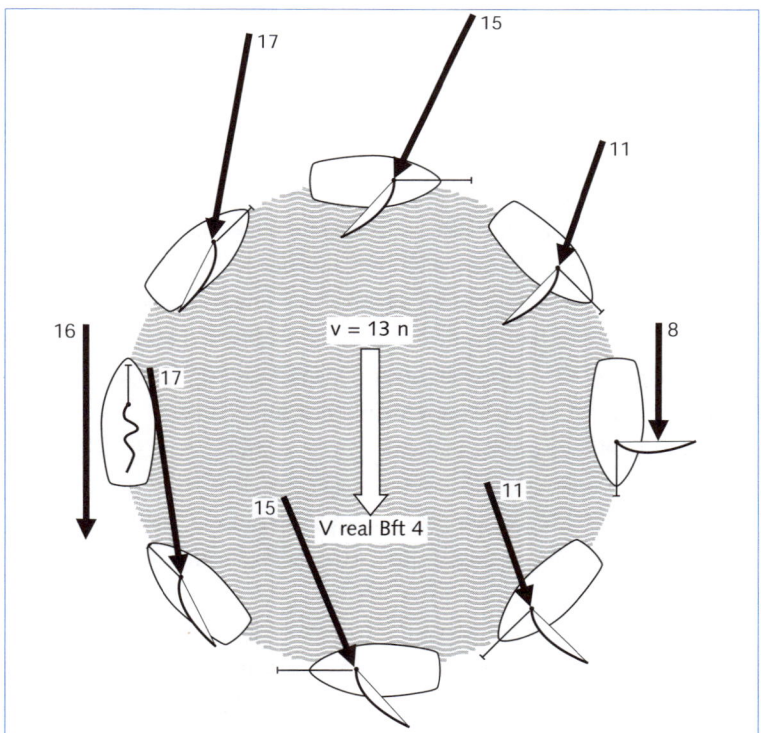

Fig. 11 El carrusel del viento aparente muestra cómo cambia su dirección y velocidad (fuerza) en una vuelta de 360°. El viento cambia 68° (34° a cada lado) y pasa de 17 a 8 nudos para volver a 17 nudos. Una tripulación debe considerar estos parámetros, por ejemplo, a la hora de dar una vuelta completa en caso de hombre al agua.

La resultante de este paralelogramo, la flecha negra, es la dirección y la velocidad del viento aparente de a bordo que muestran los numerosos equipos de viento disponibles. Con su ayuda trimamos las velas con un ángulo de incidencia óptimo.

En figuras posteriores mostraremos cómo se aprovecha la fuerza vélica y se convierte en avance. Ahora sólo debe interesarnos el comportamiento del viento de a bordo en los diferentes rumbos del barco con respecto al viento.

En el dibujo se han redondeado los valores exactos para mostrar que el viento de a bordo siempre viene más de proa que el viento atmosférico y que la diferencia de dirección entre ambos puede ser notablemente grande. Para indicar su dirección emplearemos las denominaciones internacionalmente usuales: ceñida, bolina, través, largo y popa. A partir de los diagramas podemos ver que el concepto de través es cuestionable a causa de la rapidez de los barcos modernos. Proviene del tiempo de los grandes veleros y define el rumbo paralelo a las olas a mitad de camino entre barlovento y sotavento.

Entre los 140° y 160° respecto del ángulo de viento real se encuentra el mejor rumbo indirecto para un tramo a sotavento (véase la fig. 189), que examinaremos más adelante. Aquí también se emplean velas asimétricas y spis, con los que el barco puede navegar considerablemente más rápido.

Los rumbos y las velocidades que están influidos por nuestro viento de a bordo en las figs. 6 a 10 vuelven a mostrarse en la fig. 11. Cuando hay que maniobrar a vela, ya sea virando o por avante o por redondo (por ejemplo, en una maniobra de hombre al agua), el viento de a bordo puede cambiar hasta 68° (34° respecto del viento atmosférico y su sistema de olas hacia los dos lados). Este arriesgado carrusel exige toda la concentración de la tripulación.

Si ha calculado las prestaciones de su barco en los rumbos mencionados anteriormente para una velocidad de viento determinada (aquí: 13 nudos = Bft 4) puede dibujar un diagrama polar (fig. 12). Este diagrama también muestra que la ganancia de velocidad que obtenemos del viento de a bordo en rumbos a barlovento queda compensada por la pérdida de velocidad cuando navegamos a sotavento (si no se han izado otras velas adicionales a la superficie vélica de ceñida considerada aquí).

LA ENERGÍA EÓLICA ES GRATUITA

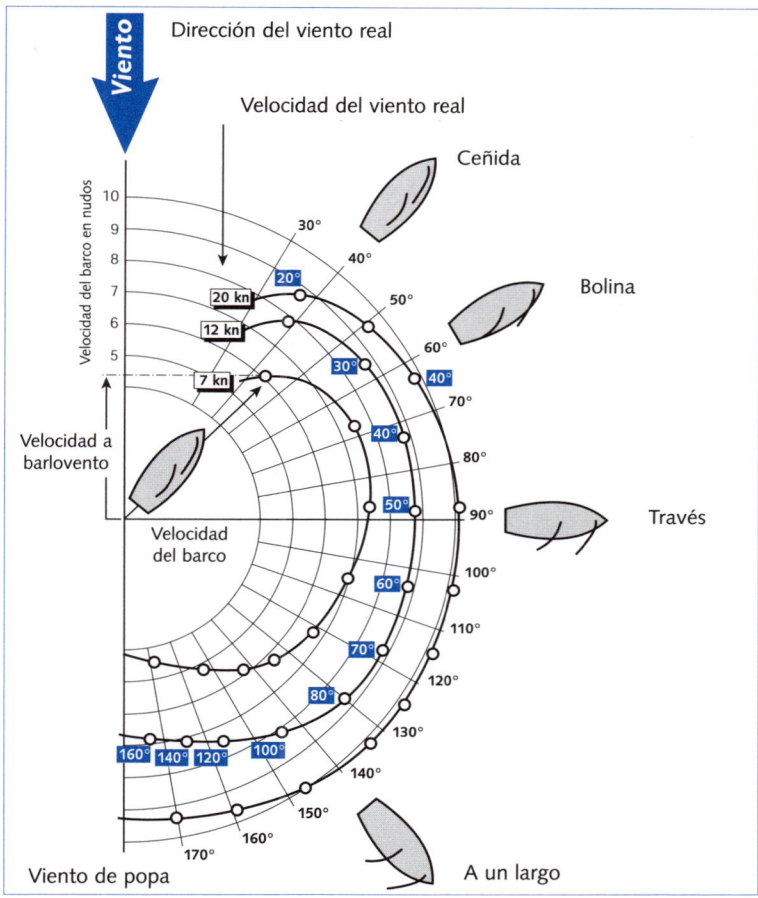

Fig. 12 *El diagrama polar de un barco indica sus prestaciones en los diferentes rumbos respecto del viento real. En este caso hemos seleccionado velocidades del viento real de 7, 12 y 20 kn. Con 7 nudos, el rumbo de ceñida óptimo, en el que se gana el máximo barlovento, muestra un ángulo de viento real de 43°, un ángulo de viento aparente de 20° y una velocidad aproximada de 6,2 nudos. Con 12 nudos se alcanza la máxima velocidad a barlovento, 7,8 nudos de velocidad, un ángulo de viento real de 38° aproximadamente y un ángulo de viento aparente de 20°. La máxima velocidad a sotavento se alcanza navegando con un ángulo de 150° respecto del viento real con un ángulo de viento aparente de 100°.*

TEORÍA Y PRÁCTICA DE LAS VELAS

■ LAS VELOCIDADES ALTAS SON UN IMPEDIMENTO A LA HORA DE VIRAR

La capacidad de un barco de generar más viento aparente con más velocidad en un rumbo de ceñida y, en consecuencia, más fuerza vélica, que, en última instancia, es la responsable de la velocidad, puede ser un impedimento en el caso de los barcos muy rápidos. En este punto muestro tres grupos de barcos típicos y su comportamiento a la hora de virar en un rumbo de ceñida.

En la fig. 13 navega un barco lento de quilla corrida, con unos 4 nudos de velocidad, la fig. 14 muestra un barco rápido, con orza, y la fig. 15 representa

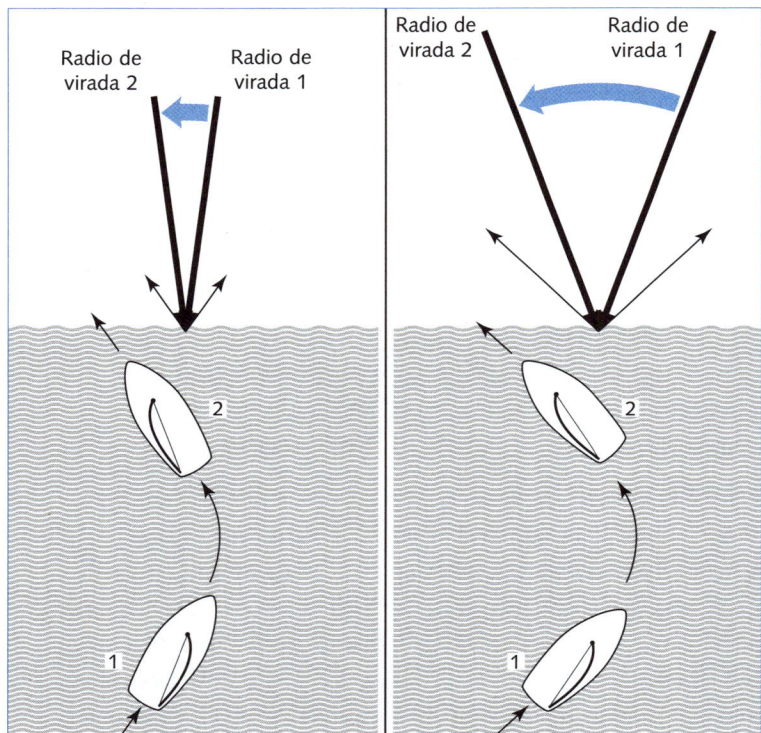

Fig. 13 En un velero de crucero de tamaño mediano, el tramo del ángulo de virada con fuerza 4 es relativamente pequeño.

Fig. 14 Un barco rápido o una yola de desplazamiento ligero necesitan recorrer un tramo más largo para pasar el eje del viento.

LA ENERGÍA EÓLICA ES GRATUITA

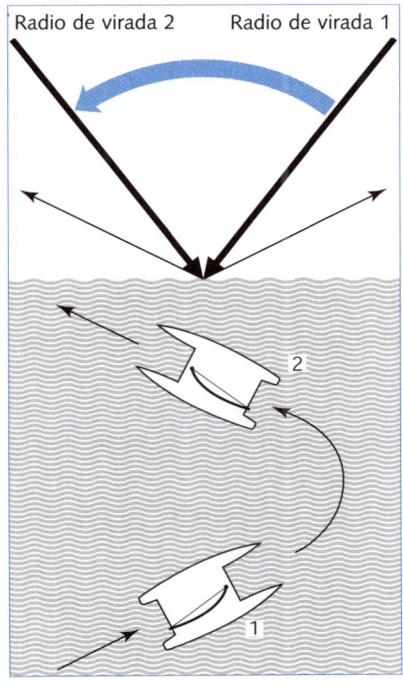

Fig. 15 *Un catamarán rápido debe enfrentarse bajo las mismas condiciones a un ángulo de virada de 130° para pasar el eje del viento. Si esto no fuera posible, sólo puede pasar al otro lado del viento virando por redondo.*

un catamarán. Los tres barcos navegan con el mismo viento atmosférico de 13 nudos. Las velas están debidamente trimadas en los tres casos.

Un crucero de quilla corrida puede ceñir mucho. Esto, en un principio, parece una característica excelente, pero el impedimento de tan buen ángulo de ceñida es la poca velocidad. De este modo, el ángulo de virada es muy pequeño. Un barco rápido con orza o una yola no ciñen tanto y necesitan un tramo mucho más largo para cambiar de bordo. El ángulo entre el viento atmosférico y el viento de a bordo es mayor. A causa de su elevada velocidad, un catamarán rápido desvía tanto la dirección del viento de a bordo respecto de la del viento atmosférico que parece que no pueda barloventear con éxito. Cuando pasa el eje del viento debe recorrer una gran distancia de una amura a la otra. Un ángulo de virada de 130° anula las ventajas de su alta velocidad. Ésta es la razón por la que los catamaranes sólo son apreciados allí donde se navegan rumbos más abiertos con respecto al viento, por ejemplo, cuando se cruza el Atlántico y donde lo importante es la velocidad y no realizar las maniobras cotidianas de la navegación a vela.

TEORÍA Y PRÁCTICA DE LAS VELAS

Por tanto, para evaluar las prestaciones de navegación a vela de un barco se ha tipificado el concepto de velocidad a barlovento, es decir, la distancia que se gana a barlovento durante un tiempo determinado y la capacidad de ceñir de forma óptima (que es el objetivo de los regatistas: pasar el primero por la baliza de barlovento).

La fig. 16 muestra los rumbos óptimos de los tres tipos de barco de las ilustraciones anteriores durante la ceñida hacia un punto a barlovento y las distancias que deben recorrer para ganar barlovento. Naturalmente, el catamarán llega primero, pero su mayor superficie vélica y la extrema ligereza del casco no son rentables comparado con el crucero rápido. Éste, que sólo llega a la mitad de velocidad que el catamarán, únicamente tardaría 21 minutos más, es decir, necesita un 18% más de tiempo que el catamarán.

Sin embargo, la elevada velocidad del crucero rápido sí que compensa frente al barco de quilla corrida, mucho más lento. Con el doble de velocidad sólo necesita la mitad de tiempo del barco de quilla corrida.

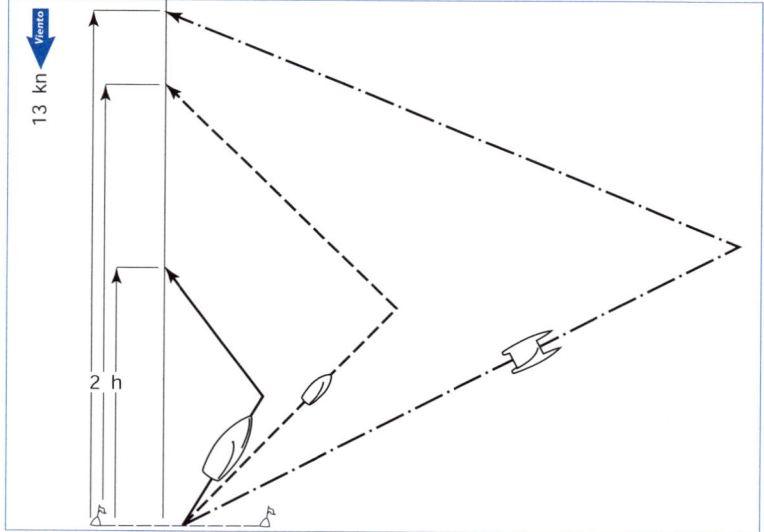

Fig. 16 La velocidad a barlovento se calcula a partir de la distancia recorrida cuando se barloventea durante un tiempo determinado. Resulta del mejor ángulo de ceñida y la velocidad máxima navegados. A pesar de ser mucho más rápido, el catamarán no ofrece una velocidad a barlovento muy superior a la del crucero rápido.

2
Aerodinámica a bordo

Prácticamente, nuestra vela es un plano portante que se encuentra perpendicular al flujo de aire descrito en el capítulo 1. Es un perfil semirrígido compuesto de superficies blandas sujetas a componentes rígidos (por ejemplo, palo, botavara y estay perfilado) o a componentes reforzados (estay proel de cable y sables en la baluma). Esta disposición semirrígida tiene ventajas y desventajas, pero para las situaciones específicas de la posición vertical en el flujo de aire ganan las ventajas. De lo contrario, seguro que navegaríamos sobre el agua con perfiles rígidos, una vez que la moderna evolución de materiales pudiera suministrar a la navegación superficies del mismo peso y forma que las que utilizan los aviones planeadores.

■ ¿CÓMO UTILIZA NUESTRA VELA LA FUERZA DEL VIENTO?

Cuando el perfil ligeramente convexo de la vela recibe el flujo de aire con un ángulo de 15° con respecto al viento (aparente), éste flujo se divide en dos (figs. 17 y 18). Una parte fluye por el lado anterior de la vela. En este caso, debido al embolsamiento, el perfil se alarga y el flujo de aire se ralentiza. Por el contrario, a sotavento el flujo de aire se comprime y, puesto que además debe rodear la curvatura de la vela y recorrer más camino hacia la baluma, la velocidad del flujo aumenta.

Algunos navegantes creen que, debido a la diferente velocidad del viento en el lado de barlovento de nuestra vela, aumenta la presión con respecto a la presión atmosférica. Esto no es así. En la vela sólo se da un cambio de la energía cinética, mientras que la densidad del aire permanece invariable. El aumento de presión a barlovento y la reducción de la presión a sotavento de la vela se originan a causa de la reducción de la velocidad del aire a barlovento y el aumento de la velocidad a sotavento. Ensayos con el yate *Papoose* (fig. 19) han confirmado esta suposición. Puesto que la compensación de presión no puede producirse a través de la vela, toda la vela intenta desviarse en dirección a la subpresión. Se genera una fuerza (fig. 20) que denominamos globalmente F_T o, como resultado de un

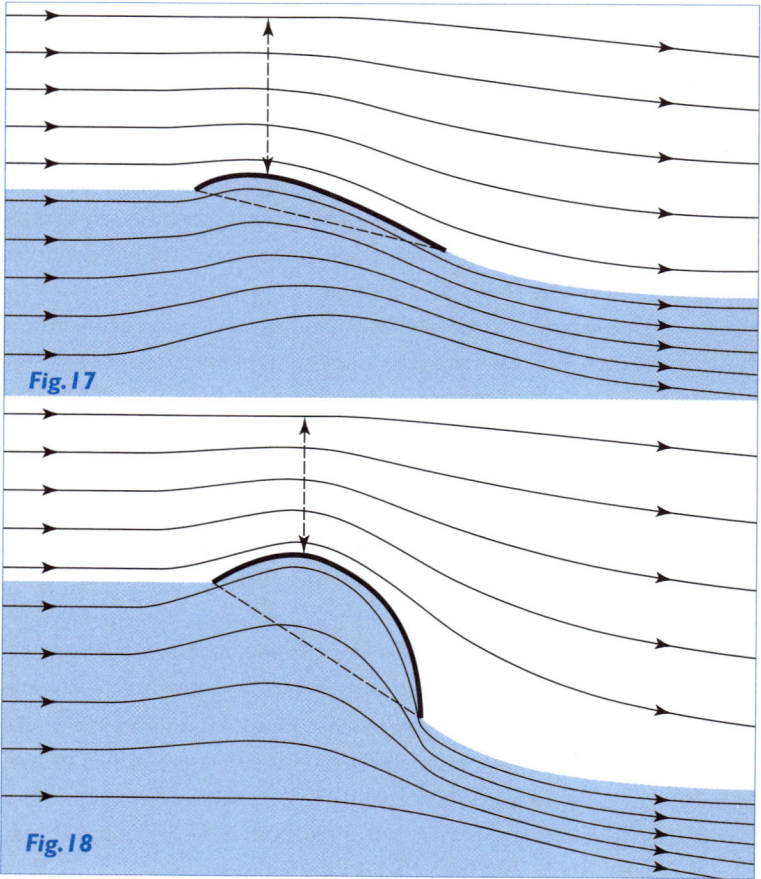

Fig. 17 *La fuerza de la vela se genera gracias a la diferencia de la velocidad del aire entre barlovento y sotavento.*

Fig. 18 *Cuanto mayor sea el embolsamiento de la vela, más fuerza podrá generar ésta en determinadas condiciones.*

AERODINÁMICA A BORDO

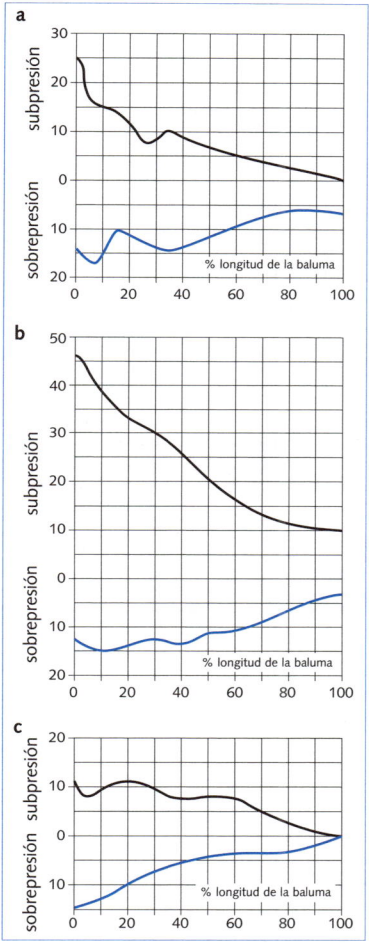

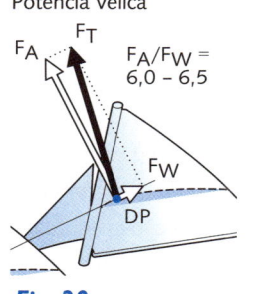

Fig. 20

Potencia vélica
F_A, F_T, F_W
$F_A/F_W = 6{,}0 - 6{,}5$
DP

Fig. 19 Estos tres diagramas muestran las primeras mediciones de presión realizadas por la Universidad Técnica de Boston con manómetros de alcohol en un barco navegando a vela. El barco empleado fue el Papoose, de 7,60 metros de eslora de flotación y un aparejo de 10,80 m de altura. Diagrama (a): mayor y génova. Diagrama (b): sólo génova. Diagrama (c): sólo mayor. Estos ensayos permiten sacar conclusiones muy útiles para la práctica de la vela, como, por ejemplo, que los valores de presión más elevados se generan en el borde de ataque del viento, especialmente en la vela de proa; en la mayor se produce una pérdida de presión detrás del grátil (debido al palo); la diferencia de presión es mayor en el primer tercio de una vela; la efectividad de una vela de proa no se basa tanto en la influencia de la mayor como en la fuerza de empuje como vela independiente con un borde de ataque libre.

componente útil, la sustentación dinámica (F_A), y un componente nocivo, la resistencia (F_W).

Estas diferencias de presión en un perfil sometido a un flujo también se han investigado en ensayos realizados en túneles de aire. Especialmente se ha demostrado que la fuerza del aire en una vela aumenta con el cuadrado de la velocidad del viento.

C. A. Marchaj, con el que ya trabajé en 1955 cuando aparecieron sus primeros artículos sobre aerodinámica en una revista de vela polaca, demostró matemáticamente en sus libros editados con posterioridad

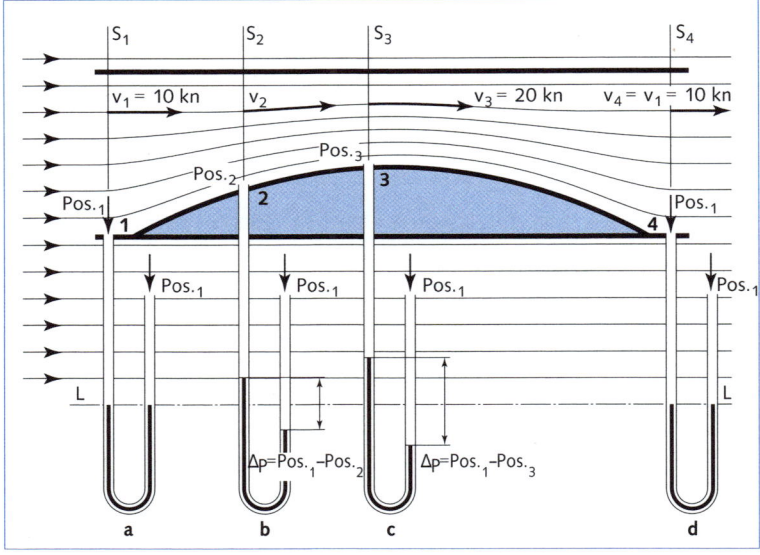

Fig. 21 *C. A. Marchaj colocó un perfil vélico en un túnel de aire y demostró que si se estrecha la sección del flujo a la mitad (de la entrada S_1 hasta la estrangulación en S_3), la velocidad del viento se multiplica por dos (de 10 kn a 20 kn). En este caso, las fuerzas de presión en la vela también han cambiado. Esto se reconoce en los datos indicados por los dos manómetros, especialmente comparando a (10 kn de viento) con c (20 kn). Debido al cambio de dirección del flujo de aire, el viento se acelera y, en consecuencia, las fuerzas de presión también varían con el cambio de dirección. Puesto que las fuerzas de presión actúan verticalmente sobre una superficie, también se basa sobre este principio la generación de la potencia y, finalmente, la capacidad de ceñir y navegar en rumbos portantes.*

(fig. 21) que cuando se estrecha la mitad de la sección del flujo (de S_1 a S_3), el viento dobla su velocidad (de 10 kn en Pos.$_1$ a 20 kn en Pos.$_2$) y la presión dinámica (la energía cinética del viento) cuadruplica en la Pos.$_3$, su valor original indicado en la Pos.$_1$. Este aumento se corresponde con el cuadrado de la velocidad del viento. Es decir, la velocidad del viento, que cuando alcanza el perfil es de 10 kn y que se acelera a 20 kn gracias a la modificación de la dirección de flujo (en la profundidad máxima del perfil), también ha reducido la presión en la superficie del perfil.

Esto, que puede calcularse con detalle, también queda claro ópticamente gracias a la diferencia de la presión indicada por los manómetros en a y c: la presión del aire ha disminuido. La diferencia de presión puede comprobarse comparando la pos.1 en el perfil de entrada del viento con la pos. 3 en el vértice del perfil sustentador. (Este proceso no sólo se desarrolla en la vela, que trabaja como perfil sustentador, sino también en la quilla

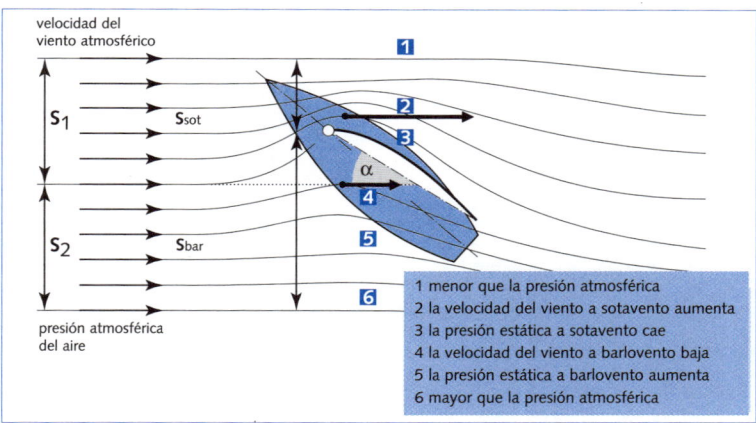

Fig. 22 Traspasemos ahora el comportamiento de un flujo de aire al estrechar la sección del flujo a una vela trimada con un borde de ataque de 35° (en un rumbo hacia barlovento) y dividamos el flujo de aire en las mitades S_1 y S_2. Cuando la vela se somete al flujo del viento, la superficie de la sección S_1 se comprime por la menor anchura de S_{sot}, mientras que el flujo S_2 se expande y se esparce por el área S_{bar}. En consecuencia, el aire a sotavento fluye más rápido que en la atmósfera libre, de forma que la presión estática del aire baja, produciéndose la mayor aspiración cerca del grátil. Análogamente, se reduce la velocidad del viento a barlovento y la presión estática aumenta.

[orza] en su camino por el agua.) En la fig. 22 he reflejado, en una vela, el comportamiento del flujo de aire cuando se estrecha la sección del flujo.

El efecto de estas presiones locales lo muestran los vectores de presión a barlovento y sotavento de la vela, en las figs. 23 y 24. Vemos que la parte de sotavento de una vela es la más importante y que con un perfil plano, tal y como corresponde a una vela trimada para un rumbo de ceñida, se genera más fuerza con un ángulo de viento pequeño. En una vela embolsada, como la que empleamos para rumbos portantes, la mayor fuerza se produce con un ángulo de viento grande.

Todas las presiones individuales a barlovento y sotavento pueden reunirse en una fuerza global (véase antes) que denominamos F_T. En un perfil plano dicha fuerza está más adelantada y en un perfil más embolsado, más retrasada. La potencia de una vela embolsada es mayor que la de una vela plana. La base de la fuerza siempre se encuentra cerca del grátil y actúa mediante el centro vélico (tal y como veremos más adelante), cuya posición

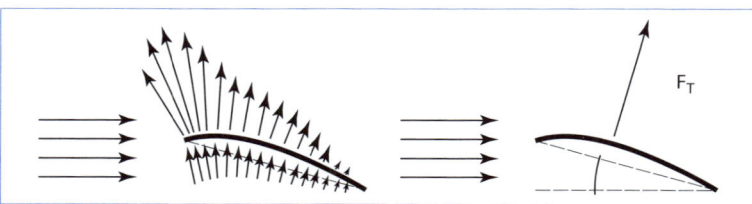

Fig. 23 Vectores de presión en una vela plana. Muestran el mayor desdoblamiento de fuerza en el área anterior de la parte de sotavento y la dirección de los vectores es hacia delante.

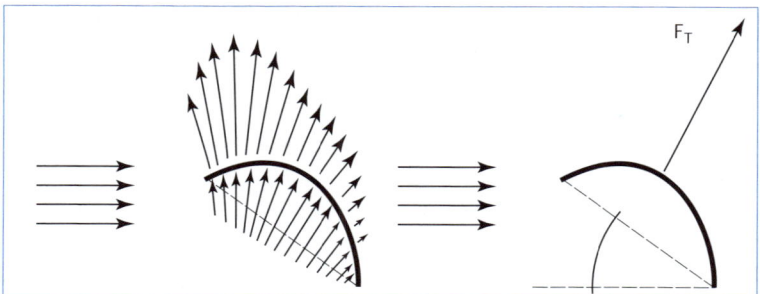

Fig. 24 Vectores de presión en una vela embolsada. Muestran un mayor desdoblamiento de la fuerza que una vela plana, pero la dirección de la fuerza es más apopada.

AERODINÁMICA A BORDO

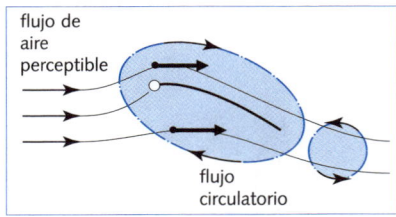

Fig. 25 El flujo circulatorio, que se superpone al flujo de aire normal (del grátil a la baluma), es inverso a barlovento de la vela, donde ralentiza el flujo de aire, mientras que a sotavento fluye en el mismo sentido del flujo acelerándolo. De aquí resulta la sobrepresión a barlovento y la subpresión a sotavento. Detrás de la baluma también puede observarse un remolino. Es como un starter que se forma cuando cazamos por primera vez la vela y la trimamos con la escota para que comience a actuar.

no es constante. El centro vélico no coincide con el centro de gravedad vélico (véase más adelante). Por tanto, cada trimado de las velas tiene diferentes cualidades que lo adecuan para determinados rumbos con respecto al viento y determinadas velocidades de viento.

Las magnitudes de subpresión a sotavento y de sobrepresión a barlovento (que no sólo se han medido en el túnel de viento, sino también en un ensayo realizado a gran escala con el velero de 10 m *Papoose*, en el que se pudo apreciar la gran pérdida de presión a sotavento de la mayor, justo detrás del palo) no explican del todo la generación de fuerzas aerodinámicas en la vela. En realidad, se trata de un flujo circulatorio (fig. 25) que se superpone al flujo natural entre el grátil y la baluma: puesto que a barlovento este flujo es inverso, el flujo de aire queda reducido y se genera una mayor presión. A sotavento fluye con normalidad generándose una presión de aire menor y, de este modo, un mayor empuje en la vela. Sin embargo, este empuje no es equivalente a la fuerza de avance que necesita la vela para mover el barco. Sólo cuando actúa la obra viva y, especialmente, gracias al diseño de los apéndices, es cuando se consigue equilibrar las fuerzas eólicas y las hidráulicas (fig. 26) de forma que la fuerza lateral del empuje dinámico, generada por la desviación del viento en la vela, se transforma en el avance del barco (posteriormente volveremos a la fig. 20).

Puesto que no sólo nos interesamos por la dirección y la fuerza de esta fuerza total, debemos tratar los dos componentes considerados como empuje (F_A) y resistencia (F_W), que sólo podemos calcular con ayuda de

TEORÍA Y PRÁCTICA DE LAS VELAS

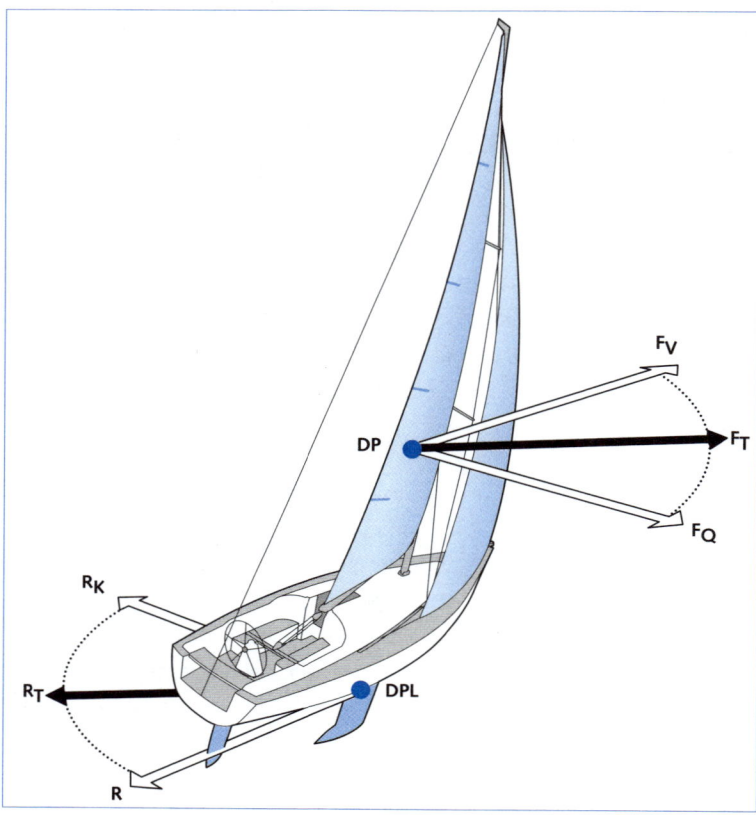

Fig. 26 El equilibrio de las fuerzas en un crucero pequeño (con la vista en perspectiva, empleada por su idoneidad explicativa, los vectores de fuerza aparecen un poco deformados): la fuerza del aire actúa en el centro vélico DP en la parte superior del velero. Las fuerzas hidrodinámicas actúan en el centro de presión lateral DPL por debajo de la línea de flotación. La resistencia total hidrodinámica R_T de la obra viva se enfrenta a la fuerza total aerodinámica F_T en las velas. La reacción contra la escora F_Q en las velas es la resistencia hidrodinámica generada en dirección contraria causada, a su vez, por la escora R_K. El empuje F_V de las velas actúa contra la resistencia R (compuesta de resistencia de forma y de fricción).

AERODINÁMICA A BORDO

la fuerza total. Determinan las prestaciones de la vela y el provecho que sacamos de la misma en determinadas condiciones.

■ EL DIAGRAMA POLAR, LA TARJETA DE VISITA DE UNA VELA

Las prestaciones de unas velas, que dependen del embolsamiento de su diseño y del borde de ataque con respecto al viento, pueden calcularse de forma experimental. Puesto que estos ensayos en velas a tamaño natural son muy costosos, se realizan con modelos en túneles de viento.

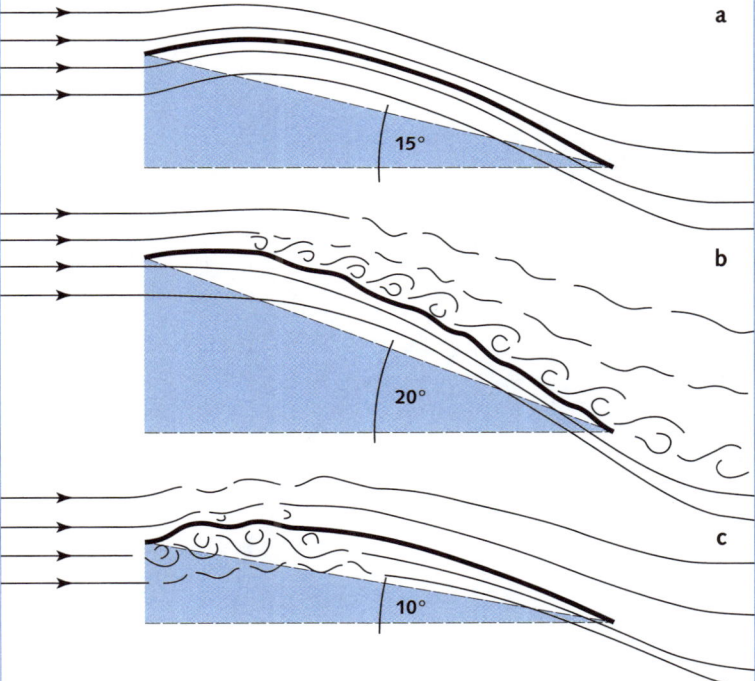

Fig. 27 Si el ángulo de incidencia de la vela es óptimo (a), el flujo es laminar a ambos lados del perfil. Se genera un flujo turbulento en el importante lado de sotavento de la vela (b) si el ángulo de incidencia es demasiado grande. Si el ángulo de incidencia es demasiado pequeño se generan turbulencias a barlovento (c).

TEORÍA Y PRÁCTICA DE LAS VELAS

A partir de estos ensayos y sus resultados (para cuya publicación se ha elegido la forma de un diagrama de polar), he seleccionado algunos ejemplos típicos, especialmente para velas mayores, que se izan en el palo y la botavara, y que tienen una relación lateral de aproximadamente 3:1. Para entender la técnica de la vela no podemos seguir adelante sin considerar las curvas de prestaciones.

Cada diseño de vela tiene un ángulo de incidencia óptimo en el que genera su máxima potencia. Esto se produce cuando el perfil está sometido por todos los lados a un flujo laminar, es decir, cuando todas las partículas

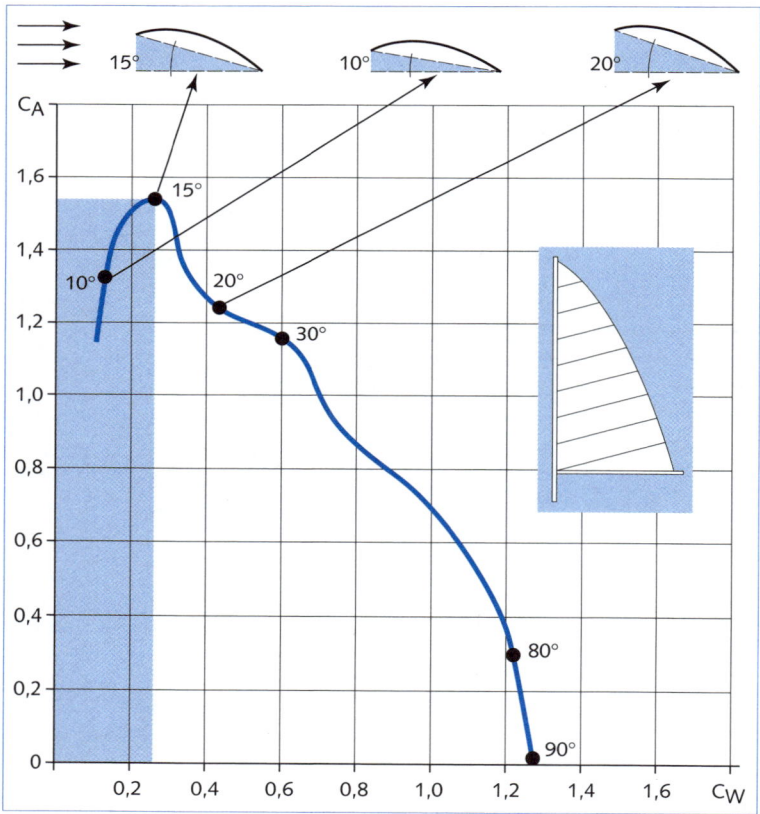

Fig. 28 Un diagrama polar muestra las prestaciones globales de una vela. Con un ángulo de incidencia óptimo de 15° se alcanza un coeficiente de empuje C_A = aprox. 1,54 y un coeficiente de resistencia C_W de aprox. 0,25.

de aire tanto a barlovento como a sotavento pueden fluir paralelamente desde el grátil a la baluma sin interrupciones (fig. 27, pág. 35). Suponemos que esto es así en nuestra vela, con una relación lateral usual y un embolsamiento del 10%, siendo el ángulo de incidencia de 15° (a).

Si el flujo de aire sólo actúa laminarmente a barlovento a causa de un ángulo de incidencia demasiado elevado (20°), haciendo que a sotavento comience a actuar un flujo turbulento (b), las prestaciones de la vela se reducen. En la práctica esto ocurre cuando la mayor está muy abierta y la baluma comienza a flamear.

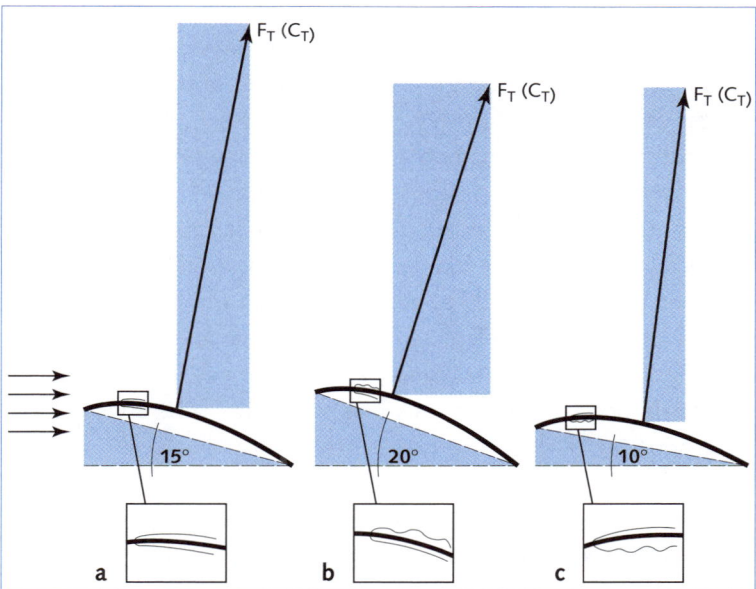

Fig. 29 Las prestaciones totales sólo se consiguen si por el perfil fluye el aire de forma laminar a ambos lados gracias a un ángulo de incidencia óptimo (a). Si el ángulo de incidencia (20°) es demasiado grande (b), se reduce el coeficiente de empuje mientras que el coeficiente de resistencia aumenta. Si el ángulo de incidencia (10°) es pequeño (c), el coeficiente de resistencia disminuye, pero el coeficiente de empuje también es menor. Observe el efecto de los diferentes trimados sobre la dirección de la fuerza total: con un ángulo de incidencia pequeño (c) es más aproado y con un ángulo de incidencia grande (b), más apopado que en el caso óptimo (a).

Si, por el contrario, las partículas de aire no fluyen correctamente a barlovento de la vela (c), porque el ángulo de incidencia de la vela es muy reducido (10°), el perfil tampoco puede generar una potencia útil.

Los efectos de estos comportamientos se calculan experimentalmente sometiendo un perfil, con una relación lateral determinada, a un flujo concreto y cambiando el ángulo de incidencia entre 0° y 90°. Seguidamente, se miden los valores y se representan en un diagrama polar (fig. 28). No sólo nos suministra la fuerza global que nos puede ofrecer un plano vélico y que denominamos F_T, sino también los coeficientes del empuje (C_A) y de la resistencia (C_W), con los que podemos calcular las prestaciones de una vela. El coeficiente es un número adimensional que sirve para averiguar las prestaciones de un perfil.

El diagrama polar muestra lo grande que es el porcentaje de las fuerzas de empuje positivas C_A y lo pequeño que es el de las fuerzas de resistencia C_W que componen la fuerza total de la vela. También podemos apreciar que los coeficientes de empuje y resistencia son variables si modificamos la dirección del ángulo de incidencia del viento en nuestras velas. En un flujo laminar por ambos lados y un ángulo de incidencia de 15° (fig. 29 a), el plano vélico genera un coeficiente de empuje de 1,54 y un coeficiente de resistencia de aprox. 0,25. Se trata del "ángulo de incidencia" óptimo con el máximo de fuerzas útiles y el mínimo de fuerzas inútiles. Los catavientos de ambos lados están dirigidos hacia popa (a).

Si el flujo de aire sólo fluye laminarmente a barlovento debido a un ángulo de incidencia demasiado elevado (20°), mientras que a sotavento se establece una corriente turbulenta (fig. 29 b), el coeficiente de empuje se reduce a aprox. 1,25, mientras que el coeficiente de resistencia crece hasta 0,45. La fuerza total es menor y, además, apunta más hacia sotavento.

Por el contrario, si las partículas de aire bailotean a causa de la turbulencia a barlovento (fig. 29 c), porque la vela se ha trimado con un ángulo de incidencia demasiado pequeño (10°), el coeficiente del empuje queda reducido a 1,35, pero también se reduce el coeficiente de resistencia.

Aunque estos ensayos se basan en condiciones artificiales en el túnel de viento sobre perfiles rígidos, el navegante a la caña aprecia al instante cuáles son las pequeñas diferencias que influyen de forma importante

AERODINÁMICA A BORDO

en el cálculo de la fuerza vélica a la hora de seleccionar el grado de embolsamiento o el tipo de trimado de la vela. A bordo, todo armador puede calcular el ángulo de incidencia óptimo si equipa su vela con bandas de trimado y si coloca justo detrás del borde de ataque a barlovento, tanto en la mayor como en la vela de proa, catavientos que le muestren el flujo de aire (de otro modo invisible) a ambos lados de la vela.

■ LA INFLUENCIA DEL EMBOLSAMIENTO EN LA FUERZA VÉLICA

Una vela genera más fuerza cuanto mayor es su embolsamiento. La desventaja es que una vela muy embolsada no ciñe tanto, ya que no puede trimarse con un ángulo de incidencia tan pequeño como una vela plana.

Las velas con una bolsa del 16 ó el 20% (fig. 30) se emplean para rumbos de través y portantes como, por ejemplo, blister, gennaker, spis simétricos y asimétricos. También la mayor, con sus dispositivos de trimado (de los que hablaremos más adelante), puede trimarse con más embolsamiento. La fig. 31 muestra las diferencias de prestaciones de los distintos porcentajes de embolsamiento: la curva en negrita representa una vela para viento medio con un 10% de embolsamiento, la curva discontinua representa una vela para viento ligero con un 16% de embolsamiento, y la línea discontinua con puntos es de una vela de proa asimétrica con un embolsamiento del 20%. La fig. 32 muestra los correspondientes diagramas

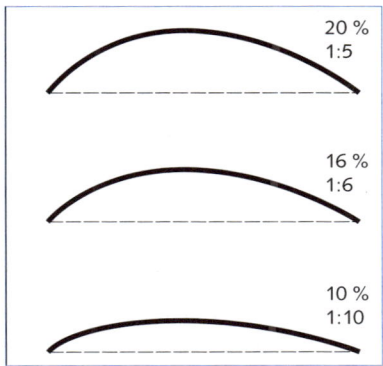

Fig. 30 Embolsamiento de las velas representadas por el diagrama polar: en la parte inferior podemos apreciar una vela para viento medio (10% de embolsamiento), en el centro una vela para viento ligero (16%) de embolsamiento y en la parte superior la forma de una vela de proa asimétrica (20%).

39

TEORÍA Y PRÁCTICA DE LAS VELAS

de prestaciones con la fuerza global de cada vela y la dirección de efectividad.

En la fig. 32 podemos reconocer que el perfil con un 10% de profundidad genera su mayor fuerza con un ángulo de incidencia de 15°. Pero no es tan grande como las prestaciones de la vela con un 16% de embolsamiento, aunque la mayor fuerza la genera la vela con un embolsamiento del 20% y con un ángulo de incidencia de 20°. La curva en el

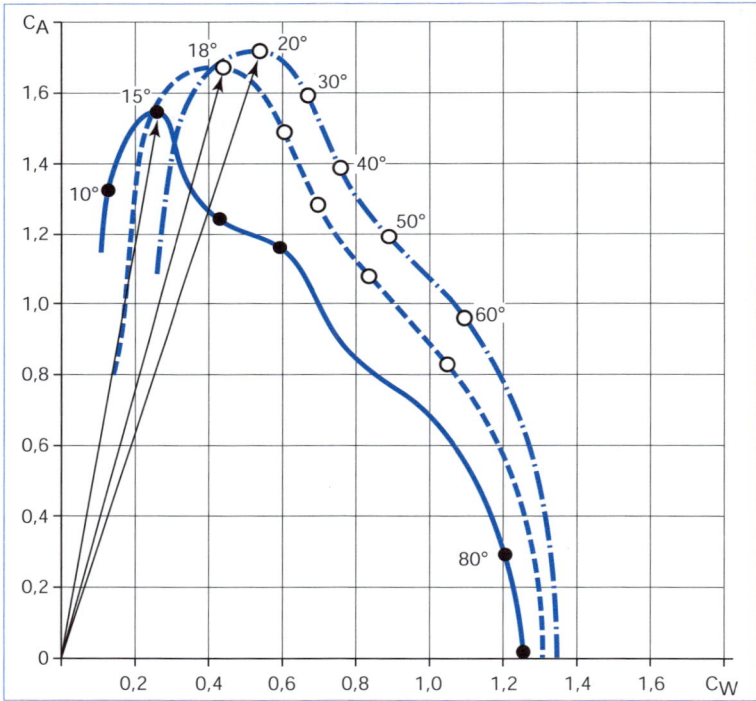

Fig. 31 Las prestaciones de los tres perfiles representadas en un diagrama polar: la mayor fuerza vélica es generada por la vela con un 20% de embolsamiento, un coeficiente de empuje (C_A) de 1,72 y un coeficiente de resistencia (C_W) de aprox. 0,55. Por tanto, es adecuada para un ángulo de incidencia grande navegando a un largo. Por el contrario, el perfil con un embolsamiento del 10% alcanza su máxima fuerza con un ángulo de incidencia de 15° y un coeficiente de resistencia (C_W) muy bajo, sólo 0,25. Es un perfil muy bueno para ceñir, pero también es adecuado para otros rumbos, siempre que se mantenga el ángulo de incidencia óptimo de 15°.

diagrama polar para la vela plana 1:10 y el diagrama de prestaciones correspondiente ya los hemos visto en las figs. 28 y 29a.

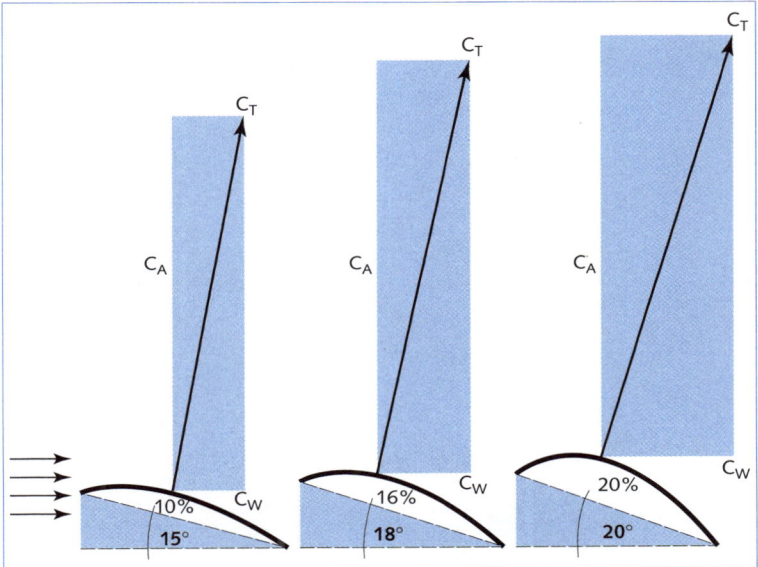

Fig. 32 Las fuerzas totales de las velas del diagrama polar anterior y las diferentes direcciones de efectividad. En la vela con un embolsamiento del 10%, las prestaciones son menores, pero la dirección de efectividad es más favorable. Con un ángulo de incidencia mayor, las prestaciones de la vela con un embolsamiento del 20% son mejores y la fuerza más apopada no es desfavorable en rumbos de través y portantes.

3
Economía del viento

La naturaleza ofrece viento en cantidades ilimitadas, siendo sólo los regatistas quienes están limitados a un principio económico: deben intentar (tanto en monotipo como en los diferentes sistemas de compensación) navegar más rápidos que los demás barcos en las mismas condiciones atmosféricas. Económicamente hablando, deben obtener la mayor rentabilidad posible de los recursos disponibles.

Antiguamente, casi todos los navegantes debían fiarse de su experiencia al timón y en el trimado de las velas. Los cálculos teóricos eran cosa de los constructores. Actualmente, existe un gran número de indicadores que informan con precisión a los patrones sobre la dirección y la fuerza del viento, la velocidad de corredera y la velocidad GPS, el rumbo óptimo y la elección correcta de las velas. Aquellos a los que no les importe el precio pueden encargar un diagrama de prestaciones calculado por ordenador (fig. 33). Este diagrama ofrece datos sobre todos los rumbos posibles bajo todas las condiciones de viento y atmosféricas y da recomendaciones sobre la selección de las velas a izar en cada caso.

El diagrama de prestaciones calculado para un crucero contiene un gran número de datos y cifras. Las abreviaturas internacionales para comprender tal cantidad de cifras están explicadas en la misma figura. Este diagrama también incluye de forma invisible el paralelogramo de las velocidades del viento con el que ya hemos trabajado. Para su explicación he seleccionado dos ejemplos:

Lo representamos en la fig. 34 a partir de la primera columna de datos con una velocidad del viento atmosférico (real) (VTW) de 6,0 nudos, un ángulo con respecto a este viento de 46,3° (ángulo de viento real, BTW) y una velocidad (v) de 4,89 nudos, con lo que debemos obtener una velocidad del viento aparente (VAW) de 9,85 kn y un ángulo de viento aparente BAW (el rumbo del barco con respecto al viento aparente) de 25,2°. De aquí resulta una velocidad a barlovento (VMG) de 3,38 nudos (con la fuerza vélica generada con el coeficiente de empuje CL de 1,96 y el respectivo FLAT de trimado de las velas empleado).

Diagrama de prestaciones

VTW	BTW	VAW	BAW	V	VMG	HEEL	REEF	FLAT	CL	
6.0	46.3	9.85	25.2	4.895	3.382	6.0	1.000	1.000	1.961	J
6.0	50.0	9.98	26.5	5.196	3.340	6.3	1.000	1.000	1.957	J...
6.0	100.0	7.98	47.4	6.432	-1.117	5.4	1.000	1.000	2.438	S...
6.0	150.0	3.19	110.8	4.034	-3.494	0.7	1.000	1.000	1.645	S...
6.0	170.0	2.76	158.0	3.320	-3.270	0.1	1.000	1.000	0.465	S
6.0	175.0	2.76	169.1	3.237	-3.225	0.1	1.000	1.000	0.195	S
6.0	180.0	2.79	180.0	3.185	-3.185	0.0	1.000	1.000	-0.049	S

Velocidades, ángulo de escora, factores de rizado, aplanado
y elevado para diferentes velocidades y ángulos de viento

VTW velocidad del viento real
BTW ángulo de viento real
VAW velocidad del viento aparente
BAW ángulo de viento aparente
V velocidad
VMG velocidad a barlovento
HEEL ángulo de escora

REEF % de la superficie vélica
(1 = completo)
FLAT % de aplanado (1 = completo)
CL coeficiente de elevado
S spi más rápido
J foque más rápido

Fig. 33 *Página de un diagrama de prestaciones de un barco calculado por ordenador para 6 nudos de viento (real). Estos datos pueden calcularse para todos los vientos (8 kn, 10 kn, 12 kn, etc.), con lo que se facilita la elección de las velas (para las condiciones reinantes el día de regata).*

Para la fig. 34 b he empleado los datos de la tercera columna para un rumbo más allá del través (100° respecto de las olas) con una velocidad de 6,43 kn en las mismas condiciones de viento atmosférico (6,0 nudos). A partir de estos datos puede reconocerse que este diagrama de prestaciones fue elaborado para un barco de regatas de desplazamiento ligero con unas condiciones de mar plana, ya que la velocidad es muy elevada para las condiciones de viento (Bft 3).

ECONOMÍA DEL VIENTO

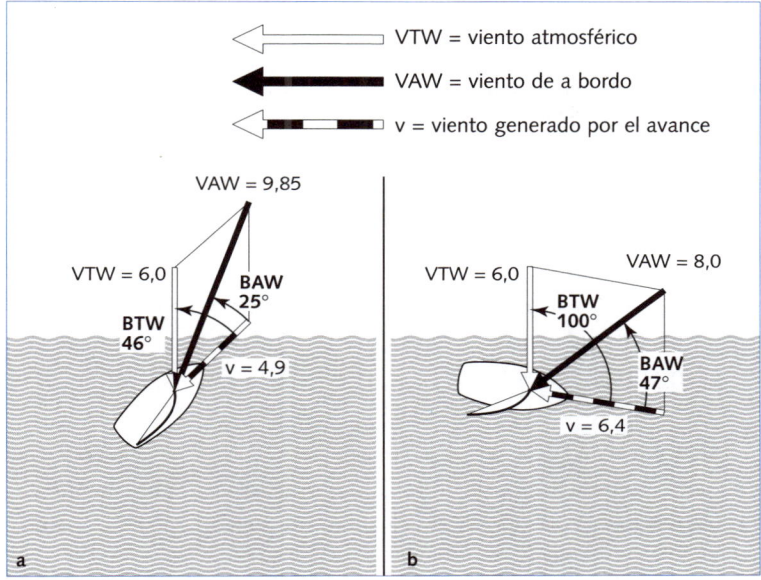

Fig. 34 *Representación gráfica de algunos valores incluidos en el diagrama de prestaciones: a) para un rumbo de ceñida y b) para un rumbo más allá del través. Destaca la velocidad máxima que alcanza este velero con tan poco viento. Aquí también se explica el (nuevo) concepto de ángulo de viento: se trata del ángulo entre el rumbo y la dirección del viento aparente que muestra la veleta (ángulo de viento aparente) o también el ángulo entre el rumbo (rumbo verdadero) y el viento atmosférico o viento real (que sopla en la dirección en la que se mueven las olas), siendo entonces el ángulo de viento real.*

Para evaluar las prestaciones en navegación se calcula la fuerza global F_T con ayuda del coeficiente de empuje del perfil C_A, el tamaño de las velas A_S, la velocidad del viento en nudos (o m/s) y la presión dinámica Rho.

En los paralelogramos de las velocidades del viento (figs. 6, 8 y 9, que volvemos a repetir en la parte izquierda de las figuras 35-37) hemos visto cómo cambian las velocidades del viento de a bordo (el generador de energía de nuestro "motor eólico") en relación a los diferentes rumbos con respecto al viento. Ahora vamos a calcular el valor real de esta energía eólica, la fuerza que genera en nuestras velas y el provecho que le podemos sacar si queremos avanzar navegando a vela. Calculamos la fuerza F_T en newtons por metro cuadrado (N/m^2) y para ello empleamos la presión dinámica del aire y la velocidad del viento de a bordo.

Con una temperatura del aire normal de 15 °C y una presión "normal" a nivel del mar de 1.013 bar = 101325 N/m^2, la densidad del aire Rho es de 1,225 kg/m^3. Si aplicamos esta fórmula para la presión dinámica tenemos:

q = densidad del aire / 2 x cuadrado de la velocidad del viento = N

q = 1,225 / 2 x v^2 del viento aparente en m/s = N

q = 0,6125 x v^2 en m/s = N

Es decir, la mitad de la densidad del aire por el cuadrado de la velocidad del viento en metros por segundo da la presión dinámica en newtons. Si calculamos usando la velocidad del viento en nudos, también podemos escribir:

q = 0,162 x v^2 en kn = N

Deduciremos la velocidad del viento en nudos, con la que queremos trabajar, de los paralelogramos de velocidad repetidos aquí (figs. 6, 8 y 9) con los correspondientes rumbos con respecto al viento. Para calcular la fuerza aerodinámica en una vela sólo debe considerarse el correspondiente coeficiente del perfil. Deducimos el coeficiente de la fuerza total C_T del diagrama polar de la fig. 28. Y así obtenemos:

$F_T = C_T \times 0{,}162 \times v^2 \times AS = N/m^2$

Si aplicamos unitariamente la superficie AS con 1 m^2, podemos calcular diversas condiciones para la parte izquierda de la fig. 35 y representar gráficamente los valores en la parte derecha de la figura: con una velocidad del viento aparente de 17 kn en un rumbo de ceñida con una vela plana con un embolsamiento del 10% que trabaja en un ángulo de incidencia óptimo de 15° respecto del viento de a bordo y para la que hemos calculado el coeficiente de la fuerza C_T 1,5, obteniendo una fuerza vélica

$F_T = 1{,}5 \times 0{,}162 \times 289 \times 1 = 70{,}2 \, N/m^2$

En estas condiciones, una vela genera una fuerza total por metro cuadrado de 70,2 N. La vela mayor de 35 m² de nuestro barco estándar C (que trataremos posteriormente con mayor detalle en relación con la fig. 59) ofrecería en este rumbo de ceñida un empuje de 2.457,7 N.

Esta fuerza vélica de 70,2 N/m² puede dibujarse en un croquis con los datos mencionados anteriormente y calcular geométricamente la fuerza útil F_V que la vela ofrece en la dirección de avance y la fuerza lateral F_Q inevitable a la que se enfrenta nuestro barco con la superficie lateral y que a su vez puede ser la causante de la inevitable escora (fig. 35). Podemos reconocer que, en un rumbo de ceñida, la fuerza lateral consume el mayor porcentaje de la fuerza vélica generada y que nuestro barco navega de ceñida a 5 nudos con el empuje útil de 25 N/m². De la misma forma calculamos la fuerza vélica para un rumbo por la aleta (fig. 36) y de empopada (fig. 37).

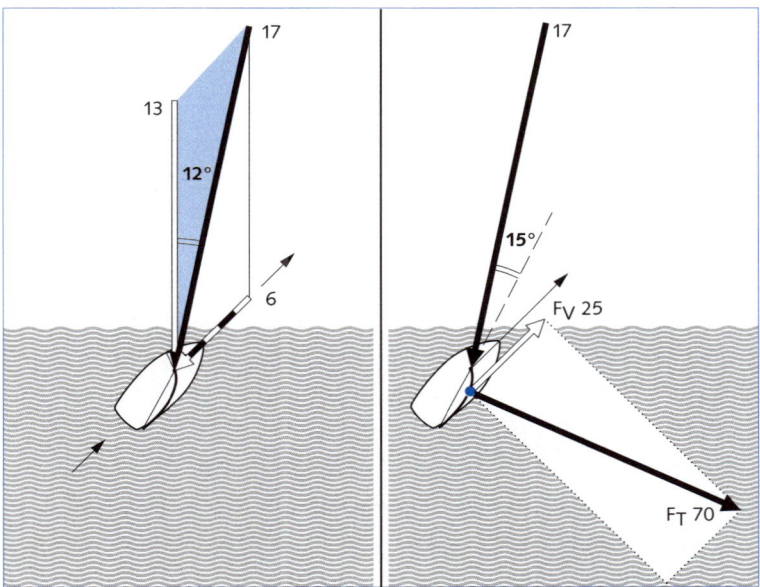

Fig. 35 Éstas eran las condiciones en un rumbo de ceñida óptimo en el que pudimos llegar a nuestro destino a barlovento de la forma más rápida posible buscando un compromiso entre el ángulo de ceñida y la velocidad (izquierda). A partir de aquí calculamos una fuerza vélica de aprox. 70 N/m² y calculamos gráficamente un avance útil de aprox. 25 N/m².

TEORÍA Y PRÁCTICA DE LAS VELAS

Aquellos que quieran realizar sus propios cálculos en relación a la fuerza vélica en su propio barco sólo deben apuntar y representar gráficamente la velocidad del viento aparente (ofrecida por el equipo de viento) cuando la vela está bien trimada y los datos correspondientes al

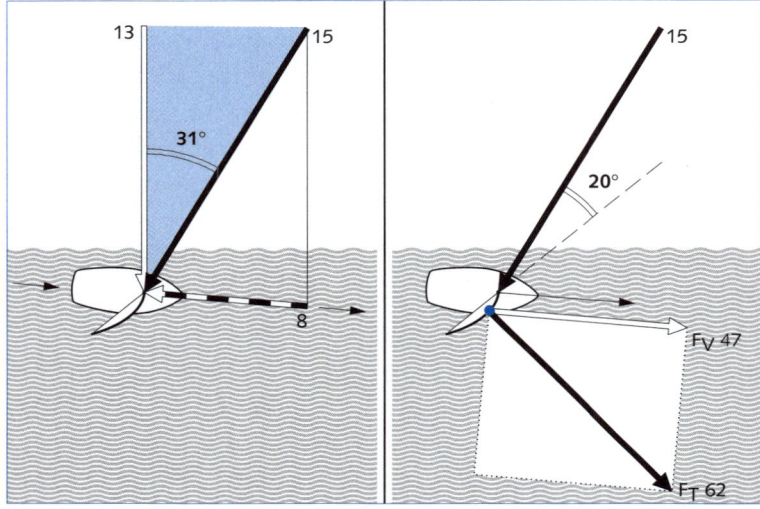

Fig. 36 En un rumbo por la aleta el barco alcanza su máxima velocidad (con el plano vélico de ceñida, que todavía podría aumentarse sustituyendo el génova por una vela de proa asimétrica (gennaker). En relación con el viento que ha generado el sistema de olas se trata de un rumbo de través, en el que el viento aparente, que ha bajado a 15 nudos debido al rápido avance, se recibe todavía más de proa. Calculamos con una vela embolsada (embolsamiento del 16%, coeficiente 1,7) y un ángulo de incidencia óptimo de 20°:

Fuerza vélica $F_T = 1,7 \times 0,162 \times 225 \times 1 = 62,0$ N/m^2

Gráficamente hemos calculado el máximo empuje con 47 N/m^2 con el que nuestro velero estándar de 11 m alcanza una velocidad de 8 nudos. Su vela mayor de 35 m^2 participa en este avance con 1.645 N o 164,5 daN. (En relación con el viento de a bordo aproado que muestra un catavientos en un obenque, este rumbo todavía puede describirse como un través aproado.)

ángulo de incidencia de las velas y al ángulo de viento real (el rumbo con respecto a las olas). (Naturalmente, los coeficientes que yo he empleado no son válidos para cada vela. Pero como valores nacidos de la experiencia, sí son útiles para un cálculo realizado a bordo.)

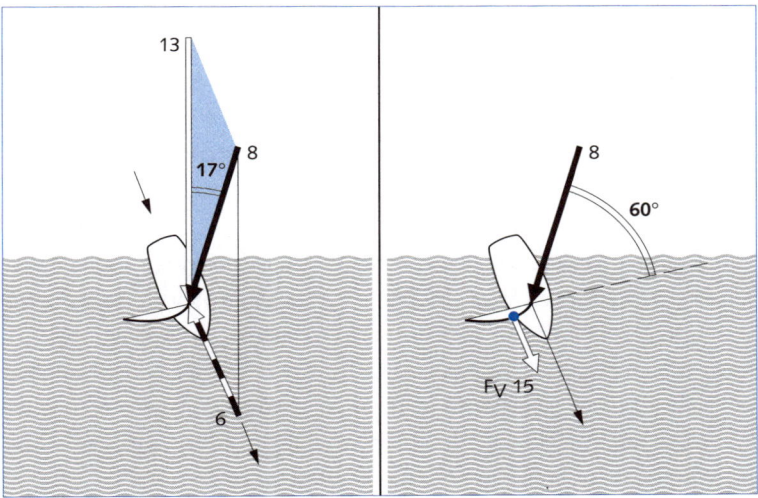

Fig. 37 Un rumbo casi de popa con un ángulo de viento real de 165° y un ángulo de incidencia de la vela con respecto al viento aparente de casi 80°. En relación con la vela mayor empleada hasta el momento, ahora calculamos un coeficiente de resistencia de $C_W = 1,4$, porque la vela sólo trabaja de paravientos y la resistencia al viento del palo y el aparejo, que en ceñida frena, ahora incluso puede proporcionar avance. Con un viento aparente de 8 nudos resulta que
Fuerza vélica $F_T = 1,4 \times 0,162 \times 64 \times 1 = 14,5$ N/m²
es el valor más bajo, en el rumbo más inapropiado con respecto al viento (que sopla con fuerza 4). Sin embargo, también es el empuje F_V. Un gran spi y el efecto de empuje de las olas ayudan a acelerar el barco, pero si es posible, en vez de este rumbo tan apopado, debería navegarse un rumbo indirecto por la aleta, que nos acerca con mayor rapidez a un punto situado a sotavento.

■ EFECTO DEL GRADIENTE VERTICAL DEL VIENTO Y LA TORSIÓN (TWIST) SOBRE LAS PRESTACIONES DE LAS VELAS

El viento que notamos en la bañera aumenta su velocidad con la altura sobre el nivel del mar. Este fenómeno se denomina gradiente vertical del viento. En la fig. 4 ya he mostrado los valores exactos que pueden calcular los aparatos de a bordo.

Estas diferencias de velocidad en altura causan una torsión de la vela (especialmente en rumbos a barlovento) porque cuando el barco avanza, el viento aparente llega a la vela más apopado en la parte superior del palo y más aproado justo por encima de la botavara. Puesto que el viento en altura también genera más fuerza que el viento en la parte inferior, torsiona la vela desde el puño de driza hasta el puño de escota. Hasta 1950 no se encontró un medio para enfrentarse a esta torsión de la vela mayor: la contra (figs. 101 hasta 103 en el capítulo "La vela mayor"). Su principal tarea en los rumbos portantes consiste en ayudar a mantener el ángulo de trimado óptimo de la vela con respecto al viento de a bordo, mientras que en rumbos de ceñida este cometido lo cumple principalmente la escota de la mayor.

Si el ángulo de incidencia de la vela tuviera que ser constante desde la botavara hasta el puño de driza, ¿no sería mejor emplear un superficie rígida con una forma libre de torsiones? La respuesta es simple: una superficie rígida no es tan buena como nuestras velas semirrígidas, porque necesitamos un determinado grado de torsión para emplear de forma óptima la energía del viento en las velas y generar la máxima fuerza en todas sus partes.

Un ejemplo de lo que puede significar tener demasiado viento se vio en las regatas de la Copa América de 2003: según el reglamento sólo podía darse la salida con un máximo de 19 nudos de viento real. El barco defensor de la copa, el *New Zealand*, estaba diseñado justamente para este viento máximo (fuerza 5). Sin embargo, cuando el viento aumentó unos cuantos nudos por encima de este valor límite, las consecuencias fueron catastróficas: entrada de agua en la bañera debido a una escora excesiva, rotura de la vela mayor, estay proel totalmente demolido (y otros daños causados por una sobrecarga aerodinámica). En la cuarta regata incluso rompieron el palo. Todas las averías son consecuencia de los fallos constructivos para un yate con un palo de 36 metros que fue diseñado para una velocidad del viento máxima de 19 nudos y que con un poco más de viento se fue desmontando materialmente durante la regata.

El ejemplo del *Alinghi*. Tomando como ejemplo el *Alinghi*, un exitoso yate de 24,50 m de eslora, 4,00 m de manga, 25 t de desplazamiento, una vela mayor de 200 m^2 y velas de proa de dimensiones similares que, según afirma la tripulación, sólo alcanzó una velocidad de 10 nudos en ceñida, voy a intentar mostrar cómo debe ser la torsión óptima desde la cubierta hasta el tope del palo y qué fuerzas se generan a diferentes alturas debido al gradiente vertical del viento cuando a nivel del mar sopla un viento de salida de 18,5 nudos. (En rumbos portantes y con un spi asimétrico de 500 m^2 este barco llegó a alcanzar velocidades de 16 nudos, según comunicó la tripulación. Por desgracia, los responsables mantienen estos datos en secreto. Por lo demás, si calculamos la velocidad máxima del casco de este yate tomando como base una línea de flotación de 20 m, obtenemos la cifra de sólo 10,82 kn.).

A partir del paralelogramo de velocidades, con un viento atmosférico de 18,5 nudos a bordo y 10 nudos de velocidad obtenemos un viento aparente de aprox. 26,8 nudos (fig. 38 a).

A 25 m de altura (muy por debajo del tope del palo) el gradiente vertical muestra un viento real de 26 nudos y gráficamente obtenemos un viento aparente de 34 nudos (fig. 38 b).

A su vez, podemos reconocer que la diferencia entre las direcciones del viento arriba (aprox. 12,5°) y abajo (aprox. 17°) es de 4,5° aproximadamente. Ésta es la torsión óptima que debe darse a la vela hasta los 25 m de altura del palo de 36 m. En nuestros barcos normales, el ángulo de torsión es menor.

Esta torsión de la vela en sentido vertical es reforzada por la energía eólica suministrada (del viento aparente) y que a 25 m de altura no sólo fluye a 34 nudos, sino que crece con el cuadrado de esta velocidad. Es decir, las zonas superiores de la vela reciben un empuje adicional a sotavento que las separa de la botavara y que sólo podemos contrarrestar con la escota de la mayor para evitar una torsión exagerada en un rumbo a barlovento.

Las fuerzas de la vela generadas en las zonas superiores e inferiores de la mayor son muy diferentes, y en el *Alinghi* podrían ser las siguientes en estas condiciones de 26,8 nudos de viento aparente en la zona inferior y 34 en la superior:

$F_T = 1,5 \times 0,162 \times 718 = 174$ N/m^2 cerca de la botavara
$F_T = 1,5 \times 0,162 \times 1156 = 281$ N/m^2 a 25 m de altura

Por tanto, un metro cuadrado de vela genera a tope de palo un 60% más de fuerza vélica que a la altura de la botavara.

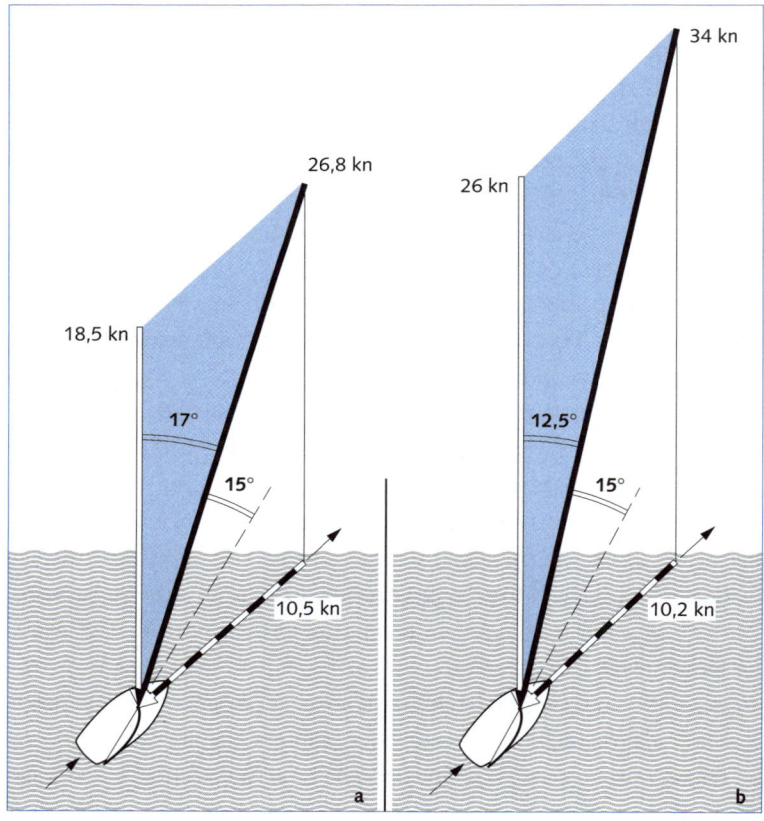

Fig. 38: *El paralelogramo de viento para las áreas inferiores del Alinghi con un viento atmosférico de 18,5 nudos a nivel del agua y un rumbo de ceñida a 10 nudos de velocidad (a). En el área superior (19 m de altura) de la mayor (b) el viento atmosférico alcanza una velocidad de 26 nudos debido al gradiente vertical. En este caso, el viento aparente es de 34 nudos.*

ECONOMÍA DEL VIENTO

■ ¿QUÉ SIGNIFICA LA TORSIÓN PARA UNA VELOCIDAD MÁXIMA POSIBLE?

¿Por qué las regatas de la Copa América se disputan con barcos grandes y poderosos pero relativamente lentos? Para contestar a esta pregunta empecé una investigación tomando como ejemplo el barco de doble casco más rápido del mundo en 1972 y 1975, el *Crossbow**, y representé las fuerzas vélicas alcanzadas en las ediciones anteriores de este libro.

Muestro aquí mis observaciones para un rumbo de ceñida (fig. 39) y una velocidad récord de 26 nudos mediante el paralelogramo de las velocidades del viento y la representación del ángulo de incidencia de las diferentes zonas de la vela y de las fuerzas vélicas. Por motivos de espacio renuncio a la explicación del camino matemático recorrido desde la fuerza vélica generada hasta la obtención del empuje correspondiente y dejo que hablen por sí solas las vistas en perspectiva que seguidamente he desarrollado.

Las figuras nos muestran por qué navegamos con palos lo más altos posible, por qué izamos la superficie vélica necesaria para alcanzar una velocidad rápida en un aparejo esbelto y alto, y por qué una torsión vertical de la vela es útil y necesaria. El gradiente vertical del viento con sus efectos sobre el viento aparente y la torsión causada en la vela por este fenómeno son factores que deben estar presentes en todas las decisiones técnicas.

De la vista en perspectiva también puede deducirse que hay que navegar considerando la parte central de la vela y trimándola con respecto al ángulo de incidencia óptimo correspondiente a la vela y al rumbo; aunque en este caso la parte inferior de la vela esté "subtrimada", lo que no es nocivo, ya que en la parte de la baluma se producen determinadas pérdidas debido a la resistencia inducida. Asimismo, la parte superior (también con pérdidas causadas por la resistencia) estará ligeramente "sobretrimada".

---

* El *Crossbow I* era un proa aparejado en catamarán de 18,29 m de eslora y un saliente de 9,57 m a barlovento en cuyo extremo final se encontraba un flotador en el que trabajaba la tripulación. La manga del casco principal sólo era de 0,55 m. La altura del aparejo era de 22,80 m. Con una velocidad del tiempo real de 10 kn el *Crossbow I* alcanzaba 20 kn de velocidad. Es decir, doblaba la velocidad del viento. Alcanzó su velocidad máxima de 26,3 kn en 1972 a lo largo de un recorrido de 500 m. El *Crossbow II* con dos cascos de la misma eslora llegó a los 31,8 kn de velocidad en las mismas condiciones.

Para conseguir un compromiso técnico, el diseñador da a las velas menos embolsamiento en la parte inferior para conseguir un ángulo de incidencia más aproado de, por ejemplo, 10° (fig. 40). En el centro (entre el 40 y el 70%) la vela tiene el máximo embolsamiento para conseguir el ángulo de incidencia óptimo (por ejemplo, 15%). Ésta es la parte que observa principalmente el timonel y de esta zona central es de la que dependen las prestaciones generales de la vela. La parte superior (que también pierde energía debido a la resistencia inducida) requiere un mayor ángulo de incidencia y se debe trimar con una torsión de 3 a 5°, por lo que el diseñador ya ha considerado un diseño más profundo.

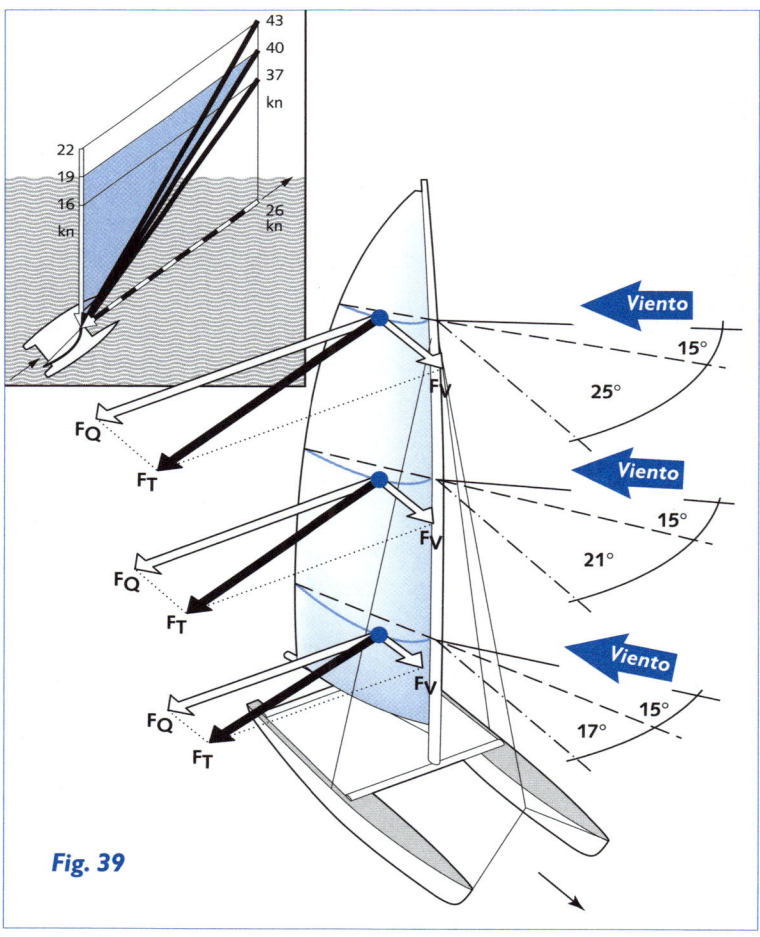

Fig. 39

Fig. 39 Paralelogramo de velocidad para el viento de a bordo (viento aparente) en un aparejo como el del Crossbow con un viento atmosférico de 16 kn a nivel del agua y 22 kn en la parte superior del palo (recuadro superior izquierdo). En la parte superior la energía para las velas es proporcionada por un viento aparente de 43 nudos, en la parte inferior las velas trabajan con un viento de 37 kn. La torsión de la vela debería ser de 8° para trimarla desde abajo hasta arriba con el ángulo de incidencia óptimo.

Imagen general: fuerza del aire en la vela en un rumbo de ceñida a tres alturas.

Flecha negra: fuerza total aerodinámica de la vela F_T.

F_V fuerza de empuje aerodinámica o empuje suministrado.

F_Q fuerza de escora aerodinámica o fuerza lateral.

Si la vela está trimada de forma óptima con la torsión correspondiente, genera arriba (43 kn) y abajo (37 kn), gracias al gradiente vertical y a las diferentes velocidades del viento aparente, una gran potencia de avance arriba, la mitad en el centro y poca potencia abajo. El viento aparente creado por el mismo barco corresponde a fuerza 8 o más en la escala Beaufort.

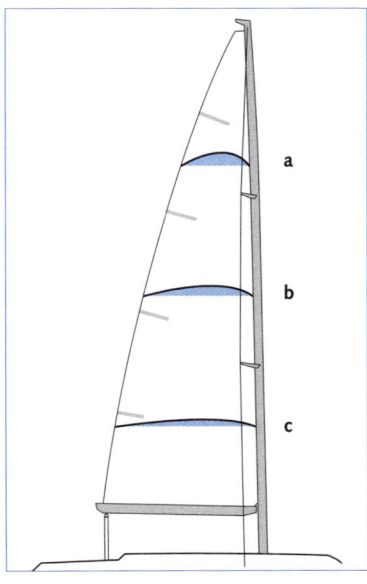

Fig. 40 Las velas mayores altas y esbeltas tienen un diseño en la parte superior (a) más profundo para generar una torsión óptima con el fin de repartir debidamente la fuerza de empuje. En el área central (b) se trabaja con un embolsamiento para generar el máximo empuje. Un diseño plano en la parte del pujamen (c) reduce el empuje y la resistencia inducida.

TEORÍA Y PRÁCTICA DE LAS VELAS

En un aparejo a tope de palo, una vela de proa necesita más torsión que la vela mayor, porque en las secciones cercanas al palo, en el área de viento ascendente, trabaja por detrás de la mayor y aquí el viento fluye más aproado y lento. En un aparejo de 7/8, en el que la parte superior de la mayor trabaja en solitario, se requiere más torsión en la mayor.

■ EL GRADIENTE VERTICAL DEL VIENTO EN PALOS ALTOS

En el *Crossbow*, que podía llegar a 30 nudos de velocidad, se reconocen los efectos extremos del gradiente vertical en las prestaciones en na-

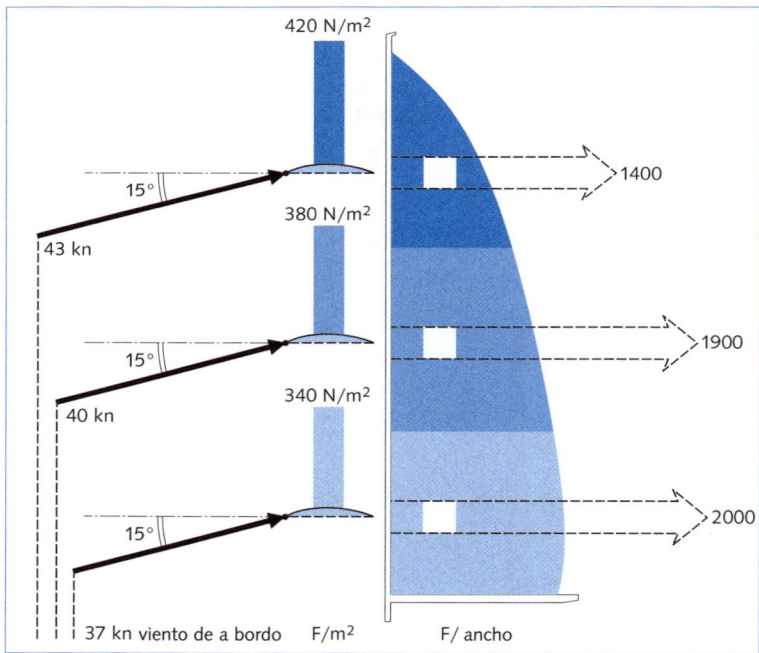

Fig. 41 *Fuerzas vélicas en N que pueden generarse en los tres niveles de un aparejo extremadamente alto como el del* Crossbow *navegando de ceñida. En la gráfica se muestran delante del palo las fuerzas para 1 m² (por ejemplo 420 N/m² en el área superior). Mediante flechas a la derecha se indican: para un ancho de banda de 1 m desde el grátil a la baluma, por ejemplo, 1.900 N en el centro.*

ECONOMÍA DEL VIENTO

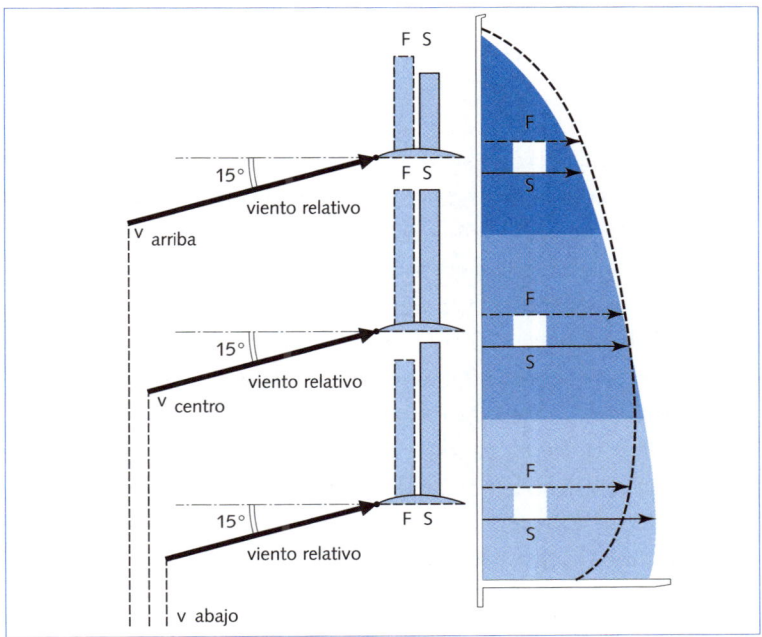

Fig. 42 Las diferentes fuerzas vélicas desde el tope del palo hasta la botavara representadas como curva respecto del diseño del grátil y en forma de vela "efectiva" o "aparente" respecto de la vela real. Aparece gráficamente delante del palo : arriba más fuerza F que superficie real S, abajo más superficie S que fuerza realmente empleada F.

vegación (fig. 41). Para la vela trimada con el ángulo de incidencia (15° respecto del viento de a bordo) y la torsión óptimos he calculado las fuerzas siguientes con la velocidad del viento correspondiente de 37-43 nudos: abajo 340 N/m^2; en el centro, 380 N/m^2, y arriba, 420 N/m^2. El tamaño en m^2 puede verse en el del gráfico.

También he calculado la fuerza vélica que puede generarse en una banda desde el grátil a la baluma: con una anchura de 5,80 m, aprox. 2000 N en la parte inferior; con una anchura de 5 m, 1.900 N en la parte central y con una anchura de 3,20 m, 1.400 N en la parte superior. (El tamaño de la vela de 19 m y la representación gráfica se basan en informaciones accesibles). Obsérvese que, por ejemplo, la banda corta en la parte superior genera el 70% de la fuerza vélica de la banda inferior encima de la botavara, que es el doble de grande, o que la banda de 5 m en la zona intermedia genera tanta fuerza como la banda de 5,80 m en el último tercio.

Si aprovechamos lo anterior para dibujar una vela y sobreponemos gráficamente la superficie real y la fuerza generada por la misma (fig. 42), podremos apreciar, además de la vela visible, la vela efectiva que influye sobre todas las decisiones técnicas y marineras (rizar, etc.).

Pero también podemos echar un vistazo a un crucero normal (será nuestro barco estándar D con una mayor con sables forzados de la pág. 70). Este barco de 11,50 m de eslora y un palo de 14 m iza las velas a unos 16 m por encima del nivel del mar. En la fig. 4b podemos apreciar tres velocidades de viento características (para el viento atmosférico) para tres alturas diferentes sobre el nivel del mar: a 4 m 18 kn, a 10 m 20 kn y a 15 m 21 kn (fig. 43). De la superficie de la vela mayor con sables forzados, 16 m^2 corresponden a la zona inferior, 14 m^2 a la zona central y 8 m^2 a la zona superior (dividiendo el palo en tres partes iguales). Tal y como hemos hecho antes, calculamos la energía eólica disponible en cada zona y obtenemos en la parte inferior aprox. 78, en la central 97 y en la superior 107 N/m^2. Nuestra vela mayor de 38 m^2 puede generar un total de 3.475 N, de los que 1.259 (35%) corresponden a los 16 m^2 de la zona inferior, 1.360 N (40%) a los 14 m^2 de la zona central y el resto (15%) a los 8 m^2 de la zona superior.

Fig. 43 En un aparejo con un palo de 14 m, que en nuestro crucero estándar D (fig. 60) llega hasta 16 metros por encima del nivel del mar, el gradiente vertical no se manifiesta tan radicalmente. Pero con un viento atmosférico de 18 kn a 4 m de altura, 20 kn a 10 m y 21 kn a 15 m la energía captada es muy diferente.

ECONOMÍA DEL VIENTO

Si no tenemos en cuenta que el viento de a bordo (el viento aparente) es mayor en rumbos de ceñida que el viento atmosférico determinado aquí, pero recordamos que la fuerza del viento crece con el cuadrado de la velocidad del viento, en estos cálculos aproximados nos daríamos cuenta de que los valores de las fuerzas todavía son más divergentes en las diferentes áreas de altura (aquí no consideramos la resistencia por inducción). Por tanto:

En nuestra vela, no todos los m^2 de tejido generan la misma potencia. Y no sólo debemos concentrarnos en la vela visible (fig. 44 a). Debemos considerar siempre la vela efectiva (fig. 44 b), que también podemos llamar "vela aparente" considerando que trabaja con el "viento aparente".

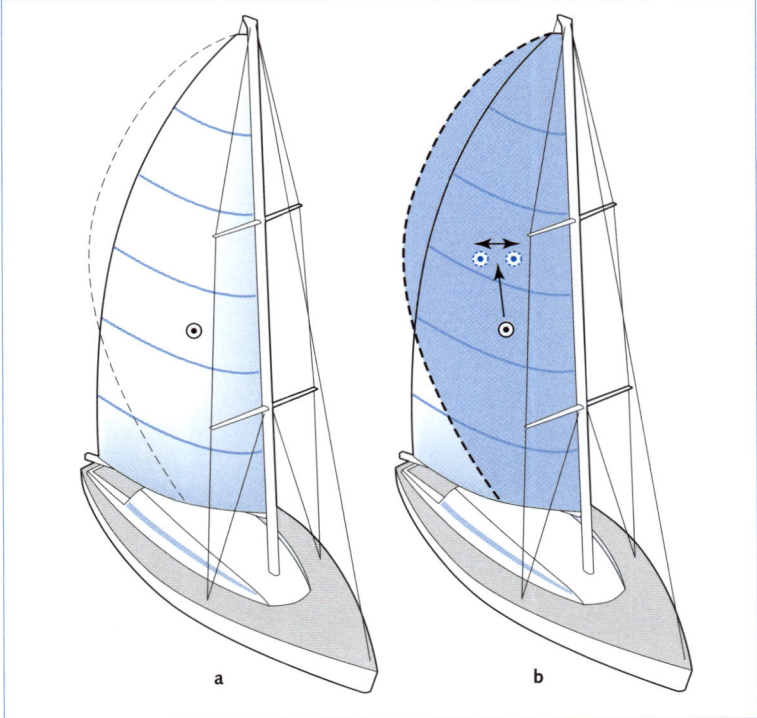

Fig. 44 *La vela visible con el centro geométrico (a). La vela efectiva con las posiciones posibles del centro vélico que (según las prestaciones aerodinámicas de la superficie) siempre estarán por encima del centro geométrico indicado más abajo (b).*

TEORÍA Y PRÁCTICA DE LAS VELAS

En la búsqueda de más fuerza vélica obtenemos progresivamente "motores" más potentes sobre todo gracias a palos cada vez más altos y a velas con un alunamiento máximo y sables forzados, para aquellos que quieren correr más, más deprisa que los demás.

4
El balandro moderno y sus velas

Últimamente se han desarrollado nuevos aparejos y nuevos diseños de vela para las embarcaciones con un aparejo balandro, que se han adaptado con rapidez a la moderna fabricación en serie de los veleros y que hoy en día ya nos parecen muy normales: velas mayores con sables forzados y pequeñas velas de proa; velas enrollables en dos estays montados en línea, desplegable (dos velas) la primera y autovirante la segunda; velas mayores enrollables con la baluma libre que se enrollan en el palo o mayores tradicionales que se enrollan en la botavara; velas de proa asimétricas para navegar de través y en portantes que existen en muchos tipos de diseño y que llevan nombres como gennaker, blister y código cero; o el botalón, fijo o retráctil, en el que se izan estas velas y que prolonga la longitud útil de las velas de nuestro yate.

Los inicios de los aparejos a tope del palo, que en la actualidad siguen dominando el mercado, están documentados en la valiosa obra del inglés John H. Illingworth, publicada a partir de 1948 y que lleva por título *Offshore*, en la que se describen a modo de ejemplo varias construcciones de cruceros. Asimismo, se demostró su superioridad técnica frente a los tipos de aparejo usuales de la época gracias a los éxitos de su *Myth of Malham* y a un gran número de barcos gemelos modificados. La característica de este tipo de aparejo moderno es el largo y efectivo borde de ataque de la vela de proa (de la proa hasta el tope del palo), así como su gran tamaño, solapando la vela mayor incluso a popa del palo.

El aparejo de balandro fue posible tanto desde el punto de vista físico-constructivo como tecnológico gracias a los palos encolados en forma de caja, que posteriormente fueron sustituidos por perfiles prensados de aluminio. El aparejo cúter, sustituido, se caracterizaba por dividir el triángulo de proa tanto en altura como en anchura, alcanzando la misma superficie vélica con dos foques y una trinqueta.

Las condiciones para poder hacer efectivos los aparejos a tope de palo con una sola vela de proa también fueron aportadas por los fabricantes de velas, y los nuevos materiales, como Dacron/Terylene, que en el año 1950 tenían un 40% más de resistencia a la rotura que las tradicionales velas de algodón del mismo peso y que permitían la elaboración de velas más grandes sin problemas de peso.

Durante casi 50 años este tipo de aparejo (fig. 45) fue considerado el ideal para los cruceros de todos los tamaños. Puesto que la superficie vélica puede repartirse a mitades iguales entre la vela mayor y la vela de proa, todas las velas utilizadas pueden ser manejadas con seguridad por una tripulación reducida. Como el palo podía moverse hacia popa, en dirección al centro de gravedad, en condiciones de mala mar, desde 1970 hasta 1985 se prefirió incluso una relación entre la vela mayor y la vela de proa del 45 al 55%.

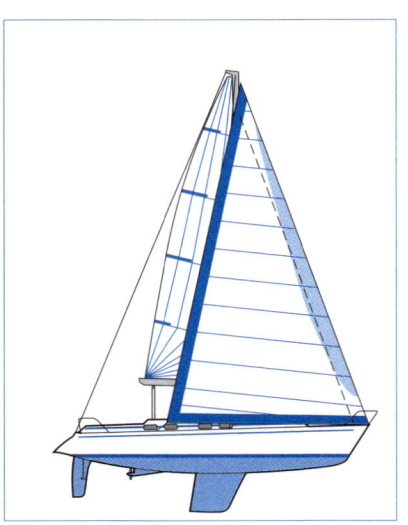

Fig. 45 **Barco estándar A:** *balandro aparejado a tope del palo. Altura: 13 m, I: 13 m, J: 4,50 m, LP (150%): 6,75 m, mayor 22 m², génova: 44 m², superficie vélica de ceñida 66 m².*
Génova ligero 1 (doble para navegar en los alisios) de corte horizontal en el primer estay o la tradicional vela sobre enrollador. El puño de escota (y, en consecuencia, el pujamen) se mantiene cerca de la cubierta para facilitar el enrollado y estibado de la vela enrollada (cuando se ata con la escota).

EL BALANDRO MODERNO Y SUS VELAS

El génova no sólo dominaba los aparejos a tope de palo de los balandros, sino que se diseñaron muchas variaciones del mismo con diferentes tamaños (figs. 47-49). De esta forma, el génova también dominaba la navegación, ya que podía (en una proa ancha y libre) izarse, arriarse o rizarse con mayor facilidad que la vela mayor. Si al principio todavía se requería un gran número de velas de proa para navegar con diferentes condiciones meteorológicas, con la evolución de los enrolladores se eliminaron todas las desventajas y sellaron definitivamente y con claridad todas las ventajas.

Puesto que en estos aparejos se usa de forma óptima la superficie por delante y por detrás del palo tanto geométrica como aerodinámicamente, la altura del palo y de todo el aparejo podía limitarse a una medida asequible desde el punto de vista de la navegación segura, es decir, a un tamaño del 110% de la eslora total del velero. De aquí resulta que nuestro pequeño crucero de 11,50 metros de eslora, el barco estándar de todas

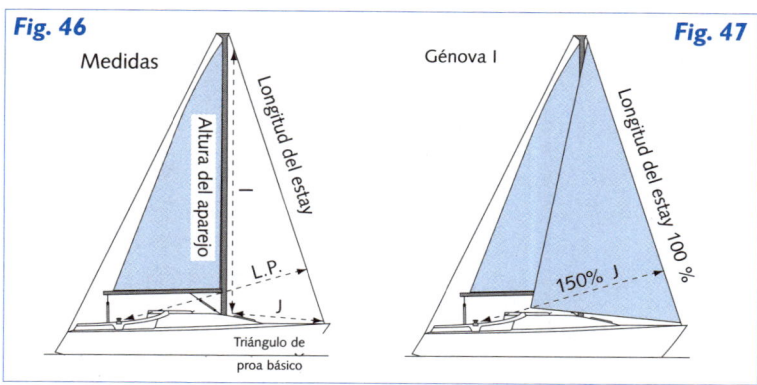

Fig. 46 Medidas

Fig. 47 Génova I

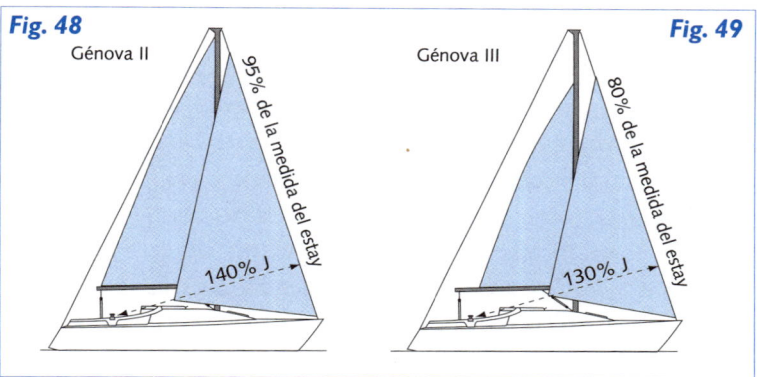

Fig. 48 Génova II

Fig. 49 Génova III

TEORÍA Y PRÁCTICA DE LAS VELAS

las ilustraciones, tiene los datos siguientes: vela mayor 22 m², génova I 44 m², superficie vélica total de ceñida 66 m². Altura del palo por encima de la cubierta 12,50 m, relación entre la vela mayor y el triángulo de proa 45:55.

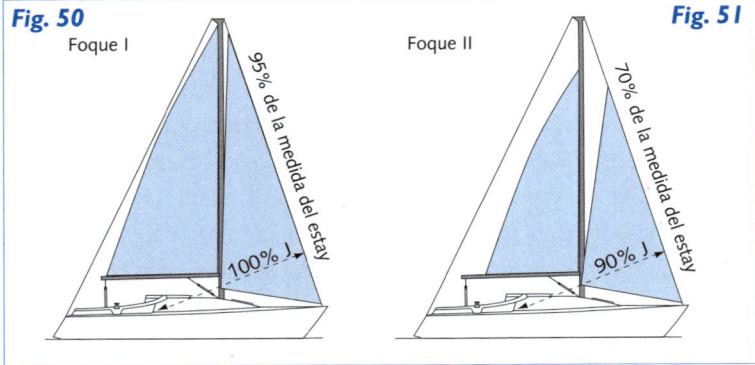

Fig. 50 Foque I

Fig. 51 Foque II

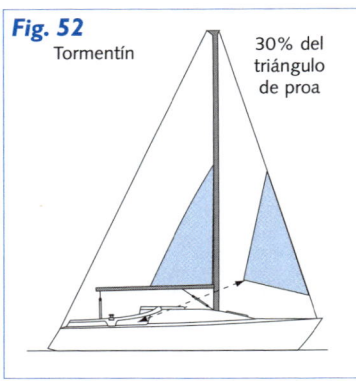

Fig. 52 Tormentín

Figs. 46-52 *Denominaciones (génova, foque, tormentín) para la fórmula IOR (y desde entonces internacionales) de los diferentes tipos de velas de proa (geométricas) y su tamaño. Se basan en la medida I (distancia entre la roldana de la driza a tope de palo y la cubierta) del triángulo de proa y la medida J (distancia entre la base del palo y el arraigo del estay proel). El criterio de medición es la medida LP* (lenght perpendicular), *la vertical del estay proel con el puño de escota. La denominación porcentual (150%, 105%, 80%) hace referencia a la J. Las velas de proa asimétricas, que se triman de la misma forma, son spis según la regla de medición IOR. Pueden tener una anchura (LP) máxima del 180% de la J y una superficie que doble la del génova I. Un foque autovirante corresponde a un LP del 105% para que pueda llenar por completo el triángulo de proa. Un génova enrollable suele ser un compromiso entre el génova II y el III. Es decir, se fabrica con un LP del 135% de la J y una altura del 90% del estay proel.*

EL BALANDRO MODERNO Y SUS VELAS

El tipo de aparejo de un balandro con dos estays de proa fue introducido por primera vez en 1981 en mi nuevo crucero de 12 m *Cormorán* y presentado gráficamente en la revista alemana de vela "Yacht" (figs. 53 y 54, compárese con la fig. 45). Llegamos al diseño de este aparejo cuando tuvimos que decidir si en el (único) estay montaríamos un génova enrollable normal (40 m², 350 g/m²) o un génova doble (2 × 175 g/m², para ser desplegada a 80 m² y montada con 2 tangones para navegar en los alisios, ya que íbamos a cruzar el Atlántico). Su único problema era que a partir de fuerza 5 ó 6 se hubiera exigido demasiado a la resistencia de la vela se-

Fig. 53 Barco estándar AX, balandro con dos estays proeles y génova. T = 14 m, I = 12 m, J = 3,60 m, LP para 140%, J = 5 m, mayor = 22 m², génova = 30 m², superficie vélica de ceñida = 52 m². El génova enrollable (génova II) en el estay interior es muy manejable. La baluma puede ser alta para mejorar la visión hacia delante; a pesar de todo se alcanza el puño de escota cuando la vela está enrollada. Puede combinarse con una mayor enrollable.

Fig. 54 Barco estándar AX, balandro con dos estays proeles y génova rizado: mayor (rizada) = 12 m², génova (rizado) = 18 m², superficie vélica de ceñida = 30 m². Este tipo de aparejo muestra aquí su potencia óptima con mucho viento cuando se pueden rizar tanto la mayor como el génova desde la bañera. La vela de proa genera la potencia. El centro vélico y el centro de presión lateral mantienen su posición.

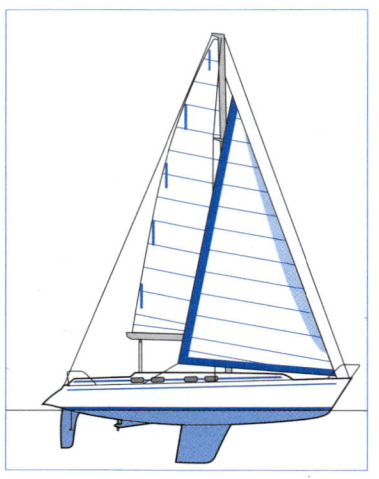

Fig. 55 **Barco estándar A y AX,** *génova I rizado, 60 m². Cuando el barco empieza a balancearse demasiado con mar de popa y se corre peligro de que los tangones toquen el agua, se reducen algunos m² de vela desde la bañera. La superficie efectiva expuesta al viento se reduce de manera no esencial.*

mienrollada. Nos encontrábamos al principio de un largo viaje y queríamos enrollar la vela desde la bañera en caso de mucho viento. Tras los cálculos correspondientes, movimos el arraigo del estay proel medio metro hacia delante, hacia el anclaje de fijación del ancla, sobre un pequeño botalón y aparejamos con un segundo arraigo un estay paralelo al primero a una distancia de medio metro, por debajo del tope del palo (a una medida correspondiente al 5% de la medida total del palo). El aparejo tenía un aspecto inusual, pero funcionó de forma excelente: en el primer estay colocamos el génova doble, que desde entonces llamamos "allrounder" porque la poníamos en todos los rumbos y podíamos enrollarla desde la bañera con el cabo del enrollador a estribor. En el segundo estay colocamos un génova más pequeño que izábamos siempre que navegábamos de ceñida con viento duro y con el cabo del enrollador a babor. Actualmente, tras 20 años de navegación y más de 80.000 millas, el sistema sigue siendo el mismo. Incluso izamos el génova doble en rumbos de ceñida si los bordos son muy largos, ya que virar requiere una persona a proa para pasar la vela por los estays; en su caso, la enrollábamos y la desenrollábamos en la otra amura. En los tramos cortos izábamos, en ceñida, el segundo génova, con el que virábamos con mayor comodidad (como cruceristas, no estábamos sometidos al estrés de la velocidad).

    Y también pasábamos de un rumbo de ceñida con el génova pequeño a un rumbo de popa con el génova doble (fig. 55) sin movernos de la bañera.

    Actualmente, este aparejo de balandro con dos estays se ve navegar por

EL BALANDRO MODERNO Y SUS VELAS

las aguas de todo el mundo. No hay que confundirlo con un aparejo cúter ni emplear las antiguas denominaciones de este tipo de barcos. El balandro de doble estay puede emplear la superficie vélica de dos génovas (solapados). Y es especialmente interesante para izar en el primer estay un gran génova ligero enrollable (como ya viene siendo el estándar usual) y en el estay más apopado un foque autovirante también enrollable. El blíster es el sustituto ideal del génova doble (excepto como vela para navegar en los alisios).

Los aparejos fraccionados ya eran habituales entre los años 1930 y 1945 con velas mayores muy grandes, con una baluma inmensa (fig. 56) y velas de proa extremadamente pequeñas en los cruceros rápidos (a). Incluso hubo cruceros pequeños (b) con una vela mayor de 15,75 m^2 y una vela de proa de sólo 4,25 m^2. Junto a este pequeño foque (que se izaba prácticamente con cualquier intensidad del viento) sólo se empleaba el gran "balón".

(Esta diferencia de tamaños, que en la actualidad parece muy extrema, se deriva del uso de los aparejos con velas cangrejas, en las que se llevaba

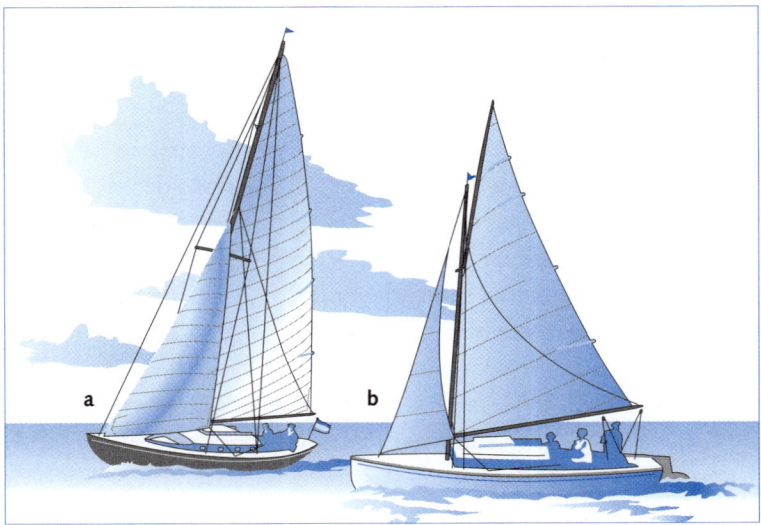

Fig. 56 El crucero de 40 m^2 de superficie vélica (a) y la yola de aguas interiores con vela cangreja (b) fueron los veleros más utilizados en Alemania entre las dos guerras mundiales. El pequeño triángulo de proa es típico de la época.

TEORÍA Y PRÁCTICA DE LAS VELAS

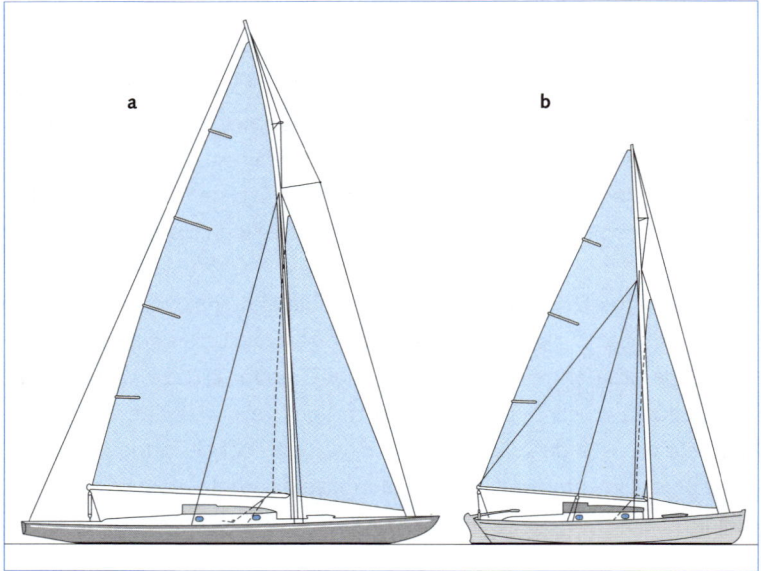

Fig. 57 En los veleros de la clase P se iza una vela de proa de 12 m² delante de una mayor de 35 m² (a). El crucero (b) tiene una vela de proa de 5,30 m² y una mayor de 19,70 m². Ambos barcos fueron diseñados por Arthur Tiller.

el estay proel a tope del palo y el pico de la vela cangreja se izaba muy por encima de la altura del palo (fig. 56 b). El desarrollo del balandro no fue nada más que montar el pico como si fuera la prolongación del palo de la mayor. En consecuencia, la mayor, aunque más estrecha y alargada, seguía teniendo la misma superficie en metros cuadrados que la vela cangreja: igual que la vela de proa.)

Un triángulo de proa más pequeño permite a los veleros de la clase Star aparejar un palo flexible. El estay popel o backstay es el encargado de flexionar el palo por encima del arraigo superior del estay proel. A partir de 1985, aproximadamente, los aparejos fraccionados volvieron a experimentar un renacimiento gracias a la fabricación económica de palos con perfiles de aluminio que podían estrecharse en la parte superior. Estos palos podían ser más largos siendo su peso el mismo; si además se bajaba un poco el triángulo de proa, estos palos podían flexar gracias al empleo de medios auxiliares (burdas, estays popeles, estays de trimado,

EL BALANDRO MODERNO Y SUS VELAS

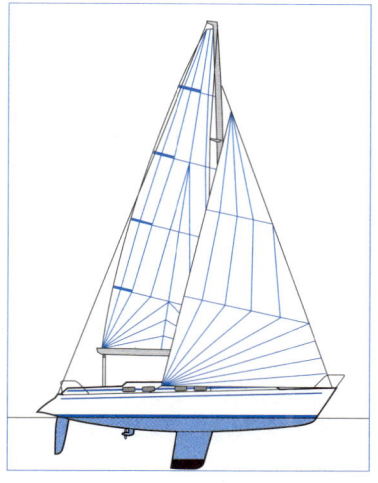

Fig. 58 **Barco estándar B:**
Balandro con aparejo fraccionado. Altura 14 m, I = 11 m, J = 4 m, LP = 6 m, mayor 32 m², génova 34 m², superficie vélica de ceñida 66 m².
El génova ligero llevado hasta cubierta ofrece muy poca resistencia inducida. Corte birradial con una relación lateral 2:1. Vela mayor de corte trirradial, relación lateral 2,8; el paño más resistente se encuentra en el área de la mayor línea de fuerza. El palo y la botavara se han prolongado para equilibrar la menor superficie vélica a proa.

etc.), con lo que se daba a la mayor una forma aerodinámica en todos los rumbos (fig. 58).

Con un triángulo de proa pequeño, la vela mayor domina en una relación de 60 : 40 y no sólo ópticamente. En la práctica, genera más avance y determina la técnica vélica gracias a su aumento considerable; al que también ha contribuido que el aparejo haya aumentado al 120%. El correspondiente barco estándar B de nuestro gráfico tiene un palo de 14 metros y su superficie vélica en ceñida sigue siendo de 66 m², de los cuales 32 corresponden a la mayor y sólo 34 al génova 1.

En un velero con aparejo fraccionado destaca el mayor alunamiento en el puño de driza de la mayor y el sable superior forzado. Los sables, que sólo llegan a la mitad de la anchura de la vela, no sólo sirven para mantener la forma aerodinámica de la vela en todos los rumbos y en todas las condiciones de viento, sino que también permiten aumentar la superficie vélica al 110% gracias a la optimización de la baluma. De esta forma, podemos usar una mayor de 35 m² para nuestro barco estándar C sin tener que cambiar el aparejo. Al mismo tiempo hemos aumentado (gráficamente) el calado del barco al 110% para especificar que las condiciones de estabilidad del casco deben ajustarse al cambio de aparejo (fig. 59).

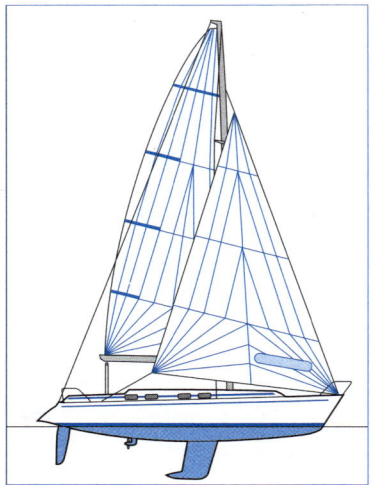 

Fig. 59 **Barco estándar C:** Balandro con aparejo fraccionado y sable superior forzado. Altura = 14 m, I = 11 m, J = 4 m, LP = 6 m, mayor 35 m², génova 34 m², superficie vélica de ceñida 69 m². El génova ligero I, con una ventana, corte trirradial: el pujamen elevado permite al timonel una mejor visión a proa. Puede diseñarse como génova enrollable. Mayor trirradial con tabla de grátil y patines de calidad; se ganan más de 3 m² frente al barco B gracias al diseño de la baluma en su parte superior.

Fig. 60 **Barco estándar D:** Balandro con aparejo fraccionado y vela mayor con sables forzados. Altura = 14 metros, I = 11 m, J = 4 m, LP = 6 m, mayor 38 m², génova 34 m², superficie vélica de ceñida 72 m², foque autovirante = 100% I = 20 m².
Este alunamiento máximo de la baluma es reforzado por 5 ó 7 sables forzados y ofrece una gran superficie vélica con una gran relación lateral. Puede emplearse con un génova grande, aunque un foque autovirante facilita las maniobras con poca tripulación.

Un aparejo fraccionado con mayor de sables forzados es el aparejo más complejo pero también más sofisticado aerodinámicamente y, de esta forma, el más potente que podemos ofrecer a nuestro barco estándar D. Los sables forzados dan a la vela una forma óptima en toda su dimensión, ya que pueden ajustarse al viento reinante en cada momento. En comparación con las velas de sables semiforzados se ganan algunos m² más de superficie, con lo que podemos fabricar una vela de 38 m² manteniendo los 34 m² del génova I. Sin embargo, el barco necesita más lastre (u otro tipo de quilla, por ejemplo, quilla alada o con bulbo y como mínimo un 20% más de calado) para poder navegar en las mismas condiciones de escora que el barco estándar A (fig. 60).

■ LAS VELAS ELÍPTICAS GENERAN MENOR RESISTENCIA INDUCIDA

Las evoluciones más recientes de aparejos con velas alargadas y estrechas también consideran la reducción de las resistencias inducidas. En la vela, esta resistencia forma parte de la resistencia total aerodinámica y es causada por la diferencia de presión entre la parte de barlovento y sotavento de la mayor y de la vela de proa. El aire intenta desviarse hacia

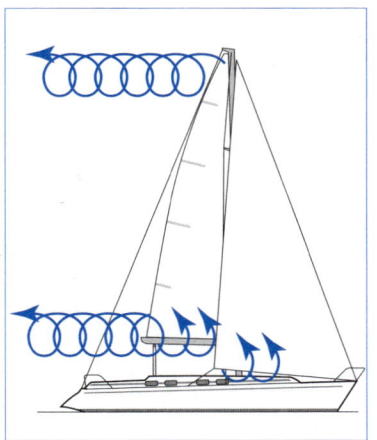

Fig. 61 La resistencia inducida es causada por la diferencia de presión entre barlovento y sotavento y en la parte superior e inferior de la vela se genera una reducción de la fuerza de empuje porque el aire intenta pasar de barlovento a sotavento y desviarse hacia el área de menor presión.

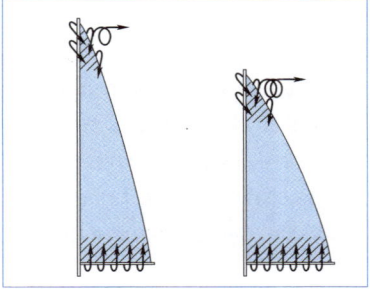

Fig. 62 Las turbulencias generadas por la energía de movimiento perdida son menos perjudiciales en una vela mayor con gran relación lateral (velas alargadas) que en las velas usuales con menor relación lateral.

el área de menor presión en la parte superior de la vela y en el pujamen (fig. 61). Puesto que este proceso es continuo, en los extremos de las superficies se generan turbulencias de energía de avance perdida que, en una

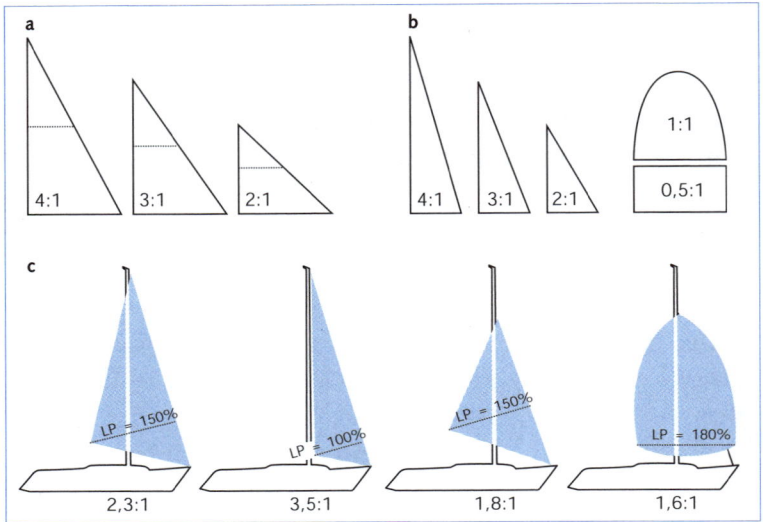

Fig. 63 *En la construcción de veleros y en la confección de velas, la relación lateral o alargamiento es la relación numérica simple entre el grátil y el pujamen o entre la altura del triángulo de proa y la longitud base (I : J). Un valor de 4 : 1 ó 3 : 1 (vela mayor esbelta) corresponde a una relación lateral grande y un valor de 2 : 1 ó 1 : 1 (un spi amplio), a una relación lateral pequeña (b). Los investigadores angloamericanos en el campo de las velas también emplean esta terminología, mientras que en la ciencia de la aerodinámica e hidrodinámica se habla de coeficiente entre la altura y la anchura media (a). Cuando un fabricante de velas confecciona un génova I ó II o un foque I ó II (definiciones correspondientes a la fórmula IOR), también emplea la relación lateral o de esbeltez que resulta como coeficiente de la medida del grátil y el LP (la longitud de la vertical desde el grátil al puño de amura) (c). Las velas con un elevado grado de esbeltez se fabrican con un material estable a las formas, porque deben dominar grandes fuerzas y trimarse en un punto de escota muy exacto. En las velas de proa con un reducido grado de esbeltez (y, en la mayoría de los casos, puño de escota elevado), las fuerzas son menores, de forma que se pueden fabricar con un material menos resistente y, en la práctica, también pueden trimarse con mayor facilidad.*

EL BALANDRO MODERNO Y SUS VELAS

Fig. 64 Se genera menor resistencia inducida cuando la forma de la superficie vélica se parece al ala elíptica de un avión, como la proporcionada por una vela mayor con sables forzados.

vela mayor con una relación lateral grande, es menor que en una vela de proa con una relación lateral pequeña (fig. 62). En la figura 63 se explica lo que se entiende bajo "relación lateral".

La menor resistencia inducida se genera cuando se emplean velas de forma elíptica (fig. 64), como sería una vela alta con sables forzados y mucho alunamiento. En este caso, las velas de proa se han reducido a formas con poco alargamiento. En el pujamen de estas velas, la resistencia inducida puede evitarse completamente si se diseña una vela que llegue hasta la cubierta con un puño de escota bajo que genere un perfil aerodinámico (fig. 65).

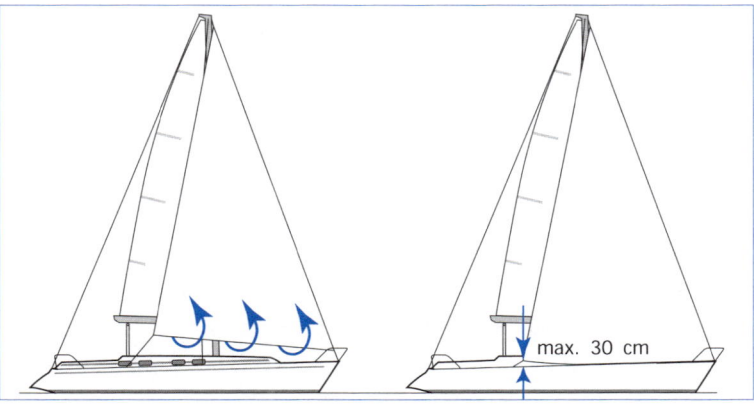

Fig. 65 En una vela de proa se puede evitar la resistencia inducida con sus efectos negativos si se lleva el puño de escota a cubierta, de forma que actúe como placa final aerodinámica.

TEORÍA Y PRÁCTICA DE LAS VELAS

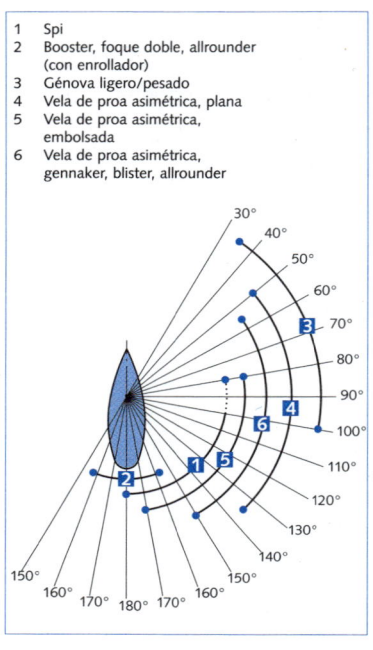

1. Spi
2. Booster, foque doble, allrounder (con enrollador)
3. Génova ligero/pesado
4. Vela de proa asimétrica, plana
5. Vela de proa asimétrica, embolsada
6. Vela de proa asimétrica, gennaker, blister, allrounder

Fig. 66 Área de aplicación de las velas de proa adicionales para diferentes rumbos con respecto al viento atmosférico o con respecto al ángulo de viento real (que puede reconocerse observando la dirección de avance de las olas): el spi sigue siendo una vela con un amplio campo de aplicación (1), mientras que el foque doble (allrounder o booster) sirve especialmente para navegar en rumbos portantes durante mucho tiempo (2). Los génovas ligeros o pesados (3) se emplean para rumbos de ceñida y de través. Entre la bolina y la popa la mejor elección son las diferentes velas asimétricas: planas en el área 4 y más profundas en el área 5 y en una versión multiuso incluso con ángulos de 55° a 160° con respecto al viento (6).

El área de aplicación de las velas adicionales (velas de viento ligero, etc.) se caracteriza por su funcionalidad. Las velas "principales" son la mayor y una vela de proa que en la actualidad suele ser un génova medio o un foque. Los astilleros suministran los barcos equipados con estas velas, listos para navegar. Los armadores son los que deben adquirir las velas adicionales según sus deseos o necesidades para poder navegar con rapidez y seguridad en todos los rumbos con respecto al viento. La figura 66 muestra el área de aplicación de las velas adicionales que pueden emplearse en el triángulo de proa. Las primeras a tomarse en consideración deberían ser: el génova I (fig. 47) es la vela de proa más grande para navegar de ceñida y pudiéndose elegir tela de diferente gramaje para ella. Reducido al génova II o III (figs. 48 y 49), puede emplearse para diferentes fuerzas de viento. Su uso óptimo es para rumbos entre 40° y 100° con respecto al viento aparente.

EL BALANDRO MODERNO Y SUS VELAS

El spi (fig. 67 a) es la vela preferida en rumbos portantes. Tiene la mayor superficie vélica (mucho más que un génova I), pero sólo puede izarse con tangón y el aparejo correspondiente. Puede emplearse sin problemas a partir de unos 100° con respecto al viento y hasta los 180°. Entre estos dos rumbos pueden emplearse diferentes velas de proa asimétricas que se diferencian en el corte de los paños, en el gramaje del material empleado y en el diseño; por ejemplo, pueden ser trirradiales o birradiales. Una vela típica para esta área de aplicación es el "gennaker" (originariamente un nombre comercial de North Sails). Su nombre deriva de génova y spinaker y muestra de este modo que su mejor área de aplicación se encuentra a medio camino entre estas dos velas. Es mayor que el génova I pero mucho menor que un spi. Su tipo de aplicación (según su diseño) comienza con 50° y llega incluso a unos 150° con respecto al viento aparente, de forma que puede sustituir al spi tradicional hasta un rumbo con el viento por la aleta, si se trima debidamente, es decir, si se le da más o menos embolsamiento izado en un botalón.

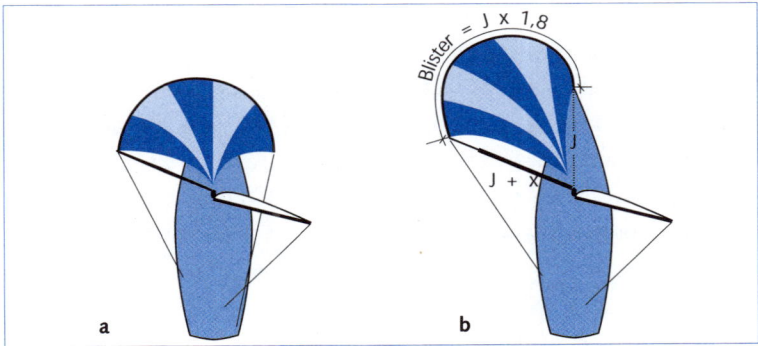

Fig. 67 *El blister (b) es una vela ancha como el spi, ya que su ancho máximo puede ser de J x 1,8 (base del triángulo de proa). Su problema, cuando se intenta atangonar en un rumbo con viento de popa (el tangón de un barco de regata no puede superar la J) es que el puño de amura está fijo a proa. Por tanto, el blister sólo puede atangonarse por un lado (con la escota fija en el tangón), mientras que el spi se iza libre (fijado al tangón mediante la braza) y puede sacarse por el lado opuesto del triángulo de proa, con lo que su superficie útil puede moverse a sotavento (a). Para navegar de crucero con el blister debe emplearse un tangón telescópico que pueda alargarse aproximadamente al 130% o más para poder emplear por lo menos por un lado toda la superficie útil de esta vela (b).*

Otro nombre (originariamente una marca) de una vela de proa adecuada para rumbos portantes y de bolina es el "blister" (fig. 67 b). El corte de esta vela no es como el de una "burbuja" tan esférica como el spi. Se iza por fuera del triángulo de proa, pero sólo por un lado. El puño de amura de su grátil volante se fija a un botalón por encima del balcón de proa mediante un aparejo. El área de aplicación de este gran spi de crucero abarca rangos de viento entre 80° y aprox. 170° (según su diseño). En rumbos con el viento por la aleta puede renunciarse al uso de la mayor.

En los barcos de crucero también existe la posibilidad de emplear un génova doble, que originariamente se empleaba como vela para navegar en los alisios. Actualmente se ofrece como génova doble con los grátiles cosidos bajo el nombre (comercial) de "booster" o para enrolladores con el nombre de "allrounder". Esta vela permite navegar rumbos de unos 160° a ambos lados del viento aparente. El "allrounder" puede enrollarse incluso desde la bañera (fig. 68) navegando de popa. Ambos tipos de génova doble se componen de dos génovas iguales de paño muy ligero que se colocan uno encima de otro para un rumbo de ceñida, de forma que esta vela también encuentra su uso como génova tradicional.

Las formas especiales de velas mayores enrollables dentro de perfiles huecos se describen en el capítulo "La vela mayor", y el foque autovirante y el génova enrollable se tratan en el capítulo "Velas de proa geométricas". Las velas mayores enrollables en la botavara son explicadas en el capítulo 11 "Sobrepasar la velocidad del casco, ¿o frenar rizando?".

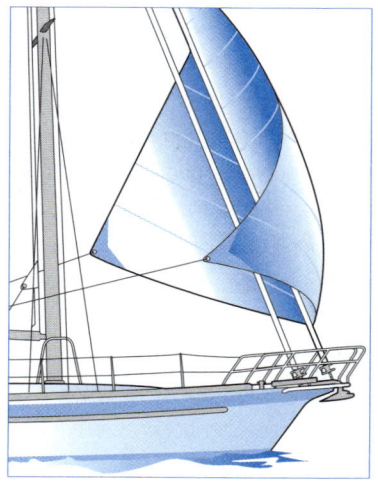

Fig. 68 Cuando el viento arrecia, un buen enrollador de génova permite rizar progresivamente esta doble vela de proa empleada generalmente para navegar en los alisios. La maniobra para ello se efectúa desde la bañera y la vela puede rizarse hasta el tamaño de dos tormentines.

5
La vela mayor

La vela izada en el palo sigue siendo la vela más importante (y usualmente también la más grande) en los balandros con uno o dos estays. Los modelos son de lo más variado: con el pujamen libre, enrollable en el palo o en la botavara, con sables cortos o medios, o con sables forzados. Asimismo, existen varios tipos de corte de los paños (fig. 71) que, a su vez, pueden ser de materiales muy diversos (fig. 72). En este libro sólo podemos concentrarnos muy brevemente en el principio de la elaboración de velas (figs. 69 y 70). Tratamos el manejo correcto de la mayor desde el punto de vista técnico para la navegación a vela.

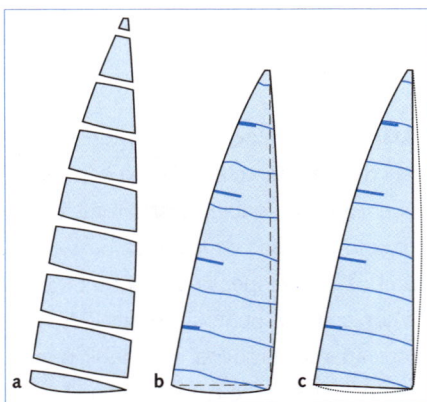

Fig. 69 *El embolsamiento de una vela de tejido simple se genera, por un lado, mediante un corte redondeado de los paños (a) en dirección al grátil y la baluma; por otro lado, el grátil y la baluma también reciben un corte redondeado (b), que apenas se descubre a simple vista si colocamos la vela en el suelo. Sin embargo, si izamos la vela y cazamos el pajarín (c), la rigidez del palo y la botavara nos permite apreciar la bolsa de la vela por la que se desliza el flujo de aire que ofrece la energía necesaria que moverá nuestro barco. El alunamiento de la baluma, es decir, la superficie convexa entre la recta que va del puño de escota al puño de driza y el borde exterior de la vela puede ser muy grande. Por lo general, se refuerza con varios sables largos o cortos.*

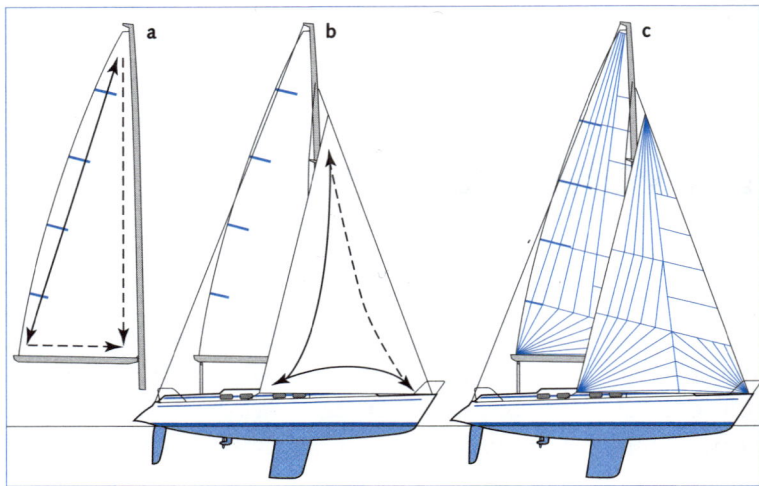

Fig. 70 Desde hace tiempo conocemos la diferencia que existe entre la distribución de fuerzas principales en una vela mayor (a) y en un génova (b). Pero sólo en los últimos tiempos ha sido posible fabricar velas basadas en diseños sofisticados que combinan paños horizontales, verticales y radiales empleando tejidos de diferente gramaje, que se adaptan individualmente de una forma óptima a esta distribución de fuerzas (c).

La tensión correcta del grátil depende de la fuerza del viento aparente. Con mucho viento el grátil debe tensarse al máximo con ayuda de la driza de la mayor. Con poco viento es preferible llevarlo más suelto. Sin embargo, la tensión del grátil no sólo depende de la fuerza del viento, sino también de los diferentes rumbos con respecto al viento. El grátil debe tensarse navegando de ceñida con un buen viento aparente. Después, en el rumbo de popa con un viento aparente mucho más débil, puede soltarse un poco de tensión. Con viento normal se da la tensión al grátil de la mayor a mano, hasta eliminar las arrugas horizontales (fig. 73) en el área del palo. Con poco viento pueden dejarse algunas arrugas, porque refuerzan el embolsamiento de la vela, lo que favorece la navegación. Sin embargo, si con el viento aparente se convierten en arrugas muy molestas, deben eliminarse cazando la driza de la mayor. Si al hacerlo se forman arrugas verticales es que se ha cazado demasiado la driza. La escota de la mayor y la contra deben estar sueltas cuando se izan las velas, porque de lo contrario no puede darse tensión a la driza. La parte superior de la vela no puede sobrepasar la marca de medición negra en el tope del palo en caso de participar en una regata.

Si en el área legal del grátil todavía puede apreciarse alguna arruga que deba eliminarse cuando el viento de a bordo arrecia, es necesario trabajar con el ollao y el cabo del cunningham (fig. 74, pág. 82). Este dispositivo de trimado tensa el grátil de la misma forma que la driza de la mayor, aunque la tracción se realiza en dirección contraria. En los aparejos flexibles, cuando se da curvatura del palo también hay que dar una mayor tensión al grátil y cazarse el cabo del cunningham. Cuando se reduce la curvatura, deben volver a descargarse en correspondencia tanto la driza como el cunningham.

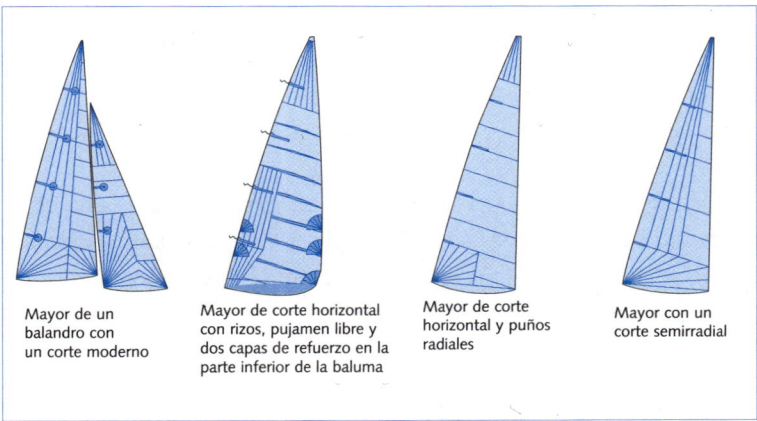

Mayor de un balandro con un corte moderno

Mayor de corte horizontal con rizos, pujamen libre y dos capas de refuerzo en la parte inferior de la baluma

Mayor de corte horizontal y puños radiales

Mayor con un corte semirradial

Fig. 71 *Diferentes diseños para la vela mayor en los que se han dispuesto los paños de forma especial para absorber mejor las cargas de trabajo. Aunque actualmente se emplean ordenadores para calcular cada uno de los paños, con el fin de que la vela muestre el perfil deseado, y aunque el procedimiento de corte también está controlado por un ordenador que envía la información a un cúter computerizado de rayo láser, la forma exterior de la vela y nuestro conocimiento práctico para trimarla siguen siendo los mismos.*

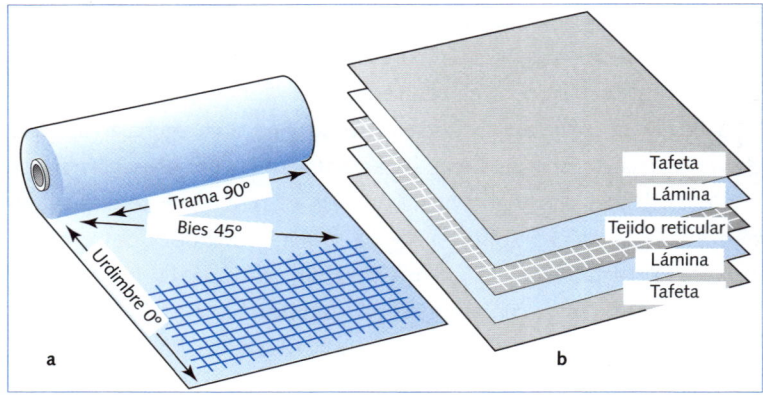

Fig. 72 *Las velas se fabrican con materiales diversos para que no pesen demasiado con viento ligero y para que aguanten cuando sube el viento. (a) Tejido usual para la confección de velas, en el que la urdimbre está orientada en sentido del rollo y la trama cruza la urdimbre perpendicularmente. El bies es la dirección en la que más se estira el tejido. Posteriormente, el tejido recibe una capa de resina artificial que refuerza especialmente la resistencia diagonal.*
(b) Los laminados están fabricados con un tejido reticular compuesto de fibras altamente resistentes (kevlar, dyneema, spectra o pentex) encolado entre dos láminas que evitan la entrada de aire (ésta es la base de un tejido "sandwich"). Como protección adicional se aplica una tafeta de estructura muy fina.

Fig. 73 *El primer sistema de trimado para regular el embolsamiento de la vela es la driza de la mayor. Con su tensión podemos modificar la posición de la bolsa (zona de mayor embolsamiento de la vela) entre el grátil y la baluma. Si para tensar la driza sólo empleamos la fuerza de los brazos (hasta la marca de medición en el palo), mantendrá su diseño original y la bolsa se situará en el centro. Si también cazamos con moderación el pajarín, tendremos una vela con el máximo embolsamiento para ventolinas y rumbos portantes (a). Para seguir aplanando la vela, en caso de que el*

LA VELA MAYOR

Fig. 73

aumento del viento desplace la bolsa hacia popa, con lo que la fuerza vélica se orienta demasiado a sotavento, hay que cazar la driza de la mayor con el winche para aplanar la vela en la parte anterior y para que la bolsa vuelva a moverse hacia el centro (b). Ahora tenemos una vela para ventolinas y rumbos de ceñida.

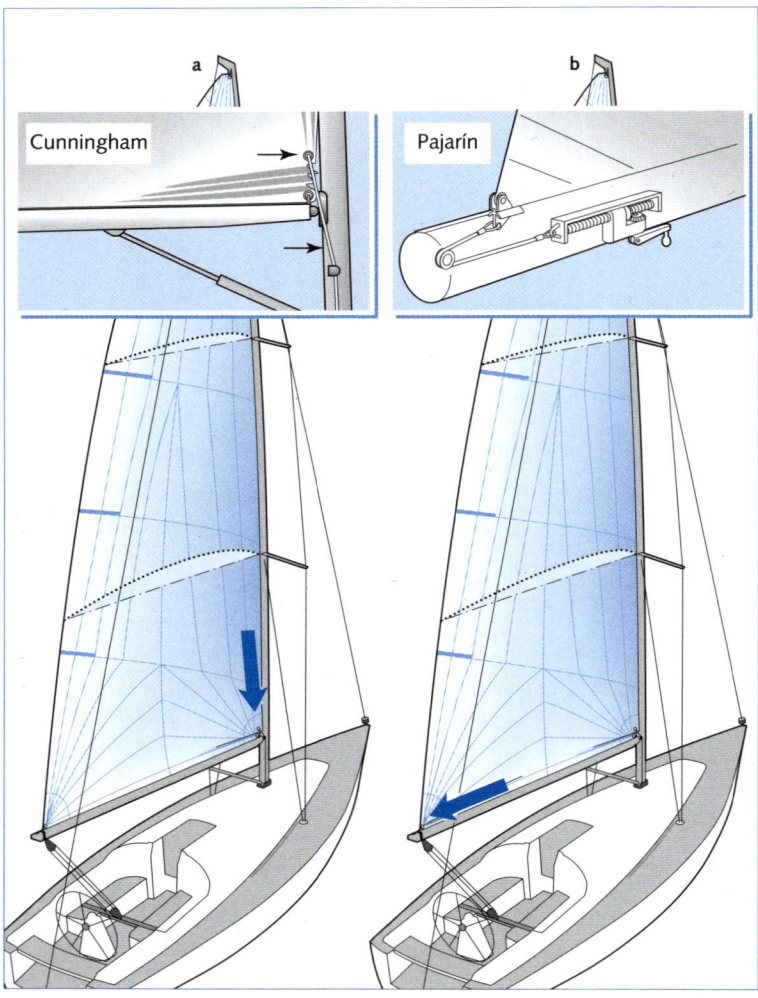

Fig. 74 *Si cazando la driza todavía pueden apreciarse arrugas detrás del grátil de la vela mayor, debe emplearse el cabo del cunningham. Se trata de un aparejo fijado a un ollao cosido en el grátil de la vela mayor y a la base del palo (a). Si el sistema de la botavara lo permite, con un cabo (o un aparejo en barcos grandes) también puede bajarse la altura de la botavara. Cazando el cunningham se aplana la vela para un viento medio*

LA VELA MAYOR

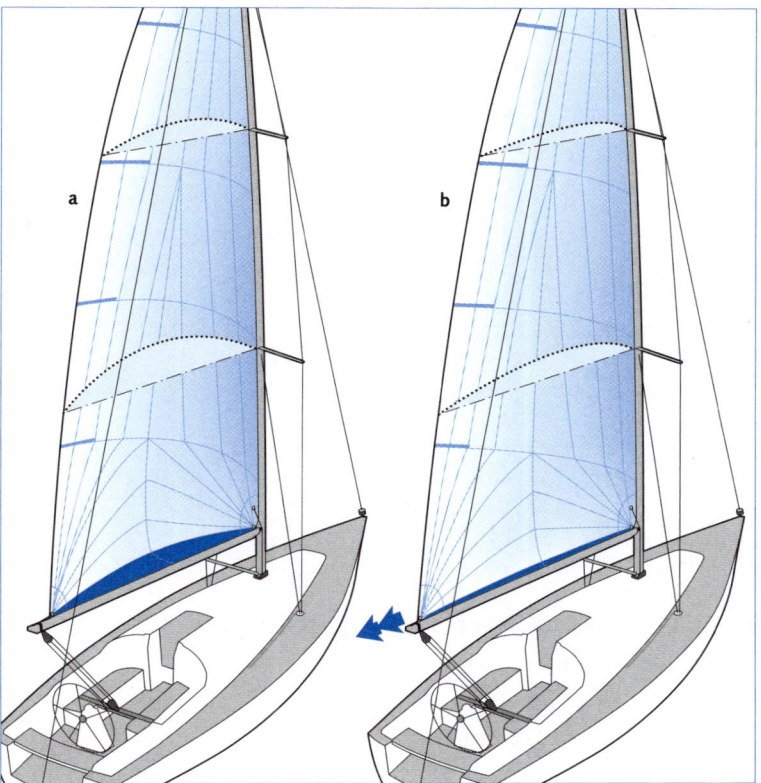

Fig. 75 Si una vela mayor de viento ligero, especialmente embolsada, está diseñada además con una bolsa relingada en la botavara, con el pajarín puede aplanarse la tela sobrante, en caso de que el viento arrecie. La zona inferior está completamente abierta (a), el pajarín está suelto: máximo embolsamiento. El pajarín se ha cazado hasta la marca de medición y la zona inferior está cerrada (b): mínimo embolsamiento.

y un rumbo de ceñida. Para aplanar la vela más todavía, hay que aumentar la distancia entre el grátil y la baluma. Para ello se emplea el pajarín (b), compuesto de un simple cabo o de un aparejo. Entonces tenemos una vela plana con la bolsa adelantada: justo lo que necesitamos para navegar de ceñida con fuerza 4/5.

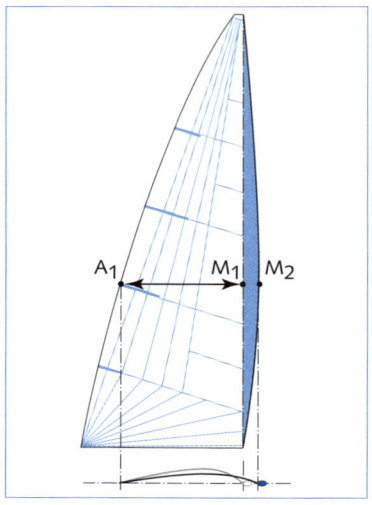

Fig. 76 Un palo flexible aplana más la vela cuando se le da la máxima torsión hacia proa. Con el palo recto, el embolsamiento (en la parte central) iba de la baluma (A_1) hacia el grátil en la posición M_1. Flexando el palo, la distancia aumenta hasta M_2. La vela se estira, con lo que su perfil se aplana.

■ EL EMBOLSAMIENTO DETERMINA LA POTENCIA DE UNA VELA

Cuanto más embolsado sea el diseño de una vela (fig. 75) mayor será la potencia que puede ofrecer. Sin embargo, un gran embolsamiento no es adecuado para todos los vientos ni todos los rumbos. Con ventolinas y vientos medios y si el barco navega sin escora, las velas embolsadas tienen ventajas. Cuando el viento arrecia navegando de ceñida también aumenta la escora y, en este caso, se requiere una vela más plana. Se consigue un mayor embolsamiento acercando el grátil a la baluma (fig. 76) y la vela se aplana cuando se separan.

Esto se realiza en la práctica con ayuda del pajarín (fig. 77). Regula el embolsamiento de la vela en el tercio inferior de la mayor: cazando se aplana y se reduce la potencia vélica. Si se suelta, aumenta el embolsamiento y el viento aparente genera más potencia vélica. Si el barco escora demasiado y se vuelve ardiente hay que volver a cazar el pajarín. En rumbos de ceñida, la mayor siempre debe trimarse más plana para poder barloventear con éxito, es decir, cazar al máximo el puño de escota y aplanar el embolsamiento con un rizo de fondo adicional (fig. 78). En rumbos portantes, por el contrario, un pujamen embolsado garantiza más profundidad y, en

LA VELA MAYOR

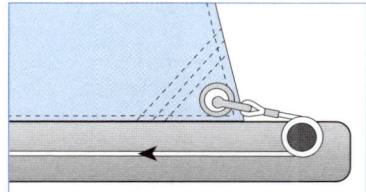

Fig. 77 En los aparejos de la mayoría de barcos el pajarín es reenviado al palo gracias a una roldana colocada en el extremo de la botavara. Desde allí es reenviado a la cubierta y, seguidamente a la bañera, donde el cabo termina en una de las mordazas del piano.

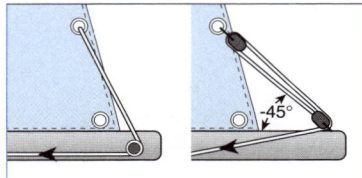

Fig. 78 Si después de emplear todos estos dispositivos de trimado la vela todavía embolsa demasiado en la parte inferior y si el puño de escota ha llegado a la marca de medición en el extremo de la botavara, puede emplearse un rizo de fondo. Prácticamente se trata de un segundo pajarín, que también caza la baluma y que, en combinación con el trimado de la escota, adelanta la bolsa de la vela.

consecuencia, una potencia vélica más adecuada para un viento aparente que ha disminuido considerablemente de fuerza.

Por regla general, el pajarín sólo se trima una vez por rumbo cuando se navega: a un buen palmo de la marca de medición (que, a su vez, es la tensión máxima) en rumbos portantes y con fuerza 4/5. En ceñida y con ventolinas se alarga el pujamen reduciendo la distancia entre el puño de escota y el extremo de la botavara para sacar las arrugas del pujamen y ganar más fuerza vélica con la que poder maniobrar con mayor seguridad. A medida que vaya subiendo el viento deberemos ir tensando el pajarín hasta su posición máxima.

■ LA FLEXIÓN A TOPE DEL PALO

En un aparejo a tope de palo, la flexión a popa de la parte superior del palo se consigue tensando el estay popel y en un aparejo fraccionado, tensando el estay popel y las burdas. Cuando se cazan el estay popel y las

TEORÍA Y PRÁCTICA DE LAS VELAS

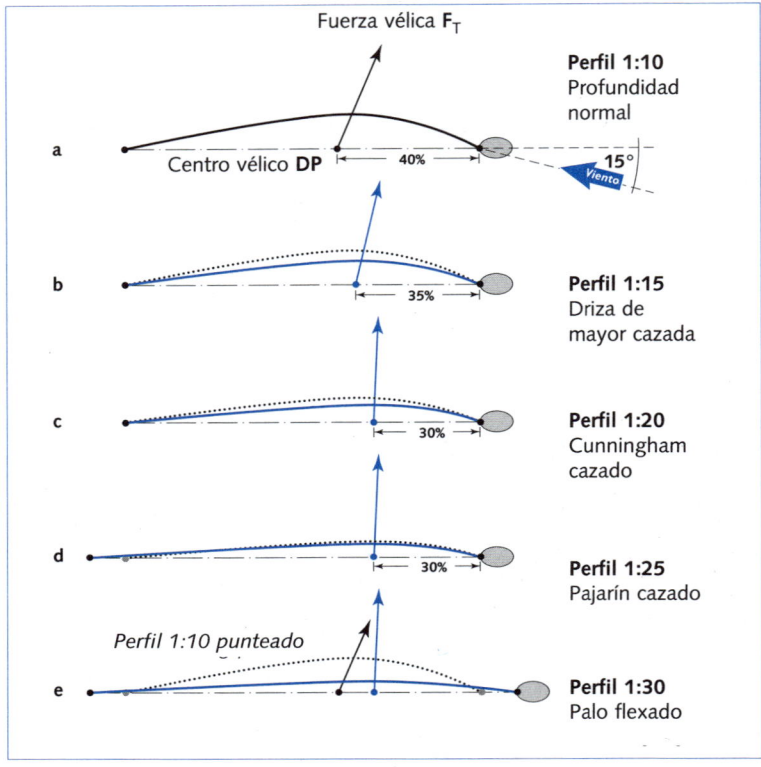

Fig. 79 *Con ayuda de los reguladores indicados en esta figura puede cambiarse el perfil de la vela 1:10 (a) y, además, desplazarse el centro vélico. Asimismo, también cambia la dirección de actuación de la fuerza vélica F_T: a) perfil diseñado 1:10; b) tensión máxima de la driza de la mayor, perfil 1:15; c) uso del cunningham, perfil 1:20; d) tensión máxima del pajarín, perfil 1:25; e) flexión máxima del palo tensando el estay popel en caso de jarcia flexible, perfil 1:30.*

Además del embolsamiento de la vela, el centro vélico, en un rumbo de ceñida y con un ángulo de trimado de la vela de 15°, puede adoptar las posiciones siguientes: en el perfil 1:10 (muy embolsado, a) aprox. 40% del grátil; en el perfil 1:20 (más plano, c) aprox. 30% del grátil y en el perfil 1:30 (muy plano, e) aprox. 30% del grátil. La fuerza vélica de la vela más embolsada (1:10, a) está dirigida más a barlovento (hacia delante) y la de la vela más plana, más hacia el través. Con un ángulo de trimado de 45° en las velas mostradas (en este caso, el flujo ya no es óptimo) los centros de presión

LA VELA MAYOR

sólo se distancian algunos grados entre sí; con un ángulo de trimado de 90° (viento de popa) mantienen la misma posición. e) éste es el efecto sobre el perfil de la vela mayor cuando se cazan todos los instrumentos de trimado. El cambio de la dirección de actuación de la fuerza vélica F_T apenas se nota frente a la vela con un perfil más profundo, y con el aumento de la velocidad del viento es insignificante.

burdas, la fuerza de tensión actúa hacia popa y hacia abajo y obliga a la sección superior del palo a inclinarse a popa. La parte central del palo se desplaza ligeramente hacia proa aumentando la distancia entre el grátil y la baluma de la vela y, en consecuencia, se aplanan los dos tercios superiores de la mayor. Prácticamente sucede lo mismo que cuando se caza el pajarín en el tercio inferior de la vela.

Una vela mayor, aplanada mediante flexión del palo en la parte superior, reduce la escora y la tendencia a orzar, especialmente, en un rumbo de ceñida. Con viento ligero y en rumbos de popa se descarga la tensión del estay popel y de las burdas procurando que la forma del palo sea recta.

Para trimar el estay popel se emplean aparejos y tensores mecánicos con diferente fuerza de tracción. En un barco aparejado a tope del palo, el efecto del tensor del estay popel se limita principalmente al control de la tensión del estay proel. Una flexión visible del palo sólo se produce tensando con fuerza los obenques más a proa. En los aparejos con velas de proa reducidas (7/8, 5/6) el tensor del estay popel es un instrumento de trimado muy importante. Con sólo tensarlo un poco el palo adquiere la flexión deseada. Los tensores de estay popel deben ser de manejo simple y de efecto rápido para que, en diferentes rumbos (por ejemplo, en regata) o si se dan cambios repentinos de la fuerza del viento (rachas), puedan cazarse con rapidez, abrir el grátil de la vela mayor, sacar presión de las velas y, de este modo, reducir la escora. O, por el contrario, para volver al trimado inicial cuando el viento vuelve a escasear. Por eso, suelen emplearse principalmente aparejos con mordazas (fig. 85); en unos, el estay popel llega a cubierta y, en otros, unas poleas comprimen una pata de gallo, con lo que se acorta la longitud del estay popel. En este último caso, el dispositivo de trimado no influye en la seguridad del aparejo.

En los barcos de regata suelen emplearse burdas bajas (fig. 87), que van fijadas a media altura del grátil y que están unidas a las burdas en cubierta.

TEORÍA Y PRÁCTICA DE LAS VELAS

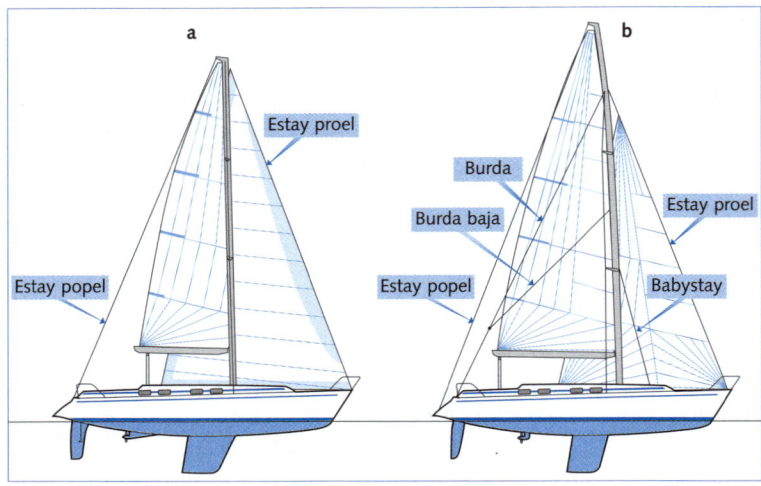

Fig. 80 *En un aparejo a tope de palo (actualmente, los palos muy altos tampoco llevan burdas) el perfil de la vela sólo puede cambiarse ligeramente mediante el estay popel (a). Por tanto, las velas de uso general sólo pueden llevar dispositivos de trimado en la misma vela (pajarín, cunningham), con lo que su diseño debe considerar un embolsamiento limitado. Para los aparejos fraccionados (b) pueden fabricarse velas con mayor embolsamiento, de forma que originen más potencia y el barco navegue con mayor rapidez. No obstante, en este caso habrá que trabajar más las burdas altas, bajas y babystays.*

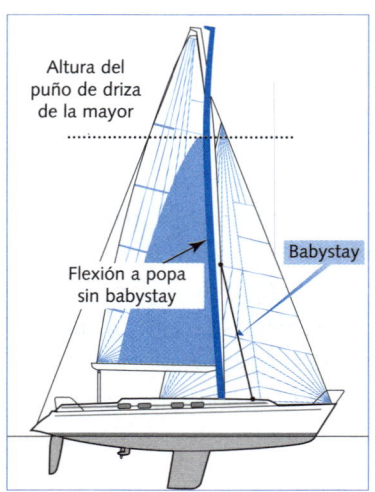

Fig. 81 *En un aparejo flexible con triángulo de proa reducido existe el peligro de que el palo flexe hacia popa cuando se riza la mayor y el puño de driza se encuentra por debajo del punto de ataque del estay proel. En este caso se hace necesario el uso de un babystay, que se monta a media altura del triángulo de proa y a mitad de camino entre el palo y el arraigo del estay proel a cubierta.*

LA VELA MAYOR

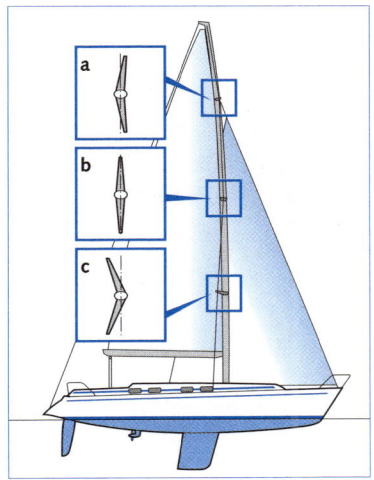

Fig. 82 El ángulo de las crucetas de un aparejo fraccionado puede estar algo aproado (a), justo al través (b) o claramente apopadas (c) dependiendo si se desea reforzar (c), evitar (b) o limitar (a) la flexión del palo en las posiciones correspondientes.

Fig. 83 Ventaja de un aparejo fraccionado flexible: el palo puede arquearse hacia proa en el centro mediante el tensor del estay popel. De esta forma se alarga la cuerda del perfil de la vela y la vela se aplana, con lo que aumenta la capacidad de ceñida del velero. La flexión del palo puede ser de hasta 65 mm en palos de 10 metros, de hasta 70 mm en palos de 12 metros, y de hasta 75 mm en palos de 15 m. En su caso, debe limitarse la flexión del palo mediante un babystay.

TEORÍA Y PRÁCTICA DE LAS VELAS

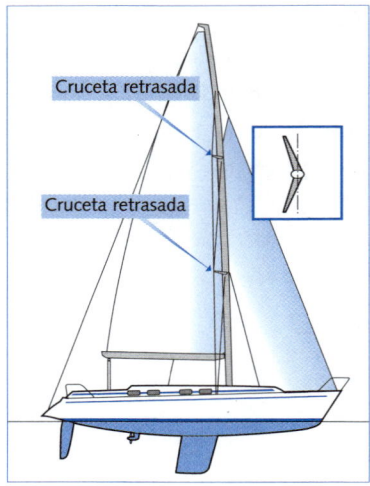

Fig. 84 Los aparejos flexibles con posibilidad de flexar el palo se ven de inmediato gracias a las crucetas retrasadas (unos 20° hacia popa) por las que pasan los obenques altos hasta su arraigo, que suele ser el mismo que para el obenque más a popa.

Tienen la función de limitar la curvatura del mástil en el área central cuando las burdas altas o el estay popel están demasiado cazados. Las burdas bajas están sometidas a mucha presión. Cuando en el puño de amura se forman arrugas radiales hacia el grátil y hacia arriba, el palo se ha flexado demasiado.

LA VELA MAYOR

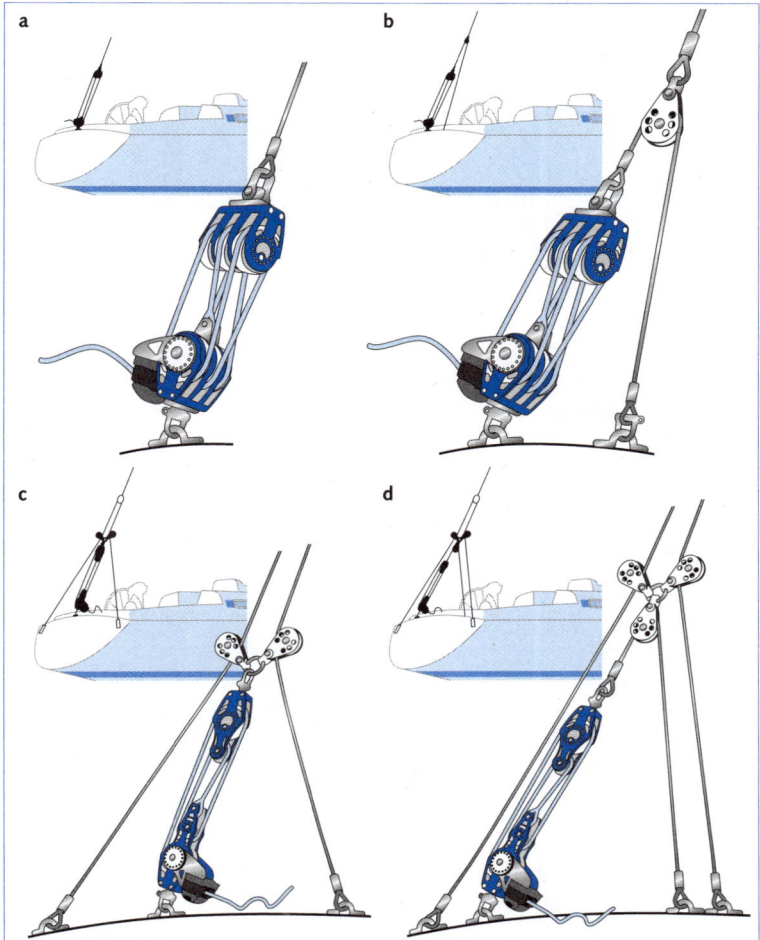

Fig. 85 *Los tensores de estay popel más simples son aparejos con mordazas: a) aparejo simple montado directamente en el estay, desmultiplicación 6 : 1; b) con polea de reenvío en la pata de gallo, desmultiplicación 12 : 1; c) aparejo con poleas corredizas en estay popel doble, desmultiplicación 4 : 1; d) con polea de reenvío en el triángulo entre los estays y la pata de gallo, desmultiplicación 8 : 1.*

TEORÍA Y PRÁCTICA DE LAS VELAS

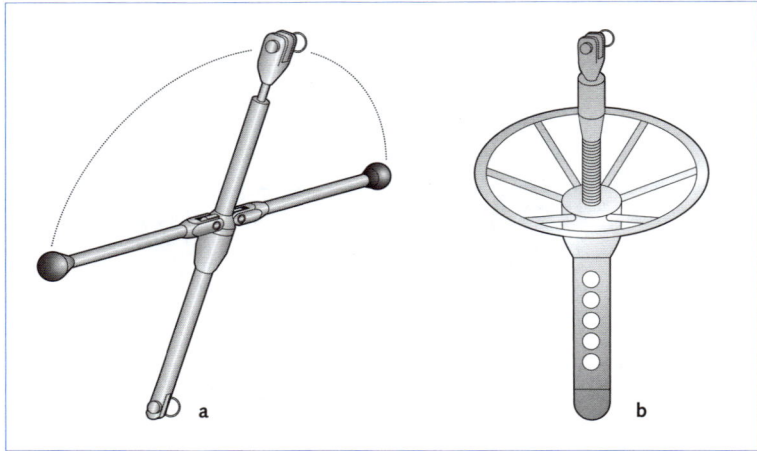

Fig. 86 Tensores de estay popel mecánicos con asa plegable (a) o rueda (b). No son otra cosa que tensores de obenques de uso rápido. Igual que los tensores hidráulicos, pueden modificar la longitud del estay entre 100 y 300 mm incluso bajo carga.

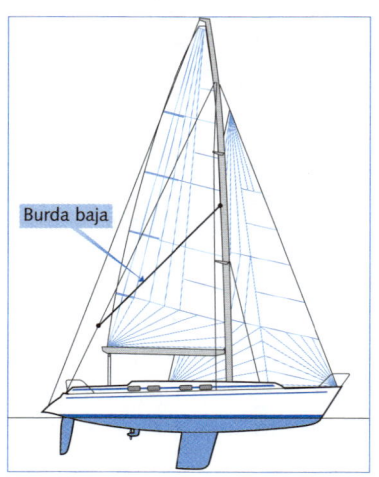

Fig. 87 En los aparejos con triángulo de proa reducido las burdas bajas se emplean para controlar la flexión del palo hacia delante.

LA VELA MAYOR

El trimado de la escota de la mayor influye en todas las prestaciones posibles de esta vela, especialmente cuando cambia la velocidad del viento o el estado de la mar. En rumbos portantes la regla básica dice: en caso de duda se fila escota hasta que el grátil flamea y se aprecian contrabolsas en la vela, a popa del palo. Entonces hay que cazar hasta que la vela pinte bien. La escota de la mayor tiene que estar al alcance del timonel (fig. 88). Por regla general, la escota de la mayor debe ir más suelta de lo que se supone. No tenga miedo en filar la mayor hasta que toque las crucetas, siempre y cuando haya cazado debidamente la contra. La escota de la mayor es el pedal de gas de nuestro motor eólico y puede manejarse como escota de una velocidad o de dos velocidades (fig. 89).

Para obtener un trimado óptimo de la vela en un rumbo portante se fila la escota en cada racha y se caza una vez ésta ha pasado. Si el barco porta demasiada superficie vélica y por tanto escora, cuando se fila la escota de la mayor en cada racha se permite que el barco orce ligeramente, con lo que se expulsa la fuerza vélica excesiva. En rumbos portantes (fig. 92) la escota de la mayor mueve la botavara con la vela, lateralmente por encima de la cubierta, para ajustarla según el ángulo de incidencia óptimo con respecto al viento en cada rumbo. En rumbos de ceñida la escota aguanta la botavara prácticamente por encima de la línea de crujía (fig. 91), la desplaza hacia abajo y evita efectivamente la torsión *(twist)* de la mayor (el no deseado ángulo de incidencia que aumenta con la altura). Si se caza debidamente la escota de la mayor, se tensa la baluma, se aplana la vela, se navega con un ángulo más cercano al viento y se procura más avance. Si se amolla la escota de la mayor se abre la baluma, se acelera el flujo de aire por la vela, y entonces hay que abrir un poco el rumbo para aumentar la velocidad.

En función de la velocidad del viento y de la velocidad del barco sabremos hasta qué punto podemos cazar la escota de la mayor para acercarnos lo máximo al viento y navegar a un rumbo óptimo. Con mucho viento podemos cazar más la escota de la mayor sin perder velocidad ni barlovento. Pero hay que ir vigilando la escora. Con poco viento no podemos navegar más rápidos cazando las escotas. En este caso vale la regla básica: primero ganar velocidad y seguidamente trimar la mayor según el rumbo deseado. Hay que comenzar con la escota suelta e ir trimándola cuando el barco responde.

TEORÍA Y PRÁCTICA DE LAS VELAS

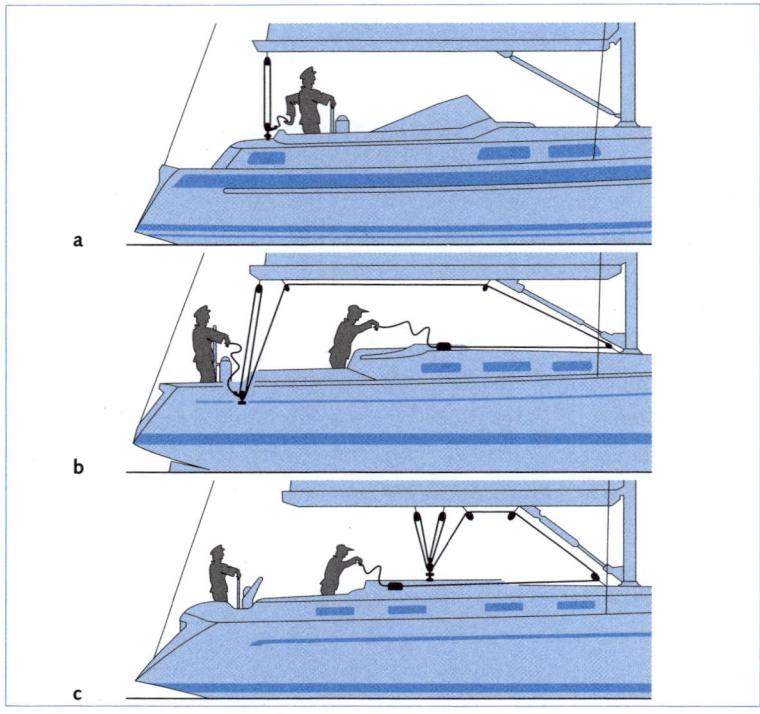

Fig. 88 *La escota de la mayor debe encontrarse en el área accesible al timonel (a) si no la lleva directamente en la mano para que pueda manejarla con rapidez con viento racheado o en caso de cambio de rumbo. Sólo será efectiva y con ella es posible aplanar la mayor en rumbos de ceñida y mantener la botavara cerca de la línea de crujía, si está fijada en el extremo de popa de la botavara. Esta disposición forma parte del diseño ergonómico óptimo de la bañera y del techo de la cabina, en el que también hay que evitar poleas de reenvío inútiles, ya que causan resistencias indeseables. Una distribución mínimamente aceptable es la mostrada en la figura b: aquí se han colocado dos poleas de reenvío adicionales en la botavara y en el techo de la cabina para poder trimar adicionalmente la escota de la mayor desde el piano. Sin embargo, fijar la escota de la mayor en la mitad de la botavara por motivos de comodidad (fig. c) y reenviarla mediante tres poleas a una mordaza en el piano, de forma que se encuentre a metros de distancia del timonel, es inapropiado desde el punto de vista marinero y técnico, pudiendo ser peligroso. Incluso una segunda persona podría reaccionar demasiado tarde en una situación crítica.*

LA VELA MAYOR

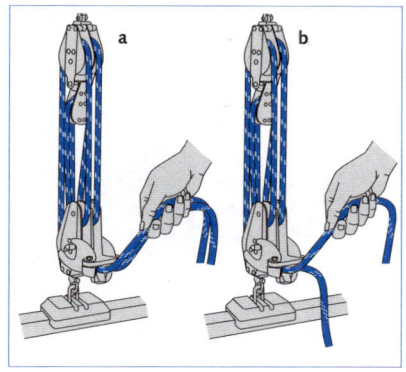

Fig. 89 La escota de la mayor regula el ángulo de incidencia de la vela mayor con respecto al viento relativo de a bordo (viento aparente) y desvía la fuerza generada por la vela en la dirección deseada de más avance para que el barco navegue a la velocidad máxima en todas las condiciones de intensidad de viento y rumbo.

Puesto que tiene que dominar grandes fuerzas, se desmultiplica mediante un aparejo en cuyo extremo final hay una mordaza. Dependiendo del tamaño de la mayor, es conveniente que la desmultiplicación mínima del cabo sea de 1: 8. Una escota de mayor de dos velocidades equipada con dos mordazas es muy práctica: con poco viento se emplean los dos extremos para cazar (a) con una desmultiplicación de 1: 4 . Con mucho viento sólo se caza la escota por un extremo (b) doblando la desmultiplicación a 1: 8 y facilitando el trabajo. Asimismo, soltando rápidamente ambos extremos en las rachas puede reaccionarse con mayor rapidez o trimarse con mayor precisión empleando sólo un extremo.

Para el trimado más preciso debemos cazar la escota hasta que los sables superiores se encuentren paralelos a la botavara. Los cataventos altos de la baluma (fig. 94) muestran que el flujo de aire se ha despegado de la vela cuando empiezan a esconderse detrás de la baluma. Con poco viento debe abrirse la baluma. Para ello se amolla la escota de la mayor hasta que los sables superiores apuntan 10° a sotavento. Si el barco navega con demasiada escora, la escota de la mayor es la válvula con la que eliminar la fuerza sobrante de la vela. Se amolla hasta que la vela empieza a flamear, el barco se adriza y vuelve a navegar debidamente. Esta descarga de potencia excesiva se realiza cuando el barco escora más de 25° o si se ha vuelto tan ardiente que ya no puede aguantarse en el rumbo de ceñida sólo con el timón.

TEORÍA Y PRÁCTICA DE LAS VELAS

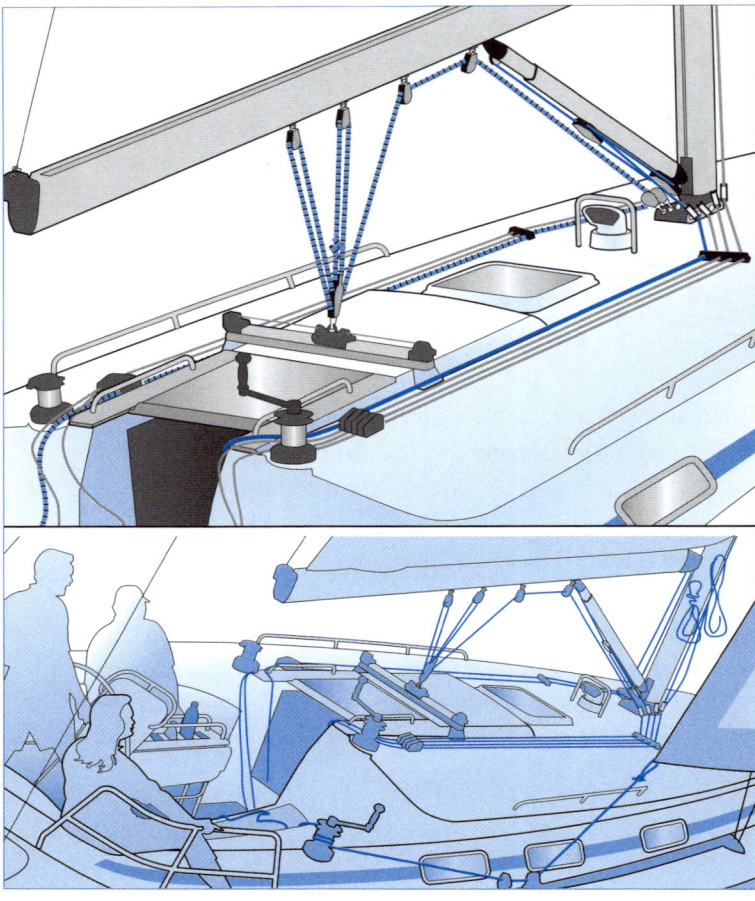

Fig. 90 En muchos veleros modernos construidos en serie se reenvía la escota de la mayor y la contra, mediante poleas, a verdaderas "baterías" de hasta 12 mordazas ubicadas en el techo de la cabina, donde se aparcan delante de dos winches centrales. Aparentemente, esta concentración de jarcia móvil en un solo puesto de trabajo (drizas de génova, mayor y spi, rizos de mayor y génova, pajarín, amantillo, y amantillo y contra del tangón de spi) tiene fines de seguridad personal, por ejemplo, para poder hacer diferentes maniobras desde la bañera. En mi opinión, esta disposición es bastante provisional, ya que en las bañeras de los barcos actuales suele dominar (incluso navegando a vela) una mesa fija para seis personas con laterales abatibles. Evidentemente, aquí ya no hay lugar para realizar tareas técnicas y manejar cabos.

LA VELA MAYOR

Con mucho viento, el ángulo de escota de la mayor no influye sobre la potencia de avance, pero sí sobre la fuerza de escora cuando la escota está muy cazada y el carro de la misma está demasiado subido. Para reducir la escora hay que dejar que la mayor flamee. En las mismas condiciones, el ángulo de la escota del génova no influye en la fuerza de escora. Pero origina una considerable reducción de la potencia de avance cuando el génova está demasiado cazado con mucho viento.

Se dan las mejores condiciones para trimar las escotas de ambas velas cuando ambos grátiles están paralelos entre sí en el área de solapamiento. Esta posición no es fácil de conseguir, pero puede alcanzarse aplicando la tensión correcta a los grátiles.

Fig. 91 (Pág. siguiente) En un rumbo de ceñida es muy importante trimar la vela debidamente con ayuda de la escota de la mayor, porque sólo un porcentaje relativamente pequeño de la potencia total F_T aerodinámica generada por las velas puede convertirse en el empuje aerodinámico o en el avance Fv útil necesario. En este caso hay que controlar especialmente la desagradable escora o la fuerza lateral F_Q. Es tan negativa porque la fuerza vélica actúa en el centro vélico, que está aproximadamente en la mitad del palo. He elegido esta representación en perspectiva con un embolsamiento del 12% y un ángulo de incidencia de 15° porque explica gráficamente el efecto de las fuerzas, aunque las longitudes y los ángulos pueden tener un aspecto deformado. La figura del recuadro contiene los datos en N/m² con un viento de fuerza 4 y un viento aparente de 17 kn.

TEORÍA Y PRÁCTICA DE LAS VELAS

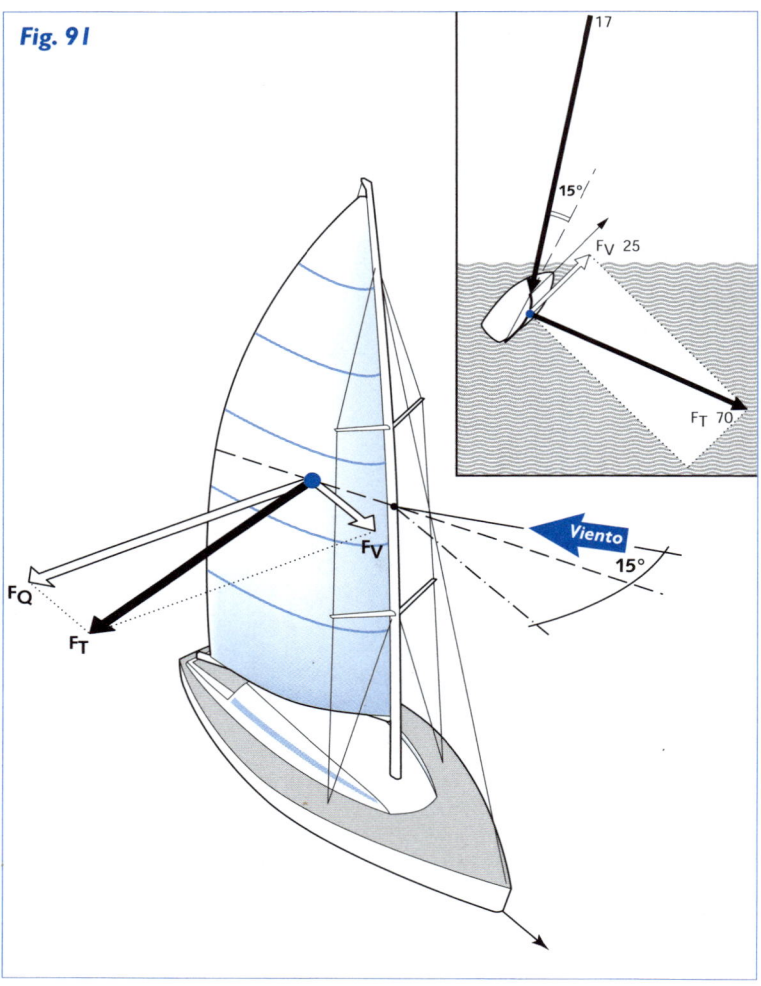

Fig. 91

LA VELA MAYOR

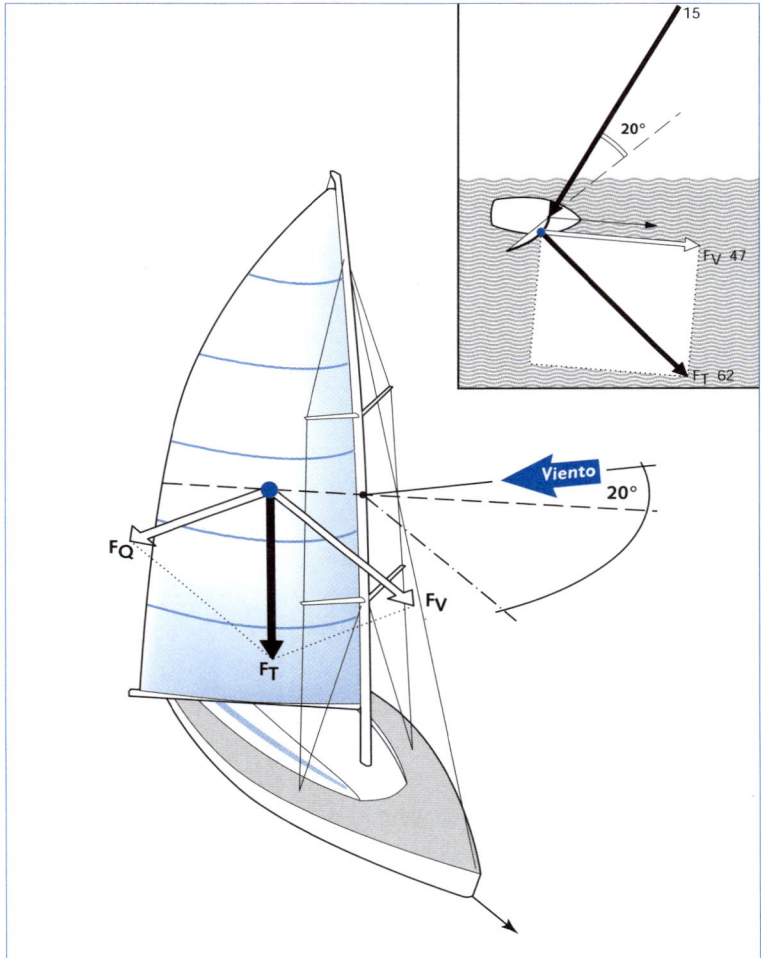

Fig. 92 *En un rumbo de popa o a un largo hay que amollar la escota de la mayor de forma que la fuerza de las velas pueda actuar en dirección de la quilla y, a su vez, mantener la vela con un ángulo de incidencia óptimo (con ayuda de la contra) con respecto al viento de a bordo. Dando más profundidad a la vela mediante el pajarín u otros dispositivos de trimado, también puede aumentarse el ángulo de incidencia. El viento de a bordo más débil requiere un trimado más preciso con la escota.*

El carro de escota es un instrumento de trimado muy importante. Con su ayuda cambiamos la dirección de la botavara con respecto al viento e influimos en el gobierno del barco para navegarlo adrizado con viento racheado. La posición de la botavara respecto de la línea de crujía depende del ángulo de actuación de la escota de la mayor. Si se ha cazado la vela con tanta precisión que en toda su altura presenta el mismo ángulo de incidencia óptimo con respecto al viento, hay que fijar el carro de escota, ya que la vela ahora está bien trimada para navegar un rumbo de ceñida (siempre y cuando el barco no sea ardiente y escore dentro del límite).

Es decir: con poco viento, cuando la escota de la mayor está algo suelta para conseguir velocidad, el carro se lleva a barlovento para que la mayor pueda colocarse encima de la línea de crujía (fig. 96). En este caso, lo importante es la posición de la botavara con respecto a la línea de crujía y no la posición del carro. Aunque la botavara se encuentre algo a barlovento, las partes central y superior de la vela, que son las que realmente generan avance, ahora trabajan con un ángulo perfecto respecto del viento. Cuando el viento aparente aumenta, hay que cazar la escota y el carro se sitúa en el centro o a sotavento para mantener la botavara con la escota de la mayor muy cazada en la línea de crujía y permitir que escape el excedente de potencia de la vela.

El carro de la escota de la mayor es un dispositivo de trimado muy sensible con el que podemos aumentar la velocidad del barco, reducir la escora y facilitar el trabajo del timonel. En las regatas se cambia constantemente su posición para adaptarlo a los rápidos cambios de la velocidad del viento en los diferentes rumbos o cuando llega o se va una racha. En navegación de crucero podrá deducirse con rapidez su posición óptima en todas las condiciones de viento para navegar con el barco adrizado y con velocidad incluso con mala mar, de forma que la tripulación se sienta lo más cómoda posible.

LA VELA MAYOR

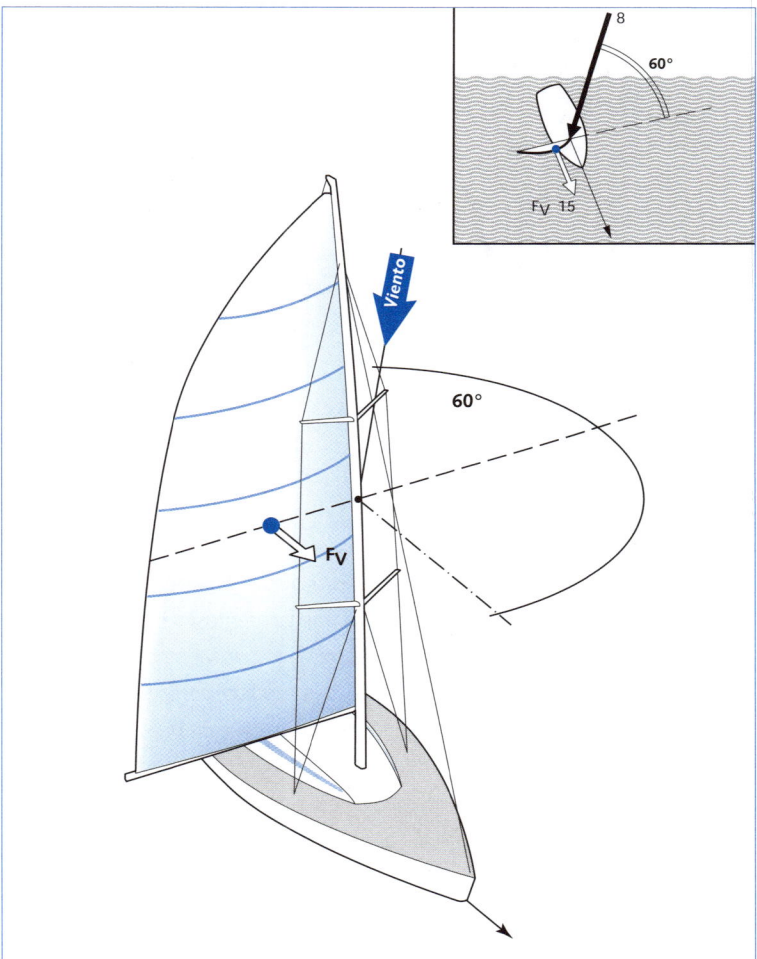

Fig. 93 *En un rumbo de popa la escota de la mayor ajusta una vela que obtiene principalmente su fuerza gracias a la resistencia que genera cuando, completamente abierta, trabaja como paravientos. Sólo existen posibilidades de trimado cuando se lleva izado un spi. Sin spi sólo queda comprobar mediante la escota de la mayor, y en combinación con el timonel, si no existe una posibilidad de navegar haciendo bordos para que la mayor vuelva a trabajar con un ángulo de incidencia menor como motor eólico.*

TEORÍA Y PRÁCTICA DE LAS VELAS

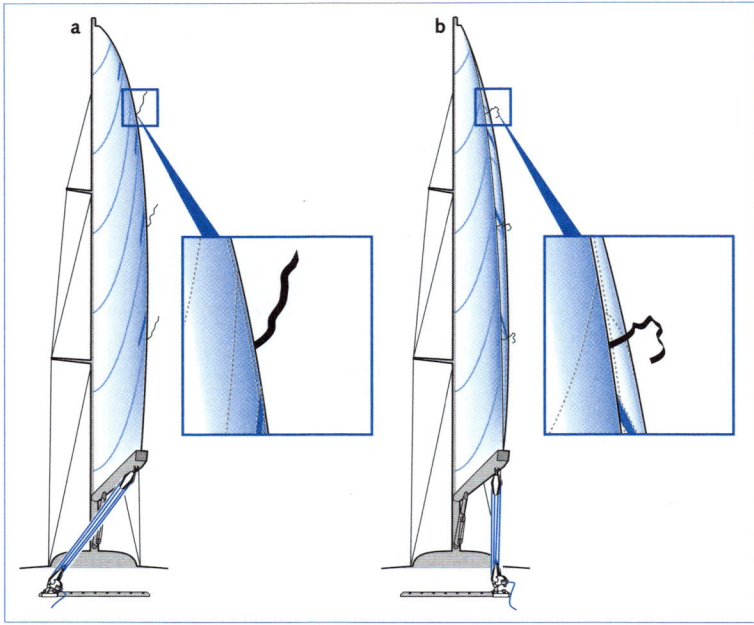

Fig. 94 Por regla general, se habla de una "baluma abierta" cuando el flujo de aire puede fluir por sotavento sin impedimentos, desprendiéndose de la vela sin originar remolinos. Si la mayor lleva catavientos en la baluma, puede verse, en este caso, cómo miran hacia popa (a). En el caso de una "baluma cerrada", el flujo de aire a sotavento no llega a la baluma, sino que se desprende antes, y este vacío es rellenado por el aire de barlovento. Los catavientos no miran hacia popa, sino que se esconden a sotavento (b). Por tanto, se habla de abrir y cerrar la baluma, que en una mayor se hace trimando su escota y el carro de la misma. En el caso de que no tenga catavientos, se puede observar la mayor mirando la parte alta de la vela desde popa hacia proa. Entonces veremos cómo se cierra la baluma cuando esta parte se curva hacia barlovento. En un rumbo de ceñida esto significa que el barco es más ardiente.

LA VELA MAYOR

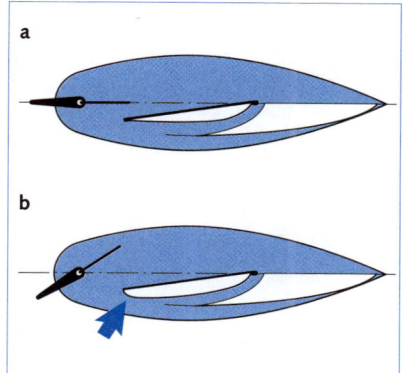

Fig. 95 Con una baluma abierta (fig. 94) un barco trimado debidamente (con respecto a rumbo y viento), navega con rumbo más estable (a). Una baluma cerrada (b) hace que el barco sea más ardiente (b) y requiere constantes movimientos de la caña (lo que suele frenar el barco).

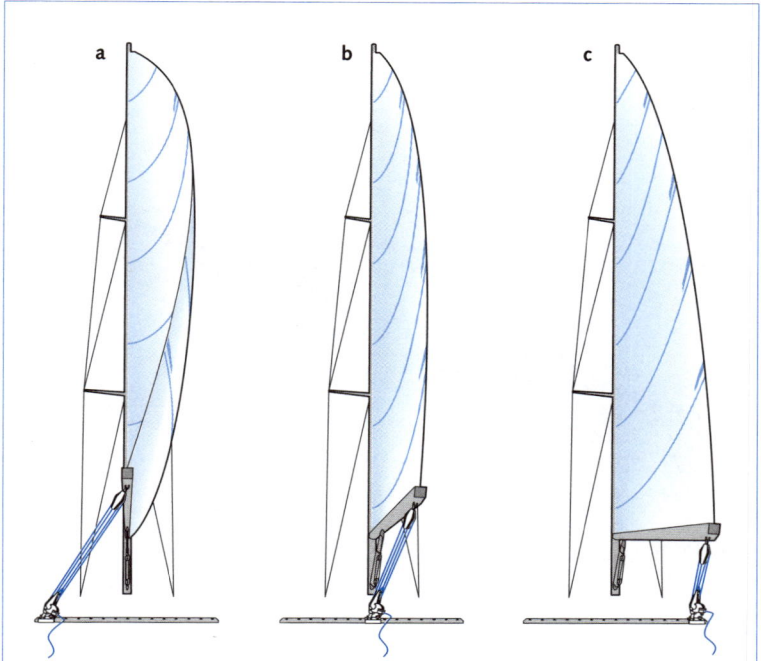

Fig. 96 Trimado del carro de escota y de la escota en un rumbo de ceñida: a) ventolina con mar plana: carro a barlovento, botavara en la línea de crujía, escota suelta. Con mar de fondo: carro un poco a barlovento.
b) viento medio y algo de mar: carro a la línea de crujía, escota cazada. Con mar formada: carro un poco hacia sotavento, escota más suelta.
c) mucho viento y mar formada: carro a sotavento, mayor muy cazada.

TEORÍA Y PRÁCTICA DE LAS VELAS

La función de la contra de la botavara es evitar la torsión en las áreas superiores de la vela y estirar la baluma en dirección de la escota de la mayor cuando ésta está filada para rumbos de vientos portantes. Para ello ejerce una fuerza de tracción muy fuerte en dirección vertical, de forma que los sables superiores quedan prácticamente paralelos a la botavara. La contra está compuesta por aparejos o dispositivos mecánicos y se monta en el extremo del primer tercio de la botavara y en el pie del palo. De esta forma, su función es similar a la de la escota de la mayor en rumbos de ceñida.

En rumbos de ceñida la contra no trabaja y debe mantenerse amollada. Sin embargo, cuando el viento arrecia, puede cazarse completamente para que ayude a la escota de la mayor a mantener la botavara bien trimada y para mantener la tensión de la baluma. Si es lo suficientemente

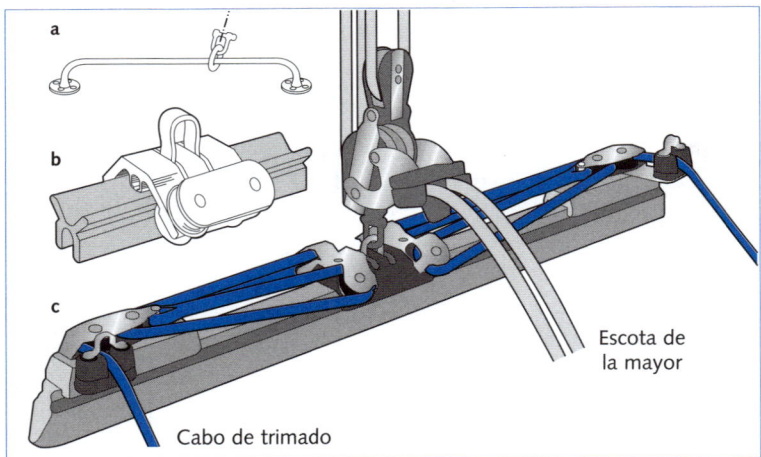

Fig. 97 Antiguamente, la polea inferior del aparejo de la escota de la mayor estaba unida a una anilla que se deslizaba de un lado a otro del barco en un simple pie de gallo (a) sin poderse fijar en una posición intermedia. Actualmente está sobre un patín (b) que se llama carro de escota y que puede desplazarse transversalmente sobre una guía debidamente fijada a la cubierta incluso bajo tensión. Con dos cabos de trimado, que también se han montado en forma de aparejo y que se fijan en mordazas montadas en ambos extremos de la guía (c) puede fijarse el carro en cualquier posición transversal deseada y cumplir una tarea adicional para trimar la mayor. En esta figura también se emplea un aparejo de "dos velocidades".

LA VELA MAYOR

fuerte como para aguantar por sí sola la botavara, con vientos racheados puede llevarse la escota de la mayor en la mano y amollarse con rapidez cuando entra la racha, sin modificar el trimaje óptimo de toda la baluma. Es decir, prácticamente se trima la mayor con la contra.

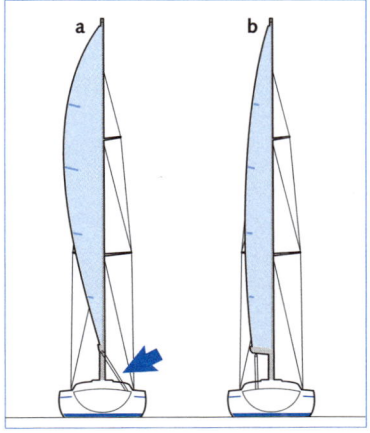

Fig. 98 Con ventolinas se desplaza el carro hacia barlovento para que la escota de la mayor pueda acercar la botavara a la línea de crujía. En este caso, la vela embolsa más y la parte superior puede trimarse con un ángulo de incidencia más adecuado al viento reinante (a). Cuando el viento aumenta, el carro se coloca a sotavento para que una escota más cazada aplane la vela y, desde el puño de driza hasta la botavara, la vela pueda trimarse debidamente con respecto al viento de a bordo (b).

Fig. 99 Navegando en rumbos de ceñida, sólo la tensión de la escota de la mayor hace que todas las partes de la vela estén debidamente trimadas según el ángulo de incidencia adecuado con respecto al viento aparente. Con ventolinas, la escota trabaja en una posición central un poco filada, y los sables superiores deben estar paralelos, aunque con una cierta torsión favorable (a). Si se caza, la escota de la mayor tensa la baluma y elimina la torsión, que es perjudicial cuando el viento aumenta (b).

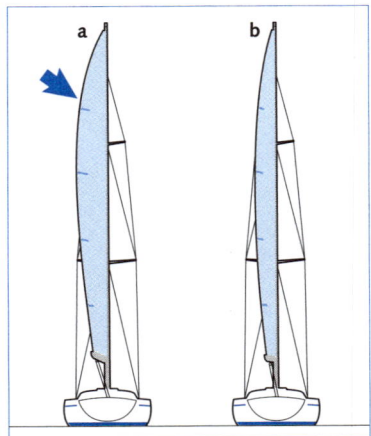

TEORÍA Y PRÁCTICA DE LAS VELAS

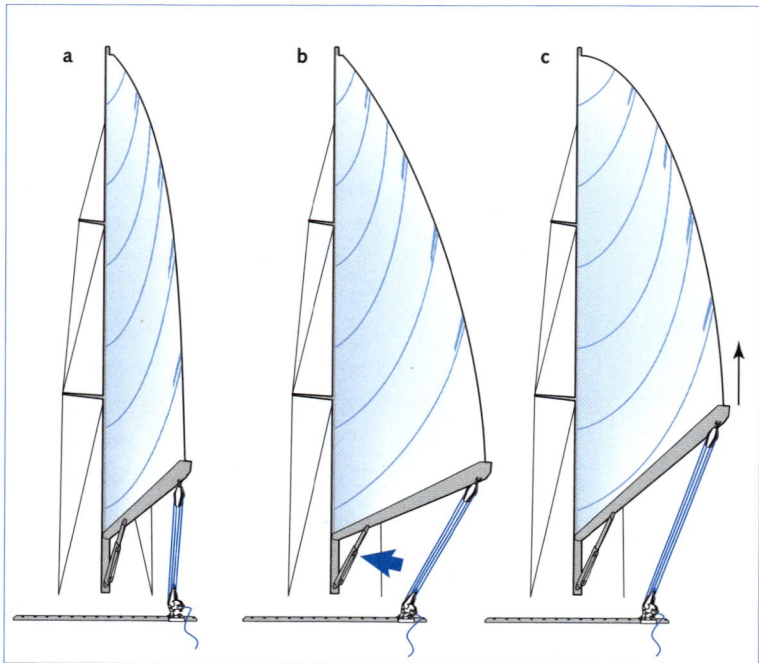

Fig. 100 Con viento fuerte racheado también se emplea la contra para ayudar a la escota de la mayor y se caza al máximo para que la vela mantenga un perfil óptimo (a). Si hay que abrir la mayor cuando aumenta la escora del barco o en una racha, el timonel puede amollar rápidamente la escota (b). La botavara frenada por la contra sólo puede subir unos grados y la baluma puede abrirse ligeramente como si fuera una válvula (c).

LA VELA MAYOR

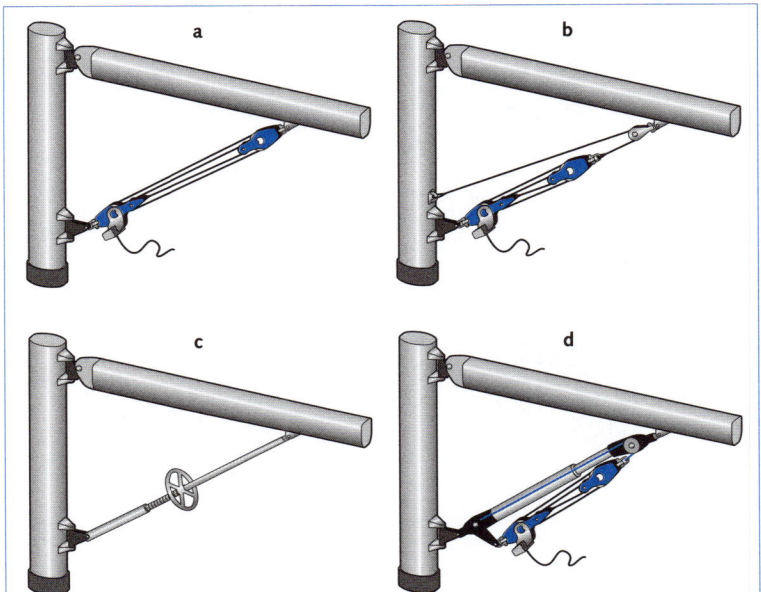

Fig. 101 En esta figura se aprecia una contra montada con un aparejo simple (a). La desmultiplicación depende de las poleas móviles y puede determinarse contando los cabos entre las poleas: en este caso, 4 : 1. Este aparejo con una carga de rotura de 40 N es suficiente para que la botavara no se eleve más allá de unos grados. Sin embargo, no es adecuada para realizar un trimado fino. Si además del aparejo 4 : 1 se coloca otro aparejo 2 : 1 (b), la desmultiplicación no sólo aumenta a 8 : 1, sino que también se mejoran las posibilidades de trimado. Puesto que sólo la polea en la botavara debe tener una carga de rotura de 80 N y pueden mantenerse las poleas más ligeras del aparejo 4 : 1, cuando se emplea este tipo de contra se ahorra peso y dinero. Las contras con rueda (c) cumplen básicamente con su función: mantener la botavara paralela a cubierta, tanto en rumbos portantes como cuando la escota de la mayor está filada, y actuar en contra de la torsión de la vela. Sin embargo, no son adecuadas para trimar, ya que no pueden usarse desde la bañera y su cazado requiere más tiempo que en el caso de los aparejos. No obstante, aceptan cargas más pesadas. En (d) se muestra una contra rígida cuyos tubos de aluminio insertados telescópicamente son separados por un resorte activado neumáticamente, lo que facilita la toma de rizos. Para evitar la torsión de la vela, el aparejo interior y exterior de la contra trabajan comprimiendo el resorte.

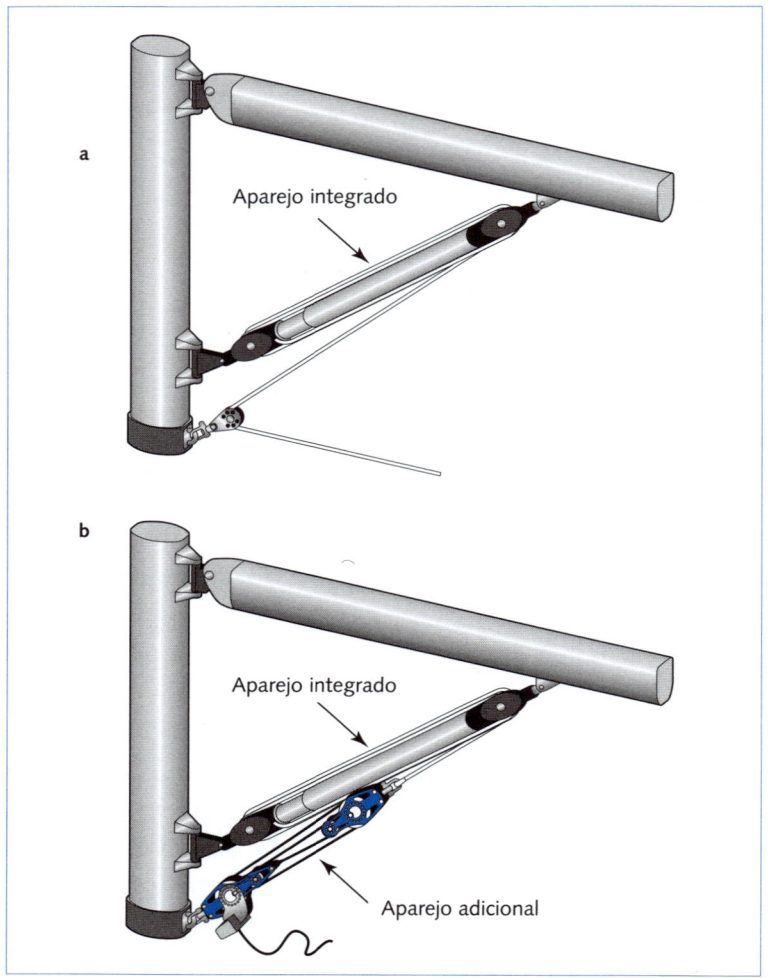

Fig. 102 Las contras más empleadas en la actualidad están compuestas de dos tubos ensamblados telescópicamente con un resorte interior (a), que aguanta la botavara en puerto y la eleva hasta 250 mm, y un aparejo integrado con una desmultiplicación de 4 : 1 que puede bajar la botavara hasta 600 mm. Puede doblarse la fuerza de tracción (b) si se refuerza el cabo del tubo con otro aparejo 4 : 1 (como en la figura 101 d).

LA VELA MAYOR

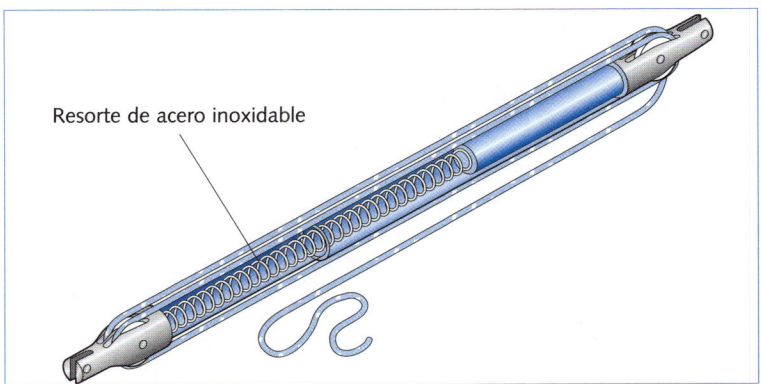

Fig. 103 Aquí se muestra el interior de este tipo de contra, que uno puede construirse, si se dispone de los tubos y los terminales correspondientes, el resorte de acero inoxidable interior y los cabos para elaborar el aparejo.

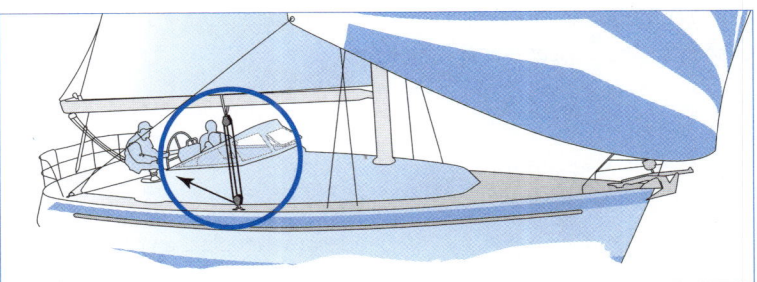

Fig. 104 En el Cormorán III hace 25 años que llevo una combinación de contra y retenida que también he podido ver en otros barcos oceánicos mucho más grandes (como el de la ilustración). Un aparejo con una desmultiplicación de 4 : 1 se fija en la mitad de la botavara (allí donde algunos barcos de construcción en serie fijan la escota de la mayor) y se lleva a una polea colocada en la borda (estribor y babor). Desde aquí se reenvía el cabo a la bañera para que pueda trimarse con facilidad. Cuando se caza con fuerza este aparejo, la contra no sólo fija con fiabilidad y seguridad la botavara en rumbos portantes, sino que complementa el trabajo de la escota de la mayor y del carro en rumbos de ceñida, especialmente con mucho viento y mala mar.

TEORÍA Y PRÁCTICA DE LAS VELAS

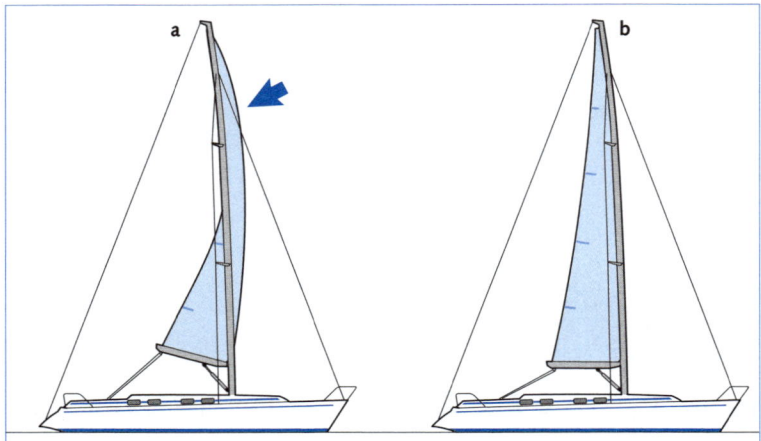

Fig. 105 *Si la contra no está (suficientemente) cazada en vientos portantes, la parte superior de la vela tiende a irse a sotavento (a). En consecuencia, la vela presenta, a lo largo de toda su superficie, diferentes ángulos de incidencia con respecto al viento de a bordo y se obtiene una torsión perjudicial. Si se emplea correctamente, la tensión de la contra debe ser tan fuerte que los sables superiores estén paralelos incluso cuando se fila la escota de la mayor (b)*

Fig. 106

La velas con sables forzados, que ya se empleaban hace siglos en los juncos chinos y que en los años 30 se empleaban en las yolas de regata alemanas, renacieron espectacularmente a partir de 1980 (fig. 106): mientras que antiguamente el tejido de las velas no aguantaba la forma y los sables de madera relativamente pesados no representaban una clara ventaja sobre los barcos aparejados con una vela cangreja y sables cortos, en la actualidad, las velas con sables forzados, y confeccionados

LA VELA MAYOR

con materiales sintéticos resistentes a la deformación, y provistos de sables ligeros de plástico, son mejores que las mayores tradicionales. Sólo el equipamiento con patines especiales justifica el aumento de precio que hay que pagar por una posible superioridad frente a una vela convencional.

La vela con sables forzados tiene la ventaja de que puede aumentarse su superficie vélica porque la baluma (sólo limitada por el estay popel) puede diseñarse con un alunamiento mayor. Puesto que toda la superficie vélica está soportada por los sables, una vez trimada, la vela no puede cambiar descontroladamente su perfil. Es decir, mantiene su diseño incluso cuando aumenta la fuerza del viento y no embolsa más de lo debido, conservando el flujo de aire establecido, de forma que el barco navega durante más tiempo adrizado y es menos ardiente. Con ayuda de patines especiales, la vela puede adaptarse a diferentes condiciones de viento incluso si se iza en un aparejo a tope del palo y, en consecuencia, bastante rígido: se aumenta la presión de los sables para generar más embolsamiento con poco viento y se reduce la tensión de los sables para aplanar la vela cuando aumenta la fuerza del viento.

Las velas de sables forzados son recomendables en rumbos de ceñida, bolina y través en los que el empuje aerodinámico de la vela ofrece el

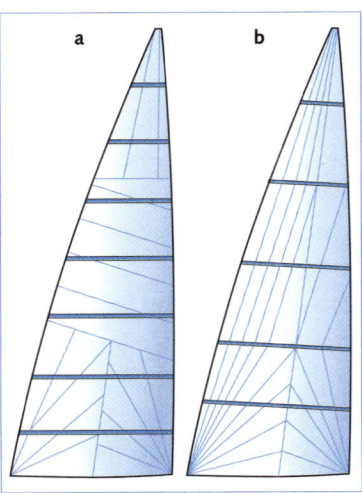

Fig. 107 En las velas con sables forzados los veleros tienen muchas más posibilidades de emplear materiales de diferente calidad y peso y efectuar sofisticadas combinaciones que en las velas convencionales. Cuando los sables forzados están muy juntos (a), a menudo se combinan sofisticados diseños de paños colocados horizontalmente con paños colocados trirradialmente y de forma irregular. Si los sables están colocados con mayor separación entre ellos, la vela también puede diseñarse con un corte trirradial empleando paños de diferente calidad y gramaje.

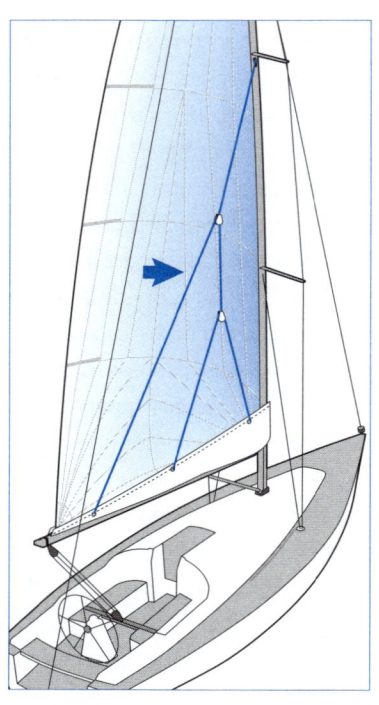

Fig. 108 Los lazy jacks montados en la botavara y en el palo no agradan a todo el mundo y molestan a la hora de trimar la vela, porque con sus cabos y poleas cuelgan constantemente a ambos lados de la mayor. Sin embargo, ayudan a controlar la vela al rizar, tanto con sistemas de un cabo como con sistemas de dos cabos, y también cuando la mayor se enrolla en la botavara. Son especialmente cómodos si se emplean en combinación con una funda tipo lazy bag.

máximo avance del barco. A un largo y de popa los sables sobrecargan el material que ahora trabaja como paravientos y no son, en definitiva, más efectivas que las velas convencionales (aparte del aumento de la superficie).

Una vela de sables forzados puede confeccionarse con dacron y otros paños sintéticos (corte horizontal) y también con materiales como el sandwich de mylar, pentex o kevlar (corte trirradial) y con diseños diferentes (fig. 107). Los sables pueden ser redondos o rectangulares y, principalmente, se fabrican con fibra de vidrio y kevlar, siendo su conicidad y dureza de diferente graduación para obtener la flexibilidad deseada.

Una de las grandes ventajas de la vela con sables forzados es la posibilidad de trimado mediante la diferencia de tensión de los sables. Sin embargo, debido a que esta tensión actúa puntualmente sobre el patín, en el que también actúa la presión de aplastamiento, debe darse mucha importancia a la transmisión de fuerza de los sables al palo y, con ello, a la óptima unión de los patines con el extremo de los sables. Otra de las ventajas es su mayor longevidad, porque la vela flamea menos cuando se iza, vira y

LA VELA MAYOR

arría y es más fácil manejarla cuando se estiba en la botavara con ayuda de *lazy bags* o *lazy jacks* (fig. 108) sin que pueda caer descontroladamente sobre cubierta.

La única desventaja no es sólo su elevado precio, sino también el manejo de los sables, especialmente al transportar la vela. Los patines también tienden a bloquearse, de forma que primero hay que aprender a saber usarlos. Durante la navegación, el timonel debe observar detenidamente la vela ayudándose de los catavientos, ya que, debido a su forma semirrígida, tiene buena pinta aunque el flujo laminar se haya desprendido. Las velas de sables forzados son más pesadas y resultan poco agradables para las tripulaciones cuando golpean de un lado a otro con ventolinas y mar de fondo.

Los sables largos y los patines determinan el perfil de la vela con su flexibilidad. Por este motivo, están elaborados con diferentes plásticos y, en su caso, cierta conicidad para otorgar a la vela la bolsa deseada mediante la presión entre la sujeción en la baluma y el patín en el grátil. De esta forma, un sable de forma cónica más duro ofrecerá a la vela un embolsamiento

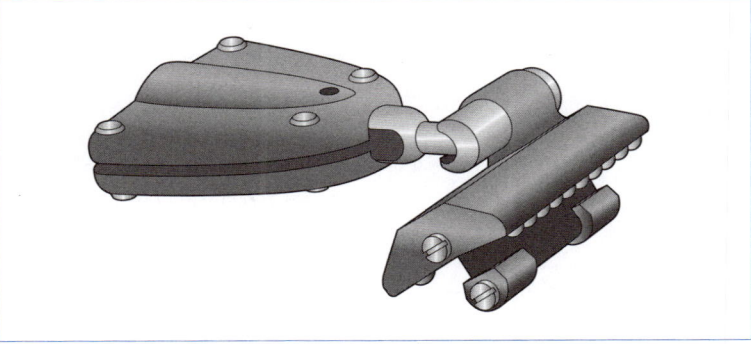

Fig. 109 En el sistema patentado Ballslide los patines con cojinetes de bolas pueden insertarse directamente en la relinga de los palos tradicionales. Las bolas, que se ajustan a la perfección a la pieza, soportan el patín a popa del palo. Una articulación a rótula une la vela con el patín. Existen adaptadores para los diferentes tipos de palos. El sistema trabaja sin raíl adicional y se puede emplear en palos flexibles en los que no se recomienda la instalación de raíles. Existen diferentes tipos de patín y distintos tamaños. Sin embargo, las bolas pequeñas pueden causar daños en el anodizado del aluminio si no se mantienen limpias y cuidadas.

con un perfil en el área anterior, con el que se puede ceñir mejor. Los sables sin conicidad y más blandos procuran más embolsamiento que, con la presión del viento, se desplaza a popa ofreciendo más potencia vélica en rumbos portantes y también más escora en rumbos de ceñida.

Existen diferentes clases de patines que descargan sobre el palo las diferentes fuerzas como presión, tiro y movimiento axial de los sables tensados y, a su vez, garantizan un izado y arriado adecuado de la vela: patines simples y sin raíl compatibles con la mayoría de relingas; patines con cojinetes a bolas para un sistema de raíles (fig. 110; los raíles se atornillan o fijan al palo mediante remaches, aunque también pueden fijarse a la mayoría de relingas interiores mediante piezas especiales sin necesidad de hacer agujeros), y patines patentados con cojinetes a bolas Ballslide (fig. 109) que se colocan en la relinga sin necesidad de instalar raíles, con lo que se ahorra peso.

El empleo de los patines descritos en primer lugar o el sistema Ballslide también es recomendable cuando la vela mayor sólo dispone de un sable forzado en la parte superior. Una combinación de estos patines especiales con patines de plástico tradicionales (a menudo de funcionamiento muy duro) facilita especialmente el arriado o rizado en situaciones difíciles de una de estas velas con sables forzados en la parte superior.

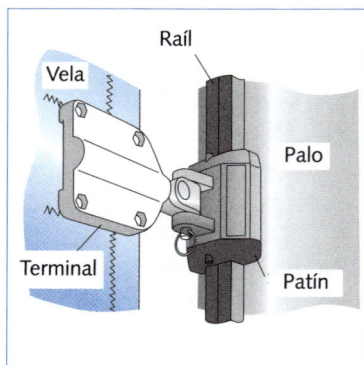

Fig. 110 En los sistemas de raíl para las mayores con sables forzados, los patines de los sables, los patines del grátil y el patín del puño de driza están montados sobre bolas que corren por un raíl. Absorben las cargas de presión, tracción y giro de los sables sobre el palo, especialmente en el caso de velas muy grandes.

LA VELA MAYOR

■ MAYORES ENROLLABLES EN EL PALO COMO ALTERNATIVA VÁLIDA

Después de las buenas experiencias obtenidas en todo el mundo con los enrolladores de génova patentados desde 1972 por Leathern Smith Stearn, era lógico que este nuevo sistema de rizado por el grátil (fig. 111a) también se comenzara a emplear en las mayores (fig. 111b). Los primeros modelos, elaboradas a partir de 1974, empezaron a trabajar con un tubo soportado por una especie de estay que se había montado libre a un palmo del palo y que se tensaba verticalmente. Posteriormente, cuando la técnica permitió fabricar palos de aluminio con un canal interior extrusionado, Ted Hood desplazó el tubo al interior del palo y patentó el palo Stoway (fig. 112b), que protegía en todo momento la vela mayor enrollada y permitía enrollar y desenrollar progresivamente la vela desde la bañera utilizando los cabos correspondientes.

La mayor enrollable también se elabora con un diseño determinado. Para sacar el embolsamiento de la vela cuando se riza o cuando se almacena, se cosen pliegos (de tejido o de otros materiales ligeros) en el área del grátil. Naturalmente, una mayor enrollable en un aparejo a tope de palo con un palo rígido no puede aplanarse o embolsarse en caso de que la técnica de la navegación a vela lo requiera, ya que no dispone de los

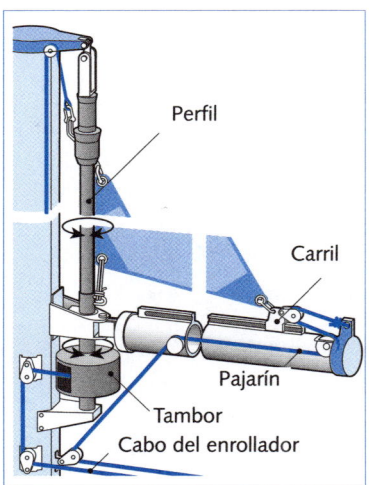

Fig. 111b En los antiguos sistemas enrollables para mayores el perfil de almacenamiento estaba montado libremente a popa del palo. Todo el procedimiento de almacenamiento y rizado se realizaba a la vista de la tripulación. Creo que este sistema es muy práctico y, desde su introducción en 1975, todavía (2004) empleo un sistema de este tipo con un perfil autoportante en mi crucero de 12 m Cormorán y he navegado unas 80.000 millas por todos los mares (sin sufrir ni una avería).

TEORÍA Y PRÁCTICA DE LAS VELAS

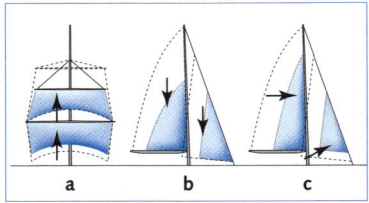

Fig. 111a *El principal método de rizado en los clippers recortaba la superficie vélica hacia arriba (a). En las velas triangulares se suele rizar reduciendo la superficie vélica hacia el pujamen (b). Desde la introducción de los enrolladores, la superficie vélica también se reduce en dirección al grátil (c).*

dispositivos de trimado de un aparejo fraccionado (burdas altas y bajas). De esta forma, muchos constructores, cuya fama depende de la capacidad de diseñar cruceros rápidos, creen que una mayor enrollable es un "pecado" desde el punto de vista aerodinámico. Y justifican sus argumentos alegando el aumento de resistencias de inducción causadas por un pujamen suelto en comparación con un pujamen convencional. Pero la facilidad de maniobra y la mayor seguridad que ello implica hace que muchos armadores se decanten por una vela de este tipo renunciando al plus de velocidad que ofrecería una mayor tradicional. Asimismo, el rápido y progresivo rizado que permite este sistema en caso de vientos

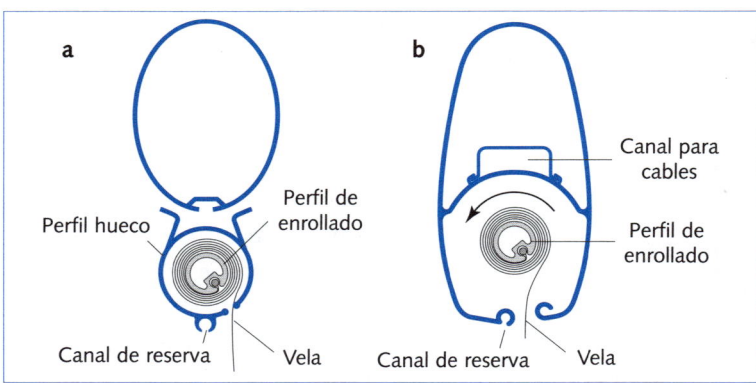

Fig. 112 *En los palos con cámara (b) el sistema de enrollado gira en el interior del palo. Sólo ocupa la parte posterior, mientras que en la parte anterior queda suficiente espacio para cables y drizas. En un perfil hueco atornillado o remachado en la parte exterior del palo (a), el sistema de enrollado tiene menos espacio. Asimismo, la ranura de entrada de la vela se encuentra muy a estribor.*

LA VELA MAYOR

inconstantes y en rumbos diferentes lo convierten en un sistema valioso e incluso mejor.

Incluso una mayor muy pesada suele caber en la cámara de almacenamiento del palo, y la abertura de entrada, que debe estar orientada a estribor, dependiendo de la dirección de enrollado, es en general lo suficientemente grande. Sin embargo, una mayor enrollable sólo puede rizarse o arriarse con seguridad cuando el barco está proa al viento; incluso con un pequeño ángulo de incidencia la vela rozaría en el borde de entrada (redondeado) y cuando se riza una vela mojada que no se deja enrollar sin arrugas puede que el sistema se atasque (lo cual es peligroso cuando el viento arrecia).

Las mayores enrollables en perfiles huecos son una idea que surgió en los años 90 debido a la constante demanda de sistemas enrollables para los palos existentes. Se trata de sistemas montados a popa del palo que se colocan sobre el canal mediante remaches o tornillos (fig. 112a). De esta forma también los armadores que no tenían un palo con enrollador podían equipar su barco con un sistema de enrollado para la vela mayor. Las desventajas de este tipo de instalación no se perciben hasta que no han transcurrido varias horas de navegación: a menudo aparecen problemas

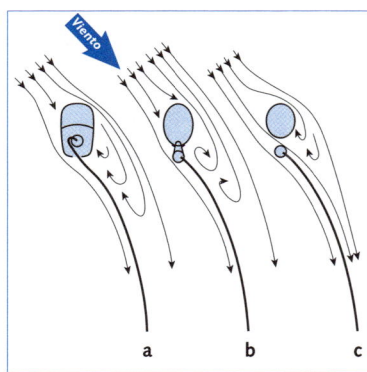

Fig. 113 Si se emplea un palo con cámara (a) o un perfil hueco en la parte posterior del palo (b), en rumbos de ceñida aumenta la sección que frena el flujo de aire hacia la vela. Esto influye negativamente a sotavento, justo detrás del palo. Desde el punto de vista técnico, la disposición (c) en la cual el sistema de enrollado está fijado libremente en la parte

posterior del palo es aerodinámicamente más ventajosa que los sistemas a y b. No obstante, en la fabricación en serie se prefiere el palo con cámara de almacenamiento para la vela, ya que queda más protegida de la humedad y la suciedad tras su uso en navegación.

cuando se guarda toda la vela en un tubo relativamente pequeño (en comparación con un palo con cámara hueca). Puesto que la ranura de entrada se encuentra a estribor (debido al sentido de enrollado), la mayor sólo puede enrollarse debidamente cuando el barco está amurado a babor (fig. 112). Los riesgos existentes, también condicionados por la ranura de abertura, son mayores que en el caso de un palo con cámara. Asimismo, un palo con el complemento remachado ofrece más resistencia al viento y un desarrollo del flujo menos adecuado, especialmente a sotavento de la vela cerca del palo (fig. 113).

Los sistemas de enrollado en el palo sólo ofrecen dispositivos de trimado (fig. 114) para aplanar la vela al navegar de ceñida y embolsarla con portantes mediante el pajarín. Sin embargo, gracias a que el pujamen está suelto, esta posibilidad de trimado también se da cuando la vela está rizada (fig. 115). Para ello, una mayor enrollable debe estar diseñada con una baluma recta o incluso con curvatura negativa. Los patrones a los que les gusta navegar rápidos indican que esta reducción de superficie es

Fig. 114 Trimado extremadamente embolsado de una mayor enrollable utilizando el pajarín cuando hay viento flojo (a) y un trimado muy plano con viento fuerte (b).

LA VELA MAYOR

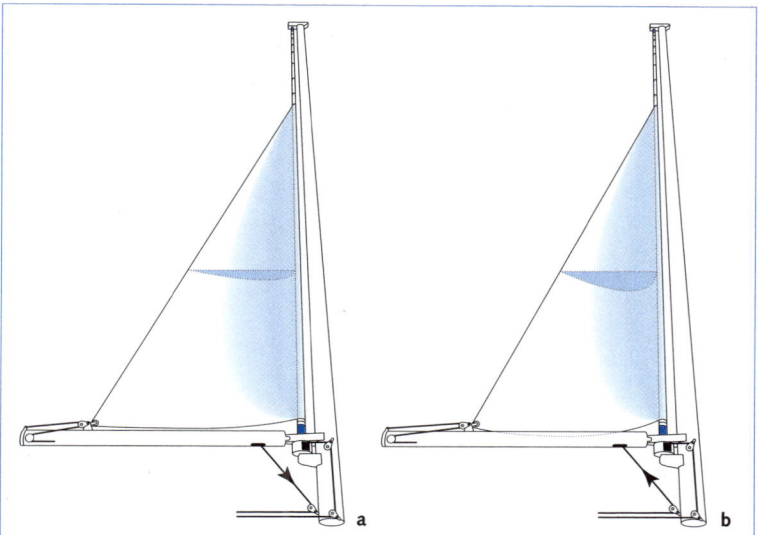

Fig. 115 Trimado plano de una vela rizada al 50% para barloventear con seguridad con mucho viento (a) y trimado embolsado de la misma vela para navegar con fuerte viento en portantes (b).

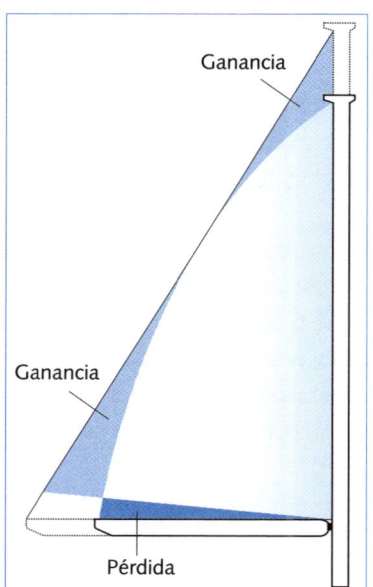

Fig. 116 La posible pérdida de superficie vélica de una mayor enrollable frente una mayor tradicional y la posibilidad de recuperar la superficie perdida prolongando el palo o la botavara.

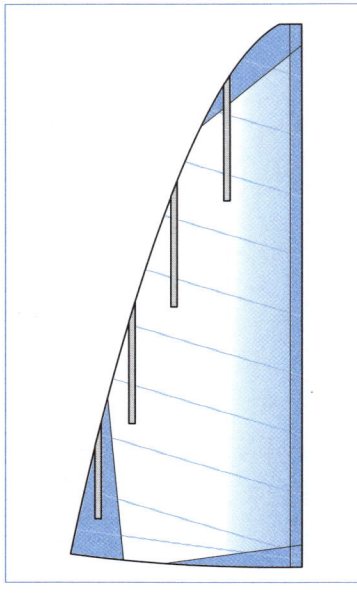

Fig. 117 Para recuperar superficie vélica perdida en una mayor enrollable lo más fácil es sustentar el alunamiento de la baluma con tres o cuatro sables verticales de la debida longitud y refuerzos especiales en los puños de driza y escota.

su argumento para rechazar este tipo de instalaciones. Hasta ahora este argumento sólo se podía rechazar diciendo que puede aumentarse en uno o medio metro las dimensiones del palo o de la botavara para aumentar así la superficie vélica perdida (fig. 116).

Los fabricantes de velas más ingeniosos han comenzado a fabricar velas enrollables con sables cortos (fig. 117) o incluso sables largos (fig. 118). De esta forma, una vela mayor enrollable puede ser tan buena como cualquier mayor tradicional. Especialmente, ofrece la posibilidad, a una tripulación reducida, de aprovechar completamente la superioridad de una mayor enrollable.

Yo navego desde hace más de 30 años con una mayor enrollable "normal", con la que no he sufrido ningún inconveniente. Con ventolinas y en rumbos portantes puede compensarse la pérdida de superficie vélica empleando velas asimétricas. Y cuando el viento sube, las ventajas de un rizado rápido desde la bañera (en viajes largos) me hace olvidar con rapidez las posibles desventajas de la pérdida de velocidad (en salidas de fin de semana).

LA VELA MAYOR

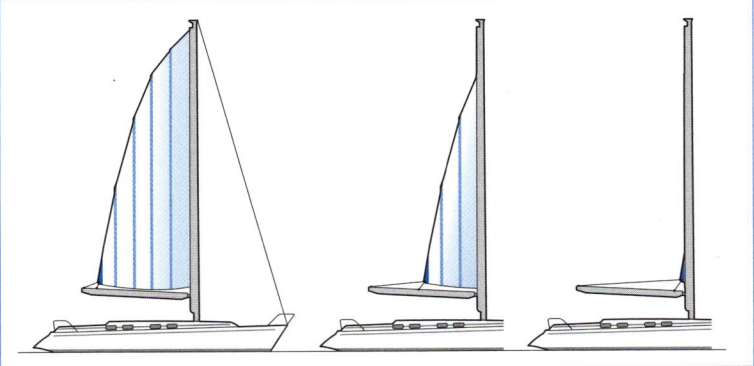

Fig. 118 Con ayuda de una combinación de sables muy delgados de fibra de vidrio y carbono, integrados en la vela, y que corren verticalmente desde el grátil hacia el pujamen, manteniendo la misma distancia entre ellos, puede diseñarse una mayor enrollable con un alunamiento positivo, igual que el de cualquier mayor tradicional. De esta forma podemos considerar innecesario alargar el palo o la botavara. Entonces puede ajustarse con exactitud la abertura de la baluma. Sin embargo, a la hora de rizar, el enrollado de la vela en la cámara del palo debe efectuarse en función de los sables. Cuando un sable llega a la abertura de entrada, la vela sigue manteniendo una baluma tensa.

6
La interacción entre la mayor y las velas de proa

En principio, la vela de proa es un perfil aerodinámico independiente que debe trabajar con su ángulo de incidencia óptimo en el flujo de aire para generar una gran fuerza vélica. Sin embargo, bien trimado también influye efectivamente en el flujo a sotavento de la mayor, aumenta el efecto aerodinámico de toda la superficie vélica activando el flujo de aire entre ambas velas y aumenta la velocidad del barco gracias al incremento de la fuerza de empuje. En esta cooperación la vela de proa es un socio muy importante.

Ya hemos visto que una vela obtiene su fuerza aerodinámica mediante la diferencia de presión entre el lado de sotavento y el de barlovento, y que esta fuerza vélica crece con el cuadrado de la velocidad del viento. En un foque con un mínimo de solapamiento, el lado de barlovento ya trabaja con el flujo acelerado del aire que fluye a sotavento de la mayor (fig. 119) y, puesto que el aire en el lado de sotavento del foque (análogamente a la vela mayor) ha de recorrer un camino más largo, debe fluir con mayor rapidez que el aire (acelerado) a barlovento. Por tanto, se generan tres velocidades de flujo diferentes: una lenta a barlovento de la mayor, una acelerada entre el lado de sotavento de la mayor y el lado de barlovento del foque y una rápida a sotavento de la vela de proa.

La distancia entre ambos planos, tanto en dirección vertical como horizontal, depende de la cantidad de aire que queremos canalizar. Esta distancia debe ser modificable, puesto que nuestras velas trabajan con velocidades de viento muy diversas: desde 2 nudos con Beaufort 1 hasta 18 nudos con Beaufort 5, por ejemplo, o incluso con más viento. El canal de entrada de aire, dado por la distancia que hay en cubierta entre el palo y el estay (a) y la altura del arraigo del estay en el palo, permanece invariable.

TEORÍA Y PRÁCTICA DE LAS VELAS

Sin embargo, puede variarse el canal de salida del aire captado: por un lado, cambiando la distancia de la vela de proa con respecto al palo o la vela mayor (b), que está limitado por la manga del barco pero que puede cambiarse modificando la posición del escotero y la forma de la vela de proa, que aquí sólo representamos mediante la longitud del pujamen y el grado de solapamiento (c).

Si se intentara acelerar el aire estrechando excesivamente la sección en el canal de salida de una vela de proa con solapamiento para aumentar la diferencia de presión entre el lado de barlovento de la mayor y el lado de sotavento de la vela de proa, las dos velas participantes no permitirían el

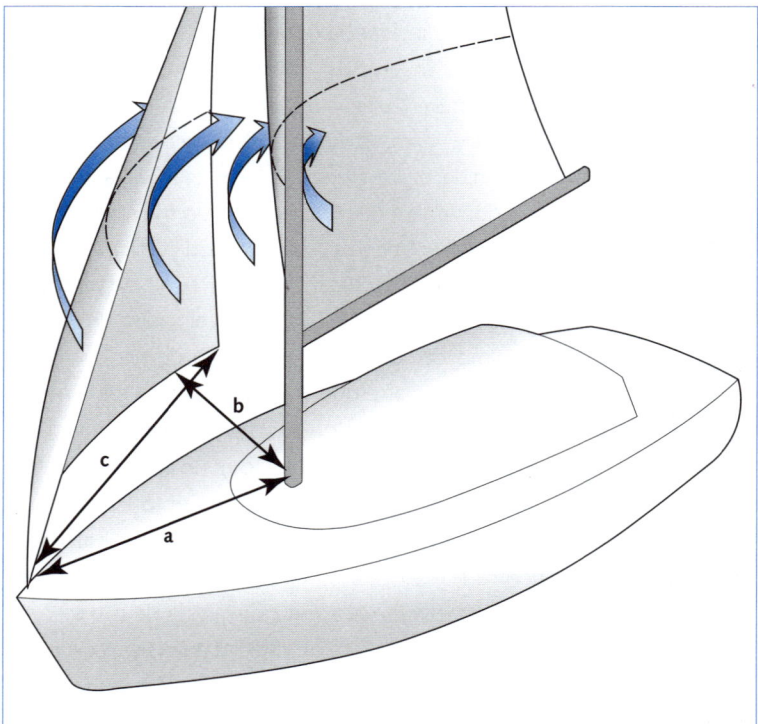

Fig. 119 Una vela de proa trimada correctamente con respecto a la vela mayor puede generar más fuerza vélica porque en la parte de barlovento de la vela domina el rápido flujo de sotavento de la mayor. Es decir, la diferencia de presión de aire en la vela de proa es más elevada que en la vela mayor.

LA INTERACCIÓN ENTRE LA MAYOR Y LAS VELAS DE PROA

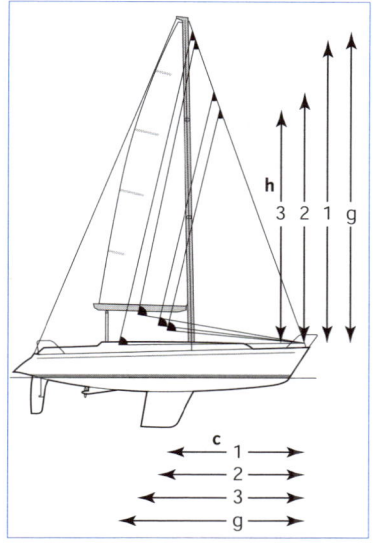

Fig. 120 Así se muestran los diferentes tipos de vela en un plano vélico. Se indican las medidas de la longitud del grátil en combinación con la altura del aparejo h y la medida del pujamen c, dependiendo de la base del triángulo de proa. En las figuras 46-52 se explican las denominaciones internacionales que se usan actualmente para las velas de proa según los datos de medición I = altura del triángulo de proa, J = distancia medida en cubierta entre el arraigo del estay proel y el palo, y LP = perpendicular de la vela de proa (desde el grátil al puño de escota).

intento: el espesor del paño de las velas no aguanta este ensayo (fig. 121) y el aire, que no se deja compactar, ensancha su camino en la salida doblando la baluma de la vela de proa hacia sotavento o (puesto que la baluma fuertemente tensada es más resistente que la superficie de la mayor) fluyendo por la parte de sotavento de la mayor y empujando el embolsamiento de la vela a barlovento, para conseguir de esta forma el espacio necesario para fluir libremente. Este efecto puede verse a menudo en la parte superior de la mayor, porque aquí el canal se estrecha en dos niveles.

Por tanto, lo importante es elegir el tamaño de la vela de proa, la longitud de su pujamen y el diseño en la parte superior, de forma que en diferentes condiciones de viento siempre pueda fluir una cantidad de aire

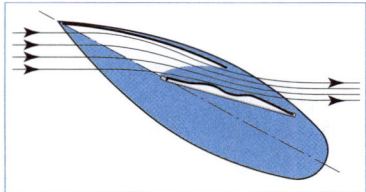

Fig. 121 Si se intenta comprimir el flujo de aire estrechando la distancia entre las superficies de la vela de proa y la mayor, el aire de la parte de sotavento presiona el aire hacia la mayor y agranda por sí solo la salida de aire, que era demasiado estrecha.

óptima entre estos dos perfiles aerodinámicos y las dos velas puedan suministrar la fuerza vélica máxima. Esto se consigue principalmente eligiendo la vela adecuada y/o (reduciendo) la superficie vélica correspondiente. Con ventolinas, puede cerrarse el canal (a en la figura 122) y con mucho viento debe aumentarse la distancia entre las velas (b). Más tarde daremos los consejos de trimado correspondientes.

Independientemente de que muchos expertos piensen que el flujo de aire en el canal entre la mayor y la vela de proa se ha frenado a la mitad en vez de acelerarse ligeramente, la mayor y la vela de proa de un balandro siempre trabajan como unidad aerodinámica: no se puede cambiar el trimado de uno de los dos sin modificar las prestaciones generales (fig. 123). Partamos de la base de un trimado óptimo en un rumbo de ceñida (a) para el que hemos cazado ambas escotas: si reducimos el ángulo de incidencia de la vela de proa en 5° cazando la escota (b), reducimos el flujo de aire en el canal de este biplano en un 50% y, consecuentemente, también reducimos las prestaciones en navegación.

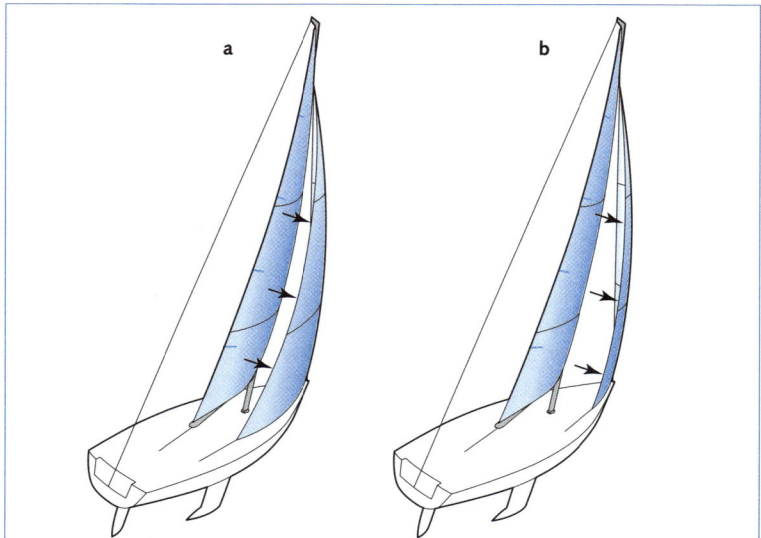

Fig. 122 Con ventolinas: canal estrecho y poca distancia entre la baluma de la vela de proa y la superficie de la mayor, por ejemplo, con un génova solapado (a). Con mucho viento: mayor distancia entre las superficies vélicas que, posiblemente, sólo se consiga con una vela de proa con un pujamen más corto, es decir, con un foque I sin solapamiento (b).

LA INTERACCIÓN ENTRE LA MAYOR Y LAS VELAS DE PROA

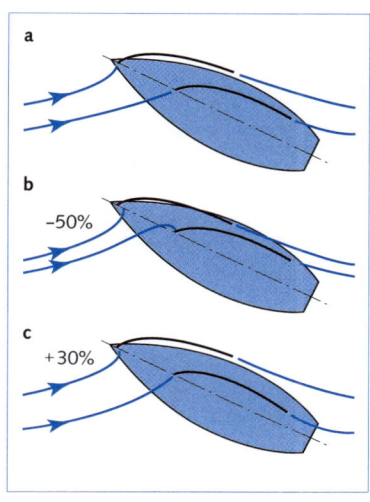

Fig. 123 Puesto que la mayor y el foque trabajan como una sola unidad aerodinámica y no como velas independientes, cuando se cambia el trimado de una vela deben considerarse los efectos sobre la otra vela. En (a) la mayor y el foque (usado aquí como sinónimo para todas las velas de proa) se han cazado correctamente. Se ha generado un canal de viento óptimo con las correspondientes líneas de remanso hacia los grátiles. Si modificamos este estado unilateralmente y cazamos 5° el foque (sin cambiar la mayor) (b), se reduce el flujo de aire en el canal en un 50% y, en consecuencia, también las prestaciones en navegación. Consecuencia: las líneas de remanso chocan contra la parte de sotavento de la mayor y allí donde normalmente se produce la mayor fuerza de avance gracias a la subpresión, que es detrás del grátil a sotavento, se produce una sobrepresión similar a la de barlovento. En consecuencia, la vela muestra un contraembolsamiento. Si, por el contrario, cazamos 5° la mayor (c) con respecto al trimado de salida y aumentamos un 30% el canal de viento en el solapamiento, aumenta la velocidad del viento en el canal y, en consecuencia, también aumentan las prestaciones en navegación. Consecuencia: en una vela bien cazada (de ceñida) no se produce ningún desprendimiento y se acelera el flujo por el foque. Esto puede comprobarse porque el barco puede navegar unos instantes más al viento sin que la baluma del foque vibre o flamee.

Análogamente, también podemos apreciar que si filamos la mayor 5° con respecto a la posición de salida (a) y estrechamos el canal de otra forma, reducimos la profundidad y la anchura de todo el perfil y, en consecuencia, también reducimos las prestaciones en navegación de nuestro balandro en el mismo porcentaje. Sin embargo, si cazamos 5° la mayor con respecto a la posición de salida (c), incrementamos el paso de aire en un 30% y aumentamos las prestaciones en navegación.

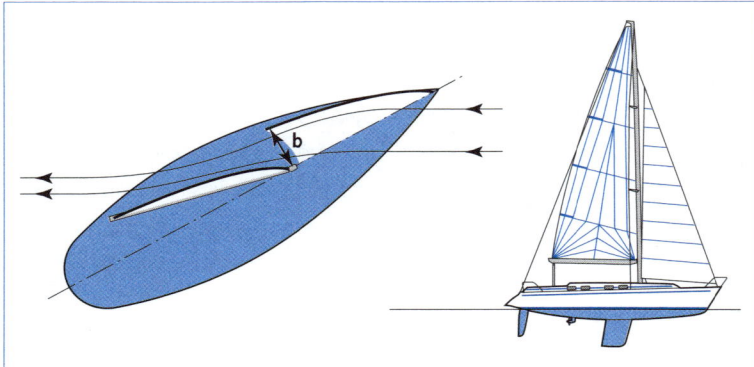

Fig. 124 Condiciones de viento ligero con foque de trabajo: la distancia (b) se reduce moviendo el escotero hacia el interior para que el flujo de aire en la vela de proa pueda activar el flujo a sotavento de la mayor. La sección del flujo también se reduce cuando el material de fabricación de la vela es ligero.

Al trimar la escota en un rumbo de ceñida con mucho viento siempre recuerdo a mi tripulación que el ángulo de la escota del génova influye muy poco en la fuerza de avance, pero que aumenta la escora cuando la escota de la mayor está demasiado cazada (y el carro demasiado a barlovento). Por tanto: gobierne usted el barco para que el génova esté bien trimado y cace la mayor para que el canal sea lo más grande posible.

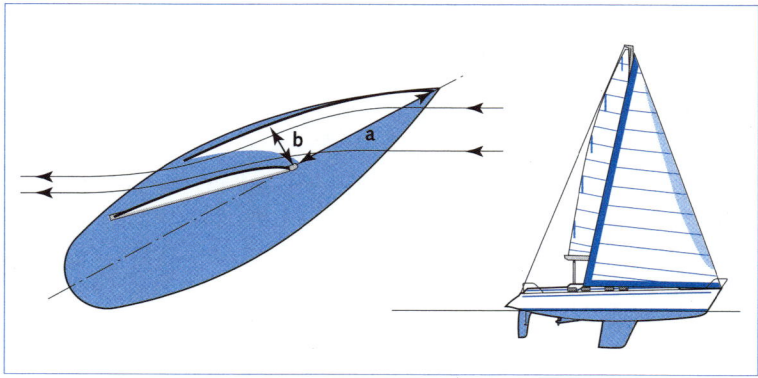

Fig. 125 Condiciones de viento ligero con génova I: si por el canal de entrada (a) fluye poco aire y la anchura (b) no puede reducirse desplazando el escotero hacia el interior, hay que aumentar la longitud del pujamen y aprovechar completamente la altura del triángulo de proa.

LA INTERACCIÓN ENTRE LA MAYOR Y LAS VELAS DE PROA

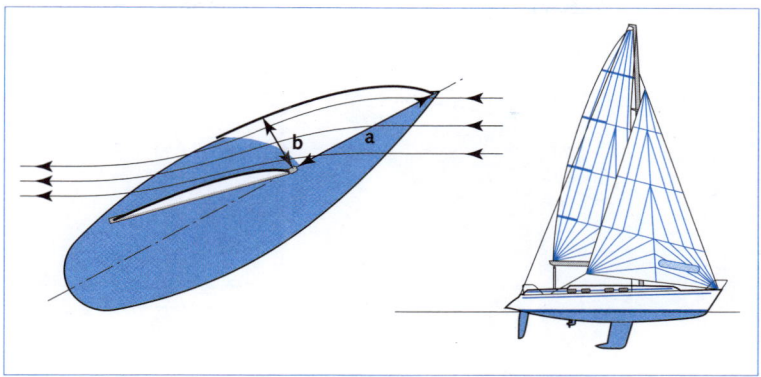

Fig. 126 *Condiciones de viento medio: por el mismo canal de entrada (a) fluye más aire. En consecuencia, debemos abrir más el canal de salida (b). Esto no sólo significa que debamos mover más el escotero hacia el exterior, sino también abrir el canal a lo largo de toda la altura.*

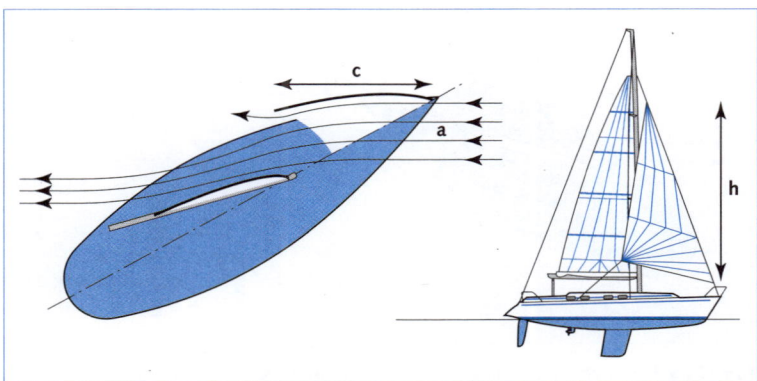

Fig. 127 *Condiciones de viento fuerte: el aire fluye con mayor rapidez e introduce más masa en el canal de entrada (a) entre los dos perfiles. La manga limita el trimado de la vela más hacia fuera. Por tanto, debe acortarse el ancho de la vela (c) en toda la altura (h).*

TEORÍA Y PRÁCTICA DE LAS VELAS

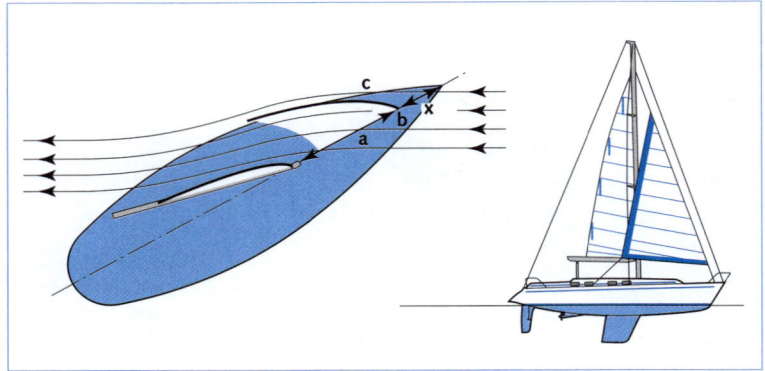

Fig. 128 *Alternativa para condiciones de viento fuerte, : también puede acortarse el canal de entrada (a) generando un triángulo con la base (b) más corta, con lo que sólo se permite la entrada de una parte del aire original, mientras que la otra parte (x) fluye por sotavento sin influir en la vela. Se sigue empleando el ancho de la vela (c).*

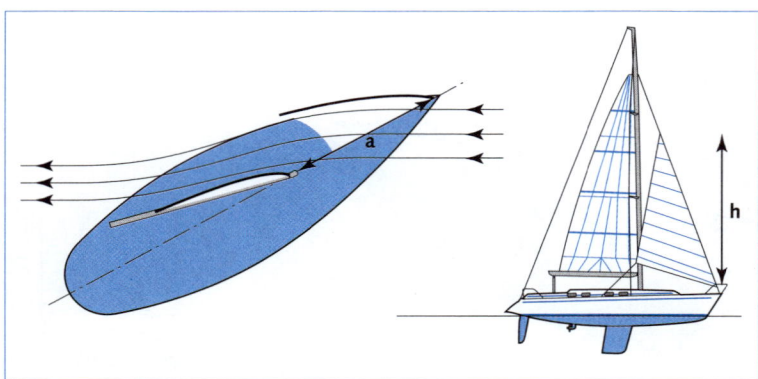

Fig. 129 *En los barcos con aparejos fraccionados, incluso cuando se navega rizado, la mayor parte de la superficie vélica se concentra en la vela mayor. El triángulo de proa con el tormentín no se aprovecha en su totalidad, ni vertical ni horizontalmente. De esta forma, la vela de proa más pequeña no puede influir en la vela mayor y viceversa.*

LA INTERACCIÓN ENTRE LA MAYOR Y LAS VELAS DE PROA

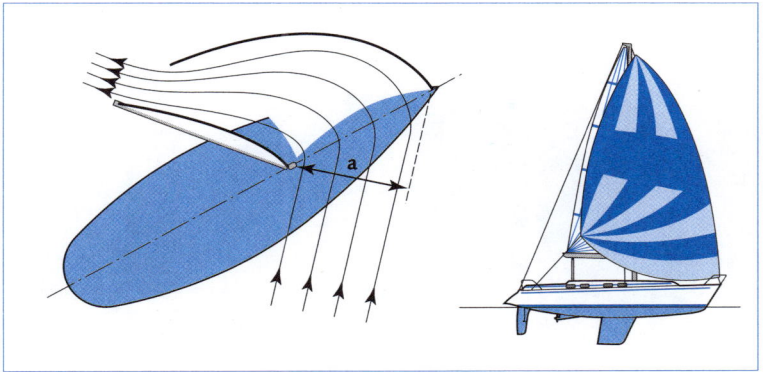

Fig. 130 En todos los rumbos portantes se reduce considerablemente la superficie base (a) que se ofrece al viento. Puesto que en la vela de proa incide ahora menos energía eólica, puede izarse una vela más grande y seguir manteniendo la entrada de aire pequeña. Puede trimarse la escota de la vela de proa pasándola por el extremo de la botavara.

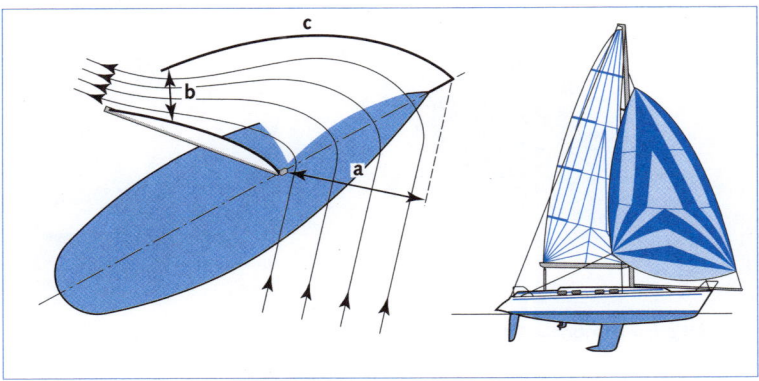

Fig. 131 Empleando un botalón se abre considerablemente el canal de entrada y se desvía más energía eólica hacia el área de la vela de proa, que puede emplearse positivamente gracias a la mayor superficie vélica del spi asimétrico (c) y para activar el flujo laminar en la mayor (b).

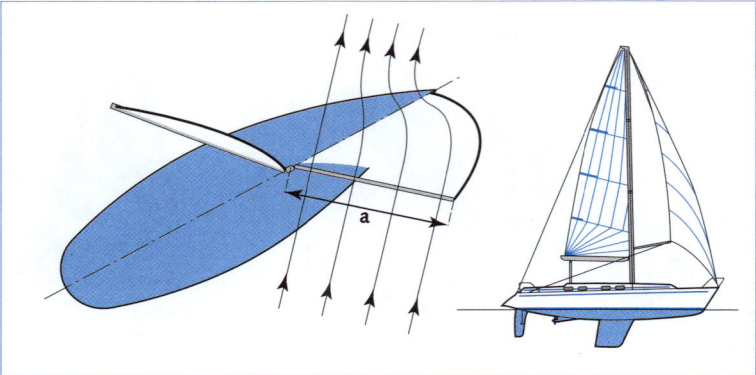

Fig. 132 Con ayuda del tangón de spi se sostiene la base del triángulo de proa (a). Pero si se emplea un génova atangonado sólo se aprovecha el área exterior de la entrada de aire. Una parte de la energía eólica se escapa por delante de la vela de proa. También la mayor trabaja como paravientos en este rumbo portante.

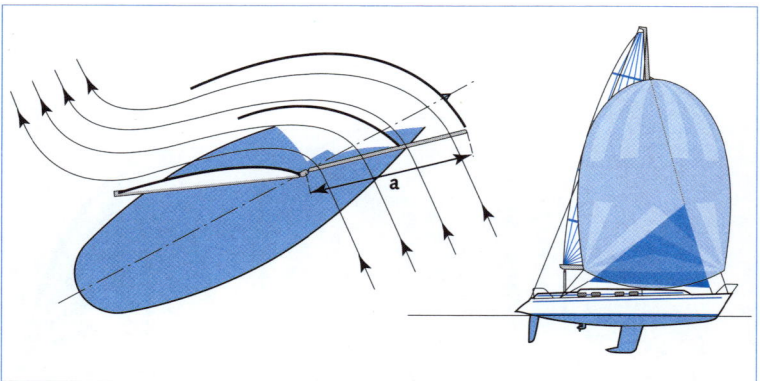

Fig. 133 En rumbos de través, la medida de la base del triángulo (a) se mantiene gracias al tangón de spi, pero el tangón hace que una vela muy embolsada trabaje fuera del área de la vela de proa. Por tanto, el spi y la vela de proa trabajan por separado. En estos casos ayuda considerablemente una trinqueta aparejada en el canal de aire dividido con efecto de biplano.

LA INTERACCIÓN ENTRE LA MAYOR Y LAS VELAS DE PROA

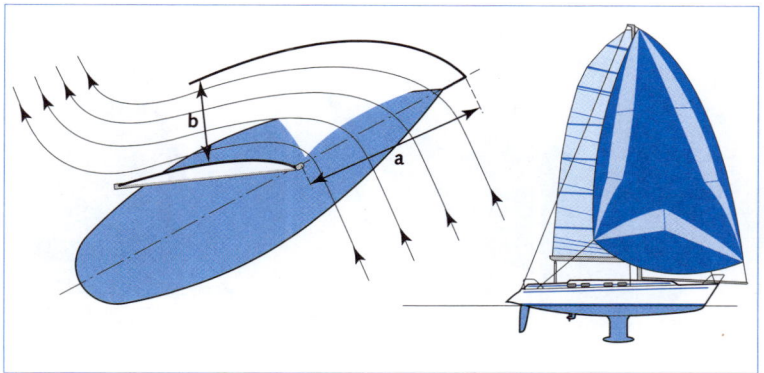

Fig. 134 Éste es el rumbo para una vela de proa asimétrica aparejada en un botalón: la medida de la base del triángulo de proa se adelanta en un 20%. Un gennaker de diseño plano o un blister algo más redondo también pueden trimarse con los barbers para obtener el canal de salida adecuado.

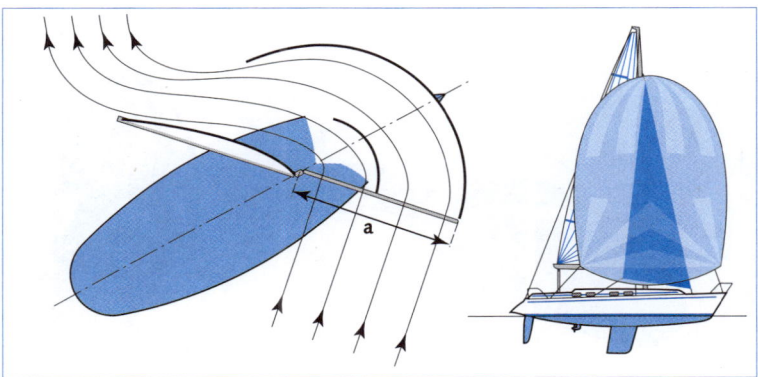

Fig. 135 En rumbos portantes un tangón de spi trimado perpendicularmente con respecto al flujo de aire orienta la base (a) del triángulo de proa en dirección del viento de a bordo. Esta vela muy embolsada puede trabajar con un ángulo de incidencia muy favorable. El tallboy entre ambas velas aumenta sus fuerzas de avance.

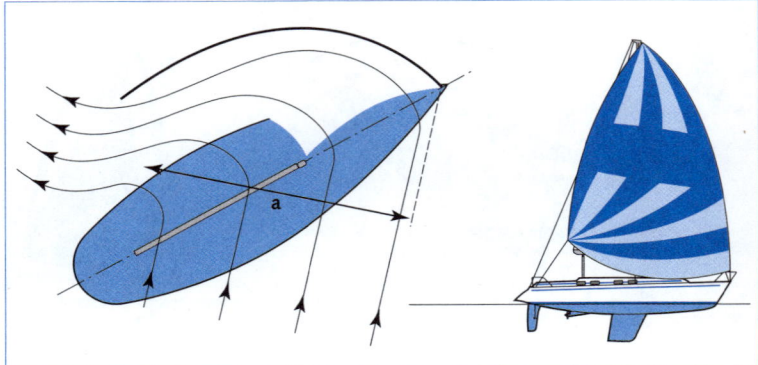

Fig. 136 Si en vez de un génova I (LP = 150%), se iza una vela de proa asimétrica, por ejemplo un blister muy redondo (LP = 180%), puede trabajarse con el doble de la superficie vélica. Puesto que las velas en este rumbo trabajan como paravientos, se puede arriar la mayor para usar toda la eslora del barco como base del triángulo de proa (a).

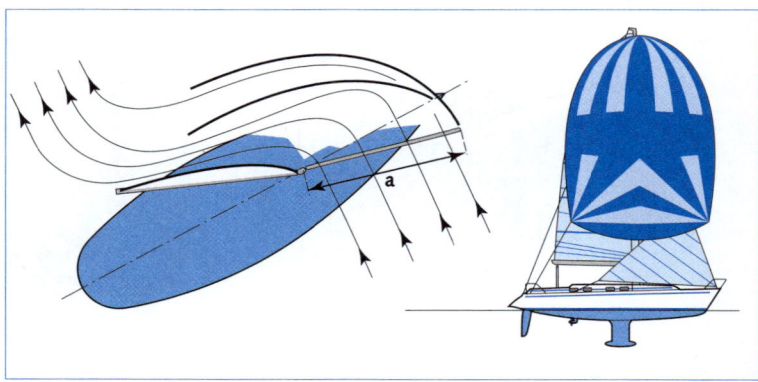

Fig. 137 Cuando los barcos con un aparejo fraccionado izan sus spis simétricos, tanto de diseño plano como embolsado, en una driza a tope del palo, el flujo de aire inferior no se aprovecha. Una vela especial cierra este agujero. Un génova medio izado cumple la misma función.

7
Velas de proa geométricas

Mientras que a un barco le basta una sola vela mayor para navegar en todos los rumbos con respecto al viento hasta llegar a intensidades de temporal, en las mismas condiciones requiere varias velas de proa. Para ello, estas velas están diseñadas con un tamaño, un corte y un tratamiento de-

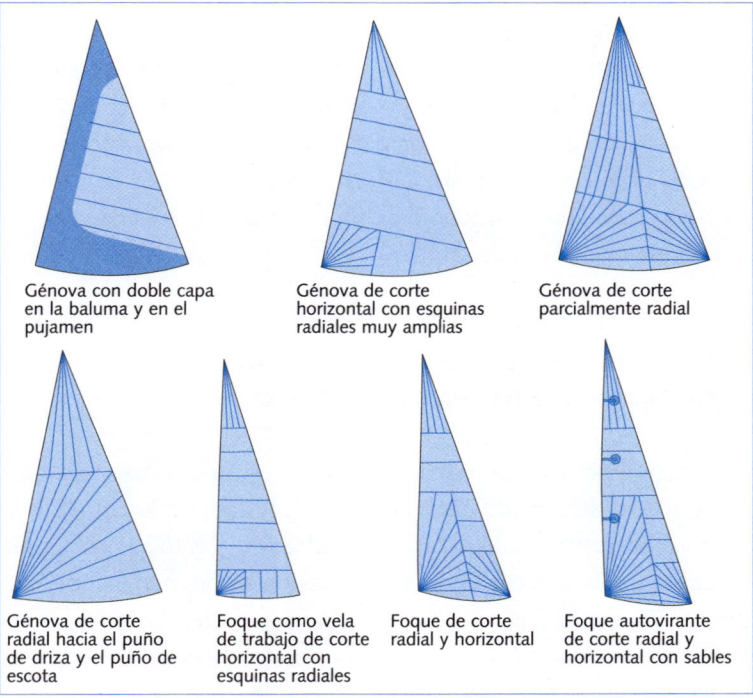

Génova con doble capa en la baluma y en el pujamen

Génova de corte horizontal con esquinas radiales muy amplias

Génova de corte parcialmente radial

Génova de corte radial hacia el puño de driza y el puño de escota

Foque como vela de trabajo de corte horizontal con esquinas radiales

Foque de corte radial y horizontal

Foque autovirante de corte radial y horizontal con sables

Fig. 138 *Diferentes tipos de velas de proa cuya confección se explicó al principio del capítulo "La vela mayor" (fig. 71).*

TEORÍA Y PRÁCTICA DE LAS VELAS

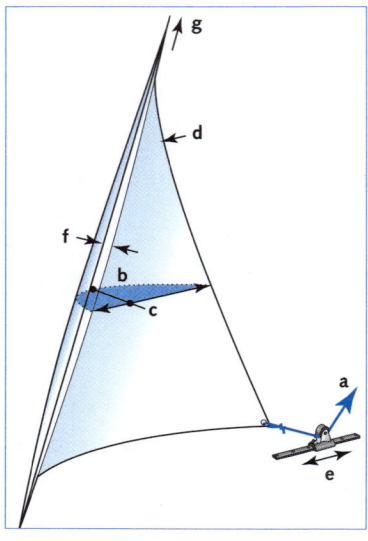

Fig. 139 Posibilidades de trimado para una vela de proa: la escota es el principal medio de trimado (a). Cazándola y filándola no sólo se modifica la posición de la vela con respecto a la línea de crujía, sino que también se influye en la forma misma, por ejemplo en el embolsamiento (b), la posición de la bolsa (c) y la torsión (twist) (d). Otros medios de trimado son la modificación del escotero (e), la tensión de la driza (f) y la tensión del estay proel (g).

terminados (fig. 138) dependiendo de su uso. Existen diferentes posibilidades de trimado para estas velas (fig. 139), con sus propias reglas porque, por un lado, son velas de proa independientes y, por otro, también deben trabajar en unión con la vela mayor. Estos consejos de trimado sirven generalmente tanto para los dispositivos de trimado de barcos con aparejo a tope del palo como para barcos con aparejo fraccionado.

■ LA TENSIÓN CORRECTA DE LA DRIZA COMO DISPOSITIVO DE TRIMADO

La driza del génova no sólo sirve para izar la vela de proa. También se emplea como medio de trimado para mejorar las prestaciones en navegación modificando la tensión del grátil: si la velocidad del viento aumenta, debe ir cazándose para que a lo largo del grátil no se originen arrugas que podrían generar turbulencias (fig. 140a). Si el viento de a bordo no es tan fuerte, debe reducirse la tensión del grátil para embolsar la vela. Asimismo, en rumbos de ceñida, la driza debe cazarse al máximo para que la vela obtenga un borde de ataque impecable. En rumbos portantes puede volver a soltarse un poco la driza para que la vela embolse más.

VELAS DE PROA GEOMÉTRICAS

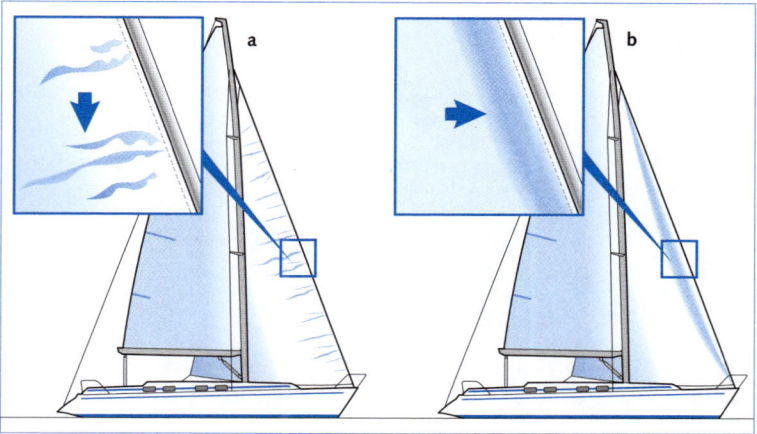

Fig. 140 Las arrugas perpendiculares al grátil que van hacia el centro de la vela (a) indican que la driza no está lo suficientemente cazada. El embolsamiento se encuentra demasiado a popa. Esta configuración sólo es adecuada con poco viento (aparente). Si las arrugas se forman a lo largo del grátil la driza de la vela de proa está demasiado cazada (b). Entonces, la bolsa se ha desplazado más a proa. Éste es el trimado correcto para un fácil gobierno con mala mar y viento racheado.

Cuando se iza un génova o una vela de proa más pequeña con tensión normal, se trima en la posición del escotero correspondiente al rumbo respecto del viento y, seguidamente, se comprueba su estado. Sometida a la carga de viento, la tensión de la driza deberá eliminar todas las arrugas que aparecen en el área de barlovento del grátil. Sólo con ventolinas puede dejarse alguna arruga. Cuando aumenta el viento de a bordo, podrán aparecer de nuevo las arrugas. Esto significa que se deberá volver a cazar la driza sin tensar demasiado el grátil. Las arrugas longitudinales que se originan a lo largo del grátil o que incluso muestran un abombamiento paralelo al mismo son una señal inequívoca de que la driza del génova soporta una gran tensión (fig. 140b). Las arrugas también reducen el avance y, al mismo tiempo, indican que se está estirando demasiado la vela en esta área.

Cuando las drizas de las velas de proa, que se manejan desde la bañera, son muy largas pasan por varias poleas de reenvío que generan mucha resistencia cuando se quiere cazar la driza al máximo. Por mucha fuerza

TEORÍA Y PRÁCTICA DE LAS VELAS

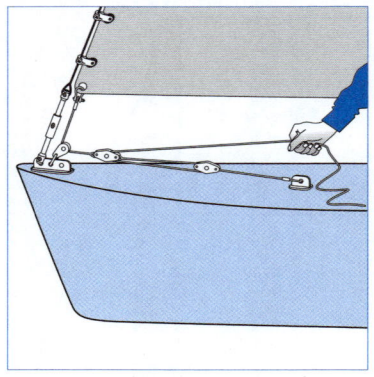

Fig. 141 El tensor del grátil de la vela de proa se fija al puño de amura y se lleva al arraigo del estay de proa, donde se reenvía (mediante una polea) a popa para obtener el mejor ángulo de tensión posible cuando la driza (ya) no puede tensarse más.

que hagamos con el winche siempre quedará algo de soltura en la vela. En este caso debemos emplear un cabo tensor del grátil de la vela de proa (fig. 141).

Si en navegación hay que tensar más la driza del génova, debe usted filar un poco de la escota, ya que cuesta mucho trabajar contra la presión del viento en la vela. Cuando se caza el grátil también hay que tener en cuenta la baluma de la vela. No debe fregar con el aparejo, ya que podría perturbar o incluso frenar el flujo de aire entre la mayor y la vela de proa. La vela de proa no debe apoyarse en la cruceta al trimar la driza.

Cambiando la tensión de la driza también se modifica el perfil de la vela de proa, especialmente la posición de la bolsa. Cuando la driza está muy cazada, la bolsa se desplaza hacia delante hasta un 35% de distancia con respecto al grátil (fig. 142). Detrás del borde de ataque del viento se origina un área favorable de forma redondeada. La vela se va aplanando hacia la baluma. Éste es el trimado para viento fuerte. En este caso también se reduce la escora del barco y la vela de proa no puede bombear aire a la mayor desde sotavento. Cuando se navega con mala mar también es preferible tensar debidamente las drizas.

Cuando el grátil presenta ligeras arrugas horizontales, el embolsamiento se encuentra a un 45% de distancia del grátil, con el área de mayor fuerza vélica, y la vela se aplana en la zona de la baluma. Éste es el trimado correcto en ventolinas. Admitiendo el desvío del aire hacia la mayor y si la escora no es importante todavía, puede navegarse con un buen ángulo de ceñida. En este caso, el trimado del ángulo de incidencia óptimo con las lanitas moviéndose homogéneamente a popa es muy limitado.

VELAS DE PROA GEOMÉTRICAS

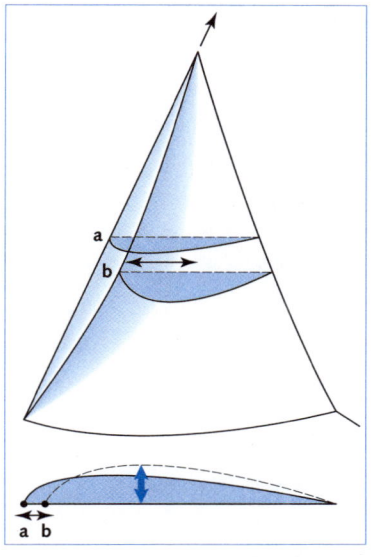

Fig. 142 Modificando la tensión de la driza del génova se cambia la posición de máxima profundidad de la bolsa entre el grátil y la baluma y, de esta forma, aplicando mucha tensión se modifica el perfil de la vela: cuando el viento de a bordo aumenta y en rumbos a barlovento se desplaza la bolsa hacia proa (a). Si con ventolinas no se caza tanto la driza, la posición de máxima profundidad de la bolsa se desplaza hacia popa (b). El mismo efecto se consigue mediante la tensión del estay de proa: si se tensa al máximo, la vela presenta un trimado plano en la zona anterior y ofrece un ángulo de incidencia óptimo (a). (Este trimado debe ser el inicial en aparejos fraccionados, que no se pueden modificar mecánicamente sin influir simultáneamente en la caída o en el trimado del palo.) Sin embargo, si el estay de proa se comba bajo la presión del viento (b), la bolsa en la zona anterior de la vela aumenta y en el borde de ataque se genera una curva que impide ceñir debidamente.

Los que quieran navegar rápidos deben marcar la driza con hilos o cinta aislante de colores delante de la mordaza para poder leer con exactitud la tensión de la driza y repetir el trimado que le ha dado el mejor resultado (fig. 156). De forma parecida también debe marcarse el cabo del aparejo tensor de la vela de proa.

La posición del escotero, es decir, del carro de escota del génova, determina la tensión de la baluma de la vela y la convexidad en el área del pujamen. Por regla general, la escota debe trabajar en dirección a la bisectriz del puño de escota, de forma que la baluma y el pujamen trabajen con la misma tensión (fig. 145). El sentido óptimo de tracción es la prolongación de la dirección de la escota hasta el grátil en un punto a mitad de la altura entre el puño de amura y el de escota. Una vez la vela de proa está izada, es posible determinar este punto con rapidez (fig. 143).

TEORÍA Y PRÁCTICA DE LAS VELAS

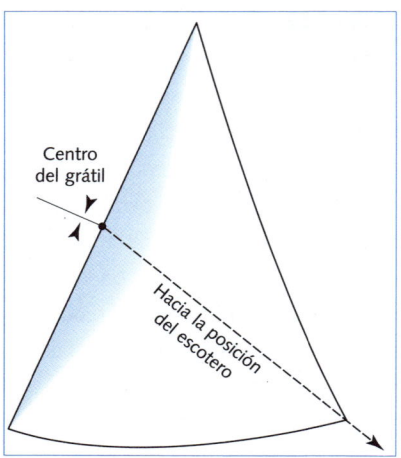

Fig. 143 Para obtener la posición estándar del escotero del génova hay que determinar el centro del grátil y, desde allí, trazar una recta hasta el puño de escota y hacia cubierta. Este método es muy simple. Por el contrario, determinar a bordo el tiro de la escota como bisectriz entre la baluma y el pujamen es difícil e inexacto.

En el caso de un génova con solapamiento, cuyo pujamen casi toca los tensores de los obenques, a la altura de las crucetas, la vela debe mantenerse unos 15 cm alejada de las mismas. Si el pujamen permanece invariable pero la parte superior toca el extremo de las crucetas, el escotero está demasiado adelantado (fig. 146): debe desplazarse hacia popa para tensar la parte inferior. En este caso, se aplana el pujamen y al mismo tiempo se abre la baluma.

Si, por el contrario, el pujamen toca los tensores y el área superior de la vela se distancia mucho del extremo de las crucetas, hay que desplazar el carro hacia delante (fig. 144). De esta forma se tensa la baluma, el área superior se acerca al aparejo y la vela se curva a la altura del pujamen. En

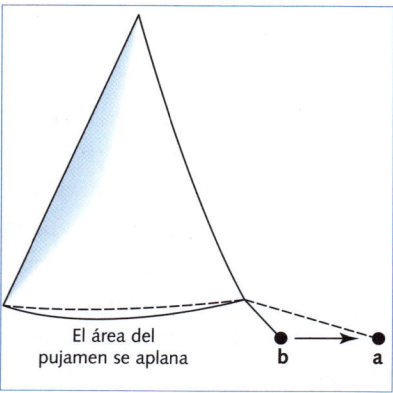

Fig. 144 Desplazando el carro del escotero a popa se aplana el pujamen de la vela (a). Por el contrario, si se desplaza hacia delante, se le da más convexidad (b).

VELAS DE PROA GEOMÉTRICAS

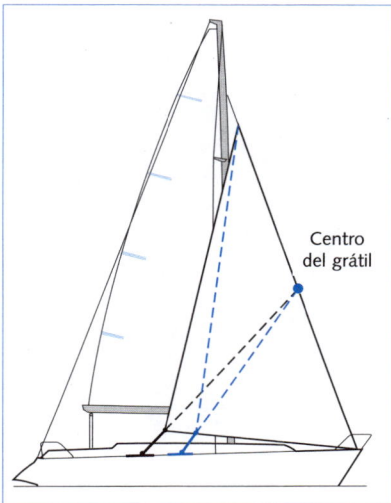

Fig. 145 *Los que (en regata) empleen velas de proa de diferente tamaño pueden marcar el ángulo de tiro en el puño de escota con cinta aislante o con un rotulador de tinta indeleble en dirección a la bisectriz para poder ajustar con rapidez la posición estándar.*

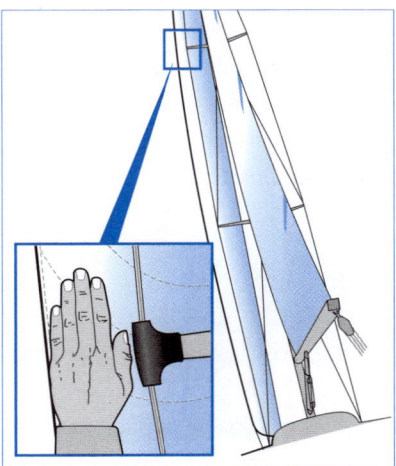

Fig. 146 *Si con viento medio se desea navegar un rumbo de ceñida óptimo, la baluma del génova debería estar a unos 10 cm de distancia del extremo de la cruceta superior. Con mucho viento o si uno desea navegar más rápido en vez de ceñir al máximo, hay que doblar esta distancia.*

los rumbos de ceñida o de bolina suele ser mejor llevar el escotero un poco atrasado. Otra posibilidad para saber si el carro del escotero está bien colocado consiste en comprobar si la vela de proa flamea homogéneamente en un rumbo de ceñida cuando se orza ligeramente. Si la tensión en la baluma permite que las partes superiores, relativamente más convexas y trimadas más a popa con respecto al viento aparente, flameen durante la virada, la vela también comenzará a virar homogéneamente de arriba

TEORÍA Y PRÁCTICA DE LAS VELAS

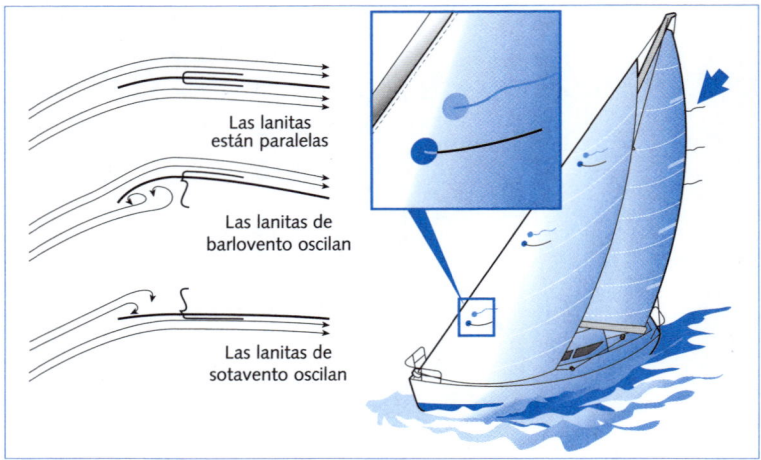

Fig. 147 Los catavientos de nylon o las lanitas que muestran el flujo laminar en la vela tienen una longitud de unos 10 cm y deben colocarse unos 20 ó 30 cm por detrás del grátil, repartidos a una distancia del 25% de la longitud de la vela. A menudo se mueven delante de una pequeña ventana para poder ver su comportamiento desde cualquier ángulo y suelen ser rojas en el lado de babor y verdes en el lado de estribor. Los catavientos de la mayor se colocan en el área superior de la vela y se fijan a la baluma, donde indican la torsión.

abajo a lo largo de todo el borde de ataque. En este caso, el escotero está bien colocado.

Los catavientos (fig. 147) son los mejores medios de trimado para determinar la posición del escotero: si los catavientos superiores comienzan a flamear antes que los inferiores, el escotero está demasiado a popa. El área superior de la vela de proa únicamente debería recibir el viento por ambos lados unas décimas de segundo antes que el área inferior. En este caso, se adelanta el escotero para bajar el puño de escota (fig. 148a), se aumenta la tensión del grátil y se corrige el ángulo de incidencia de la vela. Sin embargo, si son los catavientos inferiores los primeros que comienzan a flamear y la parte inferior de la vela es la primera en virar, hay que colocar el escotero más a popa (b). De esta forma se reduce la tensión en la baluma, se eleva el puño de escota y se genera más torsión.

VELAS DE PROA GEOMÉTRICAS

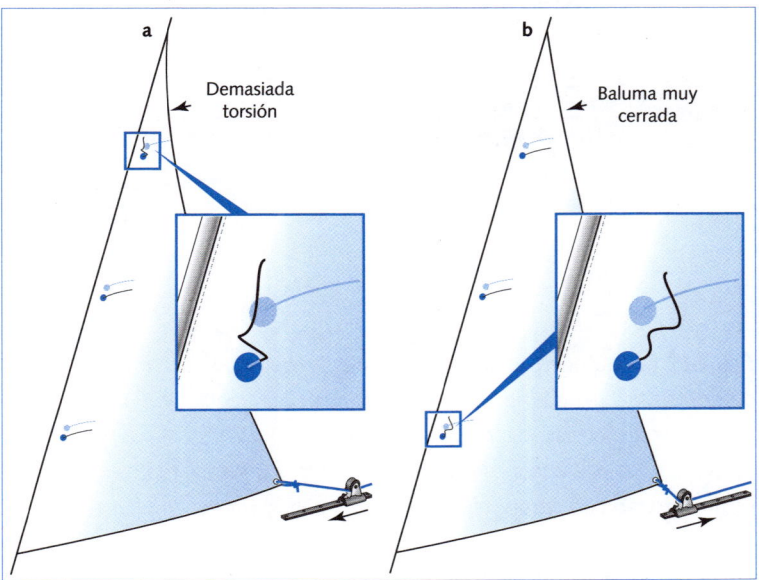

Fig. 148 Cuando la lanita superior es la primera que comienza a volar (a) la torsión en las partes superiores es muy grande, porque allí la vela comienza a flamear primero. El escotero debe moverse hacia delante para aumentar la tensión en la baluma. Si la lanita inferior es la primera en oscilar (b), la vela no tiene suficiente torsión. El escotero debe desplazarse a popa. De esta forma también reducimos la convexidad en el área del pujamen y la tensión hacia abajo de la baluma.

En resumen, mover el escotero hacia delante proporciona más fuerza vélica gracias al aumento de la convexidad en el área del pujamen y menos torsión en la vela. Desplazar el escotero hacia popa reduce la fuerza vélica, aplana el área del pujamen y aumenta la torsión.

Una regla básica es la siguiente: mueva el escotero 10 ó 20 cm hacia popa desde su posición normal cuando cace la escota en caso de que el viento arrecie. Desplace el escotero unos 5 cm hacia proa cuando navegue con las escotas filadas con ventolinas (fig. 149).

En rumbos portantes el escotero debe seguir el camino del puño de escota. Si el carril está situado muy hacia el interior, debe emplearse un barber colocado en la regala medio metro más hacia delante (dependiendo

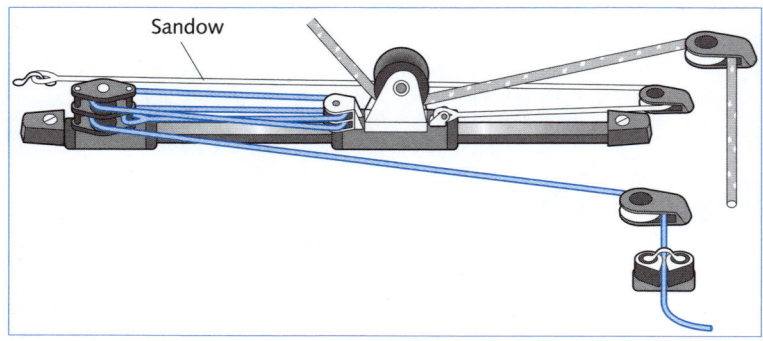

Fig. 149 Puesto que a cada vela le corresponde una posición de escotero determinada, puede emplearse un carril con patín regulable. Para que el patín pueda moverse a proa o a popa en navegación, y así adaptar el escotero a las diferentes condiciones de viento y a los diferentes rumbos, está equipado con un aparejo de poleas y cabos que se emplea como dispositivo de trimado y que se maneja desde la bañera. Los modelos más modernos emplean un sandow de goma que adelanta el escotero cuando se fila el cabo de trimado. De esta forma, sólo se emplea un cabo tanto para llevar el patín a popa como a proa.

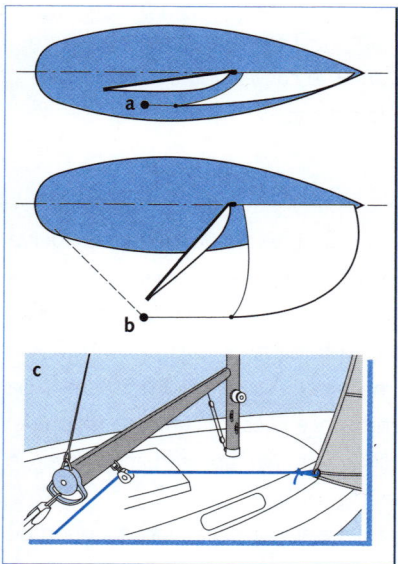

Fig. 150 En los rumbos a barlovento, la posición correcta del escotero está encima de la cubierta (a). Sin embargo, en los rumbos hacia sotavento (largos y popas) uno quisiera llevarlo lo más afuera posible (b). Normalmente, esto sólo es posible mediante un barber montado en la regala, cerca de popa. Según la fórmula IOR, la botavara podía emplearse como escotero (c) para trimar un génova debidamente en rumbos portantes. Cuando se navega de crucero puede emplearse este sistema en vez de un barber.

VELAS DE PROA GEOMÉTRICAS

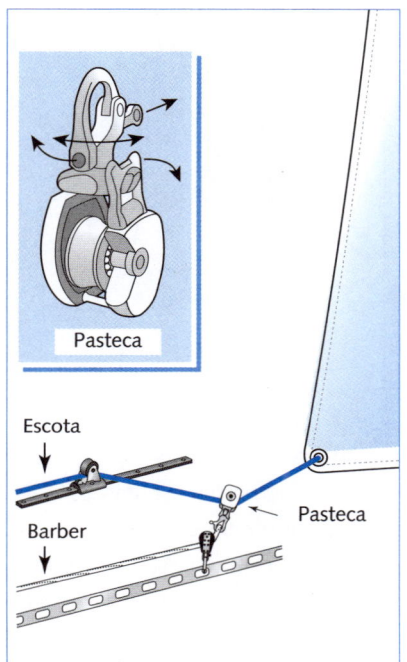

Fig. 151 Con un barber, que pueda montarse en diferentes posiciones de la relinga, se desplaza el ángulo de actuación de la escota tanto hacia fuera como hacia dentro y hacia delante. Para ello debe emplearse una pasteca con un cabo que se trima desde la bañera.

del tamaño del barco). Para ello se monta una pasteca (fig. 151) en la escota dirigida hacia una polea de reenvío colocada en uno de los agujeros de la regala. Desde aquí se lleva el cabo a la bañera. Si se caza el barber con la escota suelta, puede trabajarse con un "escotero" adicional. Asimismo, también puede emplearse otra escota montada en la regala y reenviada directamente a la bañera.

Cuando el viento de a bordo baja de intensidad en rumbos portantes, se carga muy poco la vela de proa. Si se ha trimado correctamente la escota, las partes superiores comenzarán a flamear y los catavientos inferiores estarán caídos la mayor parte del tiempo. Para colocar el escotero en la posición debida, uno debe orientarse en los catavientos centrales. En rumbos portantes, también deben moverse correctamente los catavientos.

Con la tensión del estay de proa se cambia la forma del perfil de la vela de proa y se determina simultáneamente su convexidad detrás del grátil. Para que la vela de proa mantenga una forma óptima tal y como la ha diseñado el fabricante de velas, el estay proel siempre

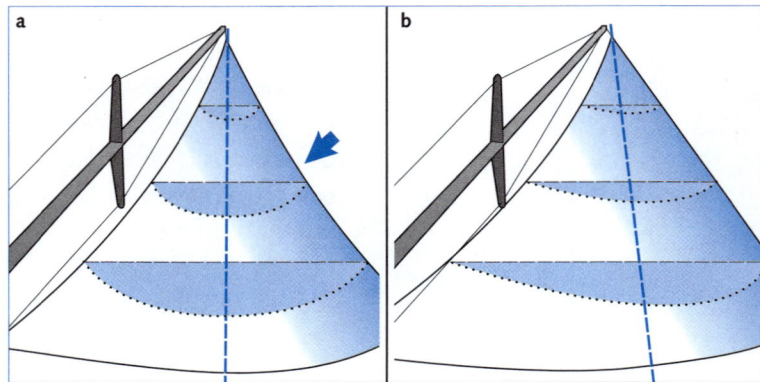

Fig. 152 La flexión del estay de proa se reconoce navegando, especialmente en un rumbo de ceñida con fuerza 4/5 (a), porque la vela embolsa más y la bolsa se ha desplazado hacia la baluma. Entonces, en un barco con aparejo a tope de palo hay que ir a proa, comprobar la flexión, ponerse en un rumbo portante, tensar el estay y volver a navegar de ceñida. Este procedimiento debe repetirse hasta que se haya eliminado la bolsa (b) y se haya aplanado la vela.

debe estar bien cazado. En este caso, la vela tiene un trimado plano en el área anterior (fig. 152); la bolsa está en el extremo del primer tercio y la vela puede trabajar en rumbos de ceñida con un ángulo de incidencia reducido.

Un estay proel suelto o poco tensado tiene consecuencias desfavorables para la convexidad de la vela. Mucha flexión aumenta la convexidad, lo que provoca un borde del ángulo de incidencia con más alunamiento, aumenta el embolsamiento y genera más fuerza vélica. Este trimado es deseado en ventolinas y con viento medio, cuando se prefiere que el barco escore un poco y se busca más velocidad. Sin embargo, cuando el barco rápido empieza a escorar y no puede ceñir debidamente, hay que intentar reducir la flexión del estay.

En los barcos con aparejo a tope de palo puede aumentarse la tensión del estay proel tensando el estay popel. Para ello existen muchos dispositivos auxiliares (fig. 85), que ya he descrito en el capítulo "La vela mayor". Para realizar un trimado más preciso, pueden emplearse marcas que indiquen hasta qué punto puede trimarse el estay popel para alcanzar

VELAS DE PROA GEOMÉTRICAS

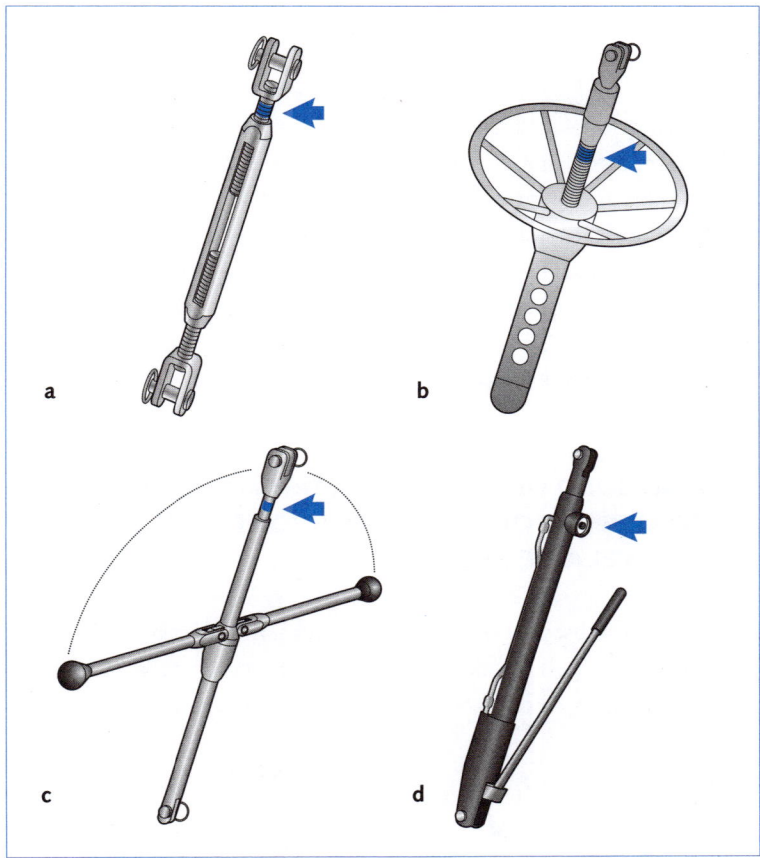

Fig. 153 La tensión del estay popel en los barcos con aparejo a tope de palo se marca de diferente forma según el sistema de trimado: en el caso de los aparejos que tensan patas de gallo en dirección a la cubierta, puede emplearse cinta adhesiva de diferentes colores colocada en el cabo del aparejo. Si estas marcas se colocan en el cable del estay popel, la posición no queda marcada con tanta precisión. En el caso de tensores simples (a) y los distintos tensores de rueda (b, c) la tensión máxima (permitida) sólo puede marcarse colocando cintas adhesivas alrededor de la rosca. El área de trimado se encuentra por debajo de la marca. Si se pasa de esta posición (la mayoría de las veces esta tensión es indicada por el astillero), podrían producirse deformaciones del casco y averías en el aparejo. Los más cómodos son los tensores hidráulicos (en yates más grandes, d) con un manómetro incorporado en el que puede leerse la tensión del estay de popa.

TEORÍA Y PRÁCTICA DE LAS VELAS

la tensión deseada. En los estays popeles con pata de gallo puede marcarse el recorrido que deben realizar las poleas en dirección a la cubierta o al balcón de popa. En el caso de un tensor giratorio, uno debe memorizar el número de vueltas (fig. 153).

En barcos con aparejos fraccionados y crucetas rectas, la tensión correcta de los obenques superiores y, especialmente, el uso de burdas puede reducir la flexión del estay proel. En los aparejos fraccionados con crucetas retrasadas la tensión del estay proel viene dada por la tensión de los obenques. En navegación es difícil cambiar su reglaje. En los barcos con aparejo a tope de palo, sin tensor en el estay popel, no puede modificarse la tensión del estay proel durante la navegación.

■ EL ÁNGULO DE ACTUACIÓN DE LA ESCOTA INFLUYE EN TODAS LAS POSICIONES DE TRABAJO DE LA VELA DE PROA

El trimado de la escota no sólo depende del aumento o la reducción de la velocidad del viento y del tipo de mar reinante en cada ocasión. En caso de duda, en rumbos portantes debe filarse la escota del génova

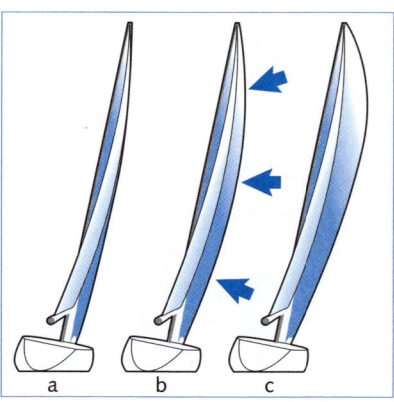

Fig. 154 En la figura 94 del capítulo "La vela mayor" se explicó el significado de baluma abierta y baluma cerrada. En una vela de proa se cierra demasiado la baluma (a) cuando el escotero está demasiado avanzado. Por el contrario, si el escotero está en una posición demasiado retrasada, la baluma se abre demasiado (c). Desde una

posición a popa (actualmente la posición del timonel en los barcos de serie) es desde donde mejor se aprecia si la baluma de la vela de proa sigue armónicamente la curva del embolsamiento de la vela mayor (b) y si está trimada correctamente con el escotero en el punto adecuado.

VELAS DE PROA GEOMÉTRICAS

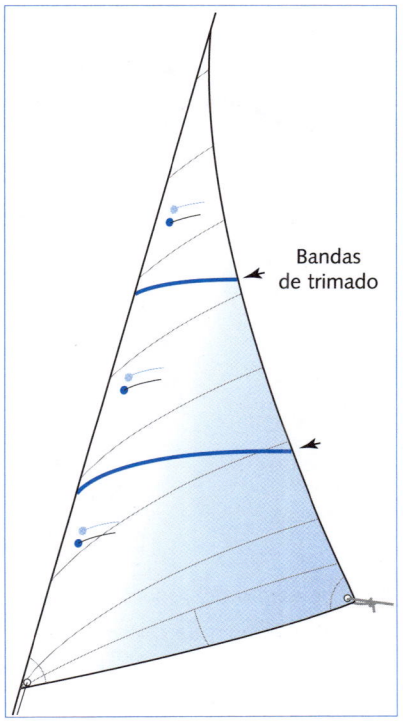

Fig. 155 *Las bandas de trimado de color que van del grátil a la baluma y que suelen correr paralelas al pujamen ayudan a determinar claramente el perfil elaborado por el fabricante de las velas. El recorrido del flujo de aire puede observarse en los catavientos.*

tanto como sea posible. File hasta que la vela comience a flamear. Vaya soltando la escota lentamente hasta que los catavientos centrales miren hacia popa (fig. 158). Si los catavientos cuelgan hacia abajo o si bailan a sotavento, la vela está mal trimada.

En vientos racheados y de empopada, hay que llevar la escota del génova en la mano para poder filarla en cada racha. Por el contrario, cuando ha pasado la racha debe volver a cazarse el génova en correspondencia. Si un barco lleva demasiada superficie vélica y escora mucho, puede filarse la escota hasta que la vela flamee, con lo que escapa la potencia excesiva.

En rumbos de ceñida, la regla básica nos dice que hay que trimar la vela lo más cerca posible del aparejo sin que el barco pierda mucha velocidad. Cuanto más se caza la escota, más se ciñe, pero entonces el barco no navegará con su mejor velocidad hacia barlovento. El trimado hacia el interior de la vela de proa depende de la velocidad del viento y de la velocidad a la que navega el barco. Y si se prefiere, ceñir o correr.

TEORÍA Y PRÁCTICA DE LAS VELAS

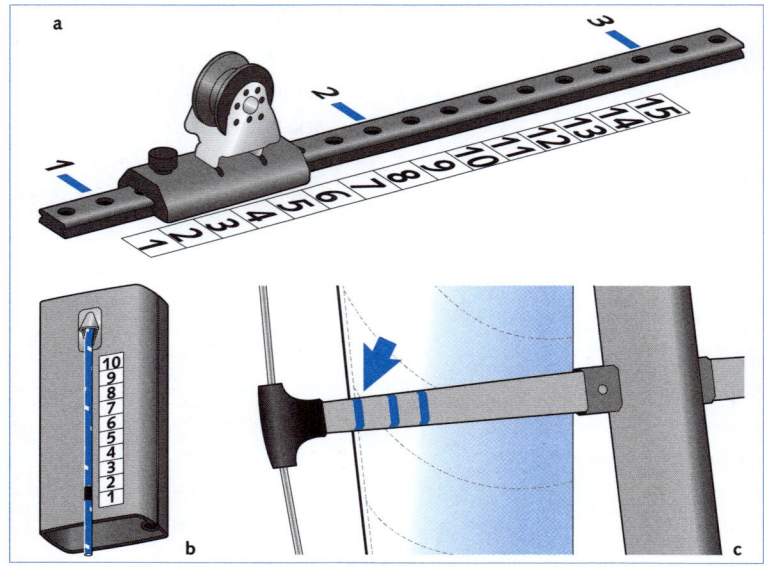

Fig. 156 *Para saber la posición del carro de escota del génova se trazan marcas junto al carril (a), por ejemplo, simples marcas de color con cifras en la parte interior, para trimar las velas más pequeñas, y una escala numérica en la parte exterior para trimar el génova más grande. Partiendo de la posición estándar (en este caso 9) se numeran los agujeros en los que se fija el escotero hacia popa (1) y hacia proa (15). Las marcas pueden hacerse con pintura fluorescente directamente sobre cubierta o bien puede fijarse una escala adhesiva. La tensión de las drizas debe marcarse en el punto en el que salen del palo o bien delante de la mordaza (b). La cinta adhesiva alrededor del cabo se emplea para determinar las tres posiciones de trimado estándar. Una escala numérica detallada a tope de palo es algo exclusivo de los regatistas. El punto hasta el que puede cazarse la baluma de un foque I sin solapamiento puede marcarse con cinta adhesiva de diferente color en la cruceta superior. Estas marcas son visibles desde cubierta, ya que la separación entre ellas es de un dedo (c). En el caso de la vela mayor, la posición del pajarín puede marcarse con cinta adhesiva o con una escala numérica en el extremo de la botavara. La posición base del pajarín es cazado con baluma (1) y luego se va marcando una escala en cm (5 ó 10) hasta tener la vela muy embolsada.*

VELAS DE PROA GEOMÉTRICAS

Con mucho viento puede cazarse más la vela sin que el barco pierda velocidad manteniendo el ángulo de ceñida. Con poco viento, el mismo trimado es erróneo y el barco responderá perdiendo velocidad. En rumbos de ceñida siempre hay que tener en cuenta que primero debe conseguirse velocidad y después ángulo de ceñida. Es decir, acercarse al viento sin tener las escotas totalmente cazadas y, cuando el barco arranca, ir cazando lentamente la escota hasta que se alcanza la velocidad óptima con el máximo ángulo de ceñida posible.

Un buen indicativo del trimado, cuando se llevan velas de proa solapadas, es su distancia hasta la cruceta superior. Esta distancia debe ser estudiada por la tripulación para cada condición de viento y mar. En el caso de velas de proa no solapadas deberán colocarse los catavientos a diferente altura en posición horizontal con respecto a la baluma. Cuando se trima la vela por dentro de la cruceta, pueden emplearse la baluma vertical y las bandas de trimado horizontales (fig. 155) como medios de trimado auxiliares.

Naturalmente, la longitud y la posición de las crucetas, la posición de los carriles de la escota del génova, la manga y la forma del casco determinan el trimado ideal de una vela de proa. En barcos puramente de regata, la escota del génova puede cazarse más hacia dentro que en cómodos barcos de crucero. Sin embargo, las tripulaciones de ambos

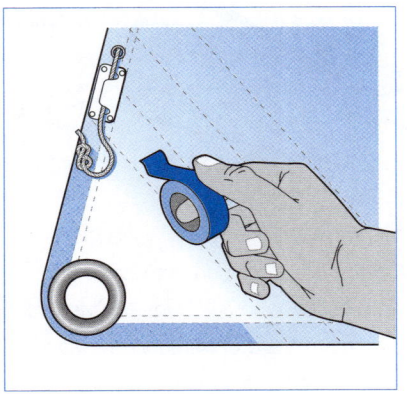

Fig. 157 *Si la baluma de una vela flamea violenta y constantemente (algo que no sólo se ve, sino que también se escucha), se dobla hacia barlovento y se cierra, lo que produce efectos negativos si no se hace nada para evitarlo. Para ello, en la baluma se ha integrado un cabo batidor que sale cerca del puño de escota y que en estos casos puede tensarse con cuidado hasta que se ha logrado evitar el flameo. La pequeña mordaza se cubre con cinta aislante resistente al agua para que la vela no se enganche en este punto cuando roza los obenques al virar.*

TEORÍA Y PRÁCTICA DE LAS VELAS

tipos de barcos deberían memorizar y marcar en la jarcia fija o móvil los trimados óptimos (fig. 156).

Si la baluma de la vela de proa flamea demasiado, de forma que se modifica negativamente el perfil aerodinámico, debe cazarse el batidor de baluma (fig. 157). El batidor de baluma es un cabo de poca mena fijado a la tabla de grátil que transcurre a lo largo de un ribete cosido en la baluma y que sale hacia la altura del puño de escota. Se emplea para cazar la baluma, especialmente en el caso de velas viejas, soportando la arista de salida de la vela. Se modifica mediante una pequeña mordaza fijada a la vela. Es conveniente fijar el chicote del cabo con cinta adhesiva.

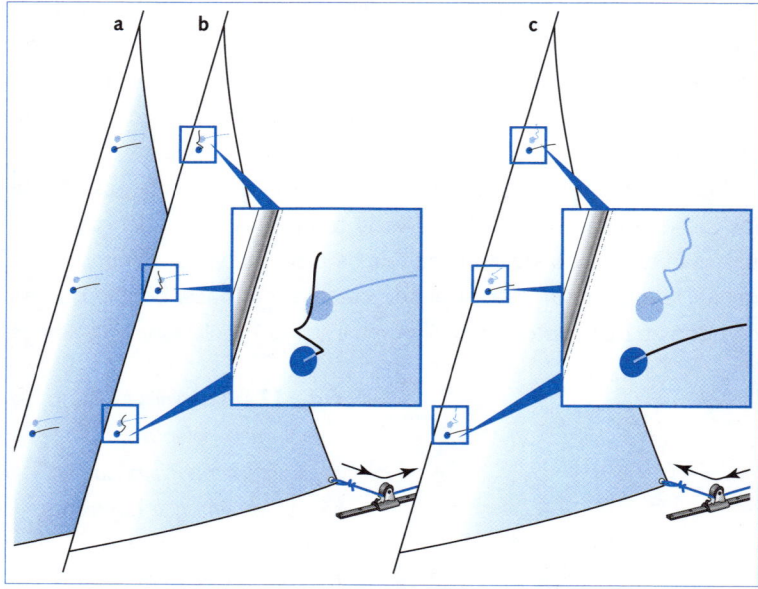

Fig. 158 *Los catavientos ayudan a mantener un ángulo de incidencia óptimo cuando las velas de proa están trimadas debidamente en ceñida: en este caso todos los catavientos miran hacia popa (a). Si los catavientos de barlovento bailan hacia arriba, el timonel navega demasiado orzado y debería arribar (b). Si los catavientos de sotavento bailan hacia el grátil el timonel debe orzar. En un rumbo portante se corrigen las indicaciones de los catavientos con la escota del génova: cace usted la escota (o arribe) si se elevan los catavientos de barlovento, file la escota (u orce) si se elevan los catavientos de sotavento (c).*

VELAS DE PROA GEOMÉTRICAS

Los catavientos ayudan especialmente a determinar la posición correcta del escotero (del patín) en rumbos de ceñida. Sin embargo, también pueden emplearse para reconocer en rumbos portantes cuánto hay que filar la escota y cuánto puede cazarse (fig. 158). En un rumbo de ceñida óptimo, la vela de proa ofrece su máxima potencia y el escotero está debidamente ajustado cuando los catavientos a ambos lados de la vela miran hacia atrás. Cuando los catavientos de sotavento bailan o flamean, el barco ha arribado demasiado y debe orzarse para volver al rumbo óptimo. Si se elevan o flamean los catavientos interiores (a barlovento), el timonel debe arribar, siempre y cuando la escora no aumente demasiado.

Hasta fuerza 4/5, los catavientos de barlovento de la vela siempre deben moverse, elevarse ligeramente a unos 45° de su posición horizontal, y mirar hacia popa. Es una señal de que se navega en la mejor ceñida posible. Cuando sube el viento, el barco escora y el timonel debe corregir constantemente la tendencia a orzar del barco, los catavientos miran hacia arriba y permanecen en esta posición temblando como plumas. Es una señal para el timonel de que puede ceñir al máximo sin considerar los catavientos para reducir la escora y la fuerza del timón. Entonces, prima la navegación segura.

En resumen:

• si los catavientos de barlovento bailan, debe arribarse o cazarse la escota o bien desplazar el escotero hacia popa.

• si los catavientos de sotavento bailan, debe orzarse o filarse la escota o bien desplazar el escotero hacia proa.

■ LA TRINQUETILLA CON BOTAVARA SE HA CONVERTIDO EN UN FOQUE AUTOVIRANTE

Hace más de cien años que la trinquetilla con botavara forma parte del plano vélico de los barcos, porque era la vela ideal para ganar barlovento en canales de navegación estrechos cuando los veleros no llevaban motor (fig. 159). El timonel podía barloventear durante horas sin maniobrar con las escotas (y sin un marinero proel) allí donde era necesario virar constantemente. Este principio se ha mantenido hasta nuestros días: sólo ha cambiado el nombre, puesto que gracias al empleo de materiales modernos, como dacron, espectra o kevlar, las cargas de la escota del génova pueden traspasarse directamente al carril mediante una chapa de trimado en el

TEORÍA Y PRÁCTICA DE LAS VELAS

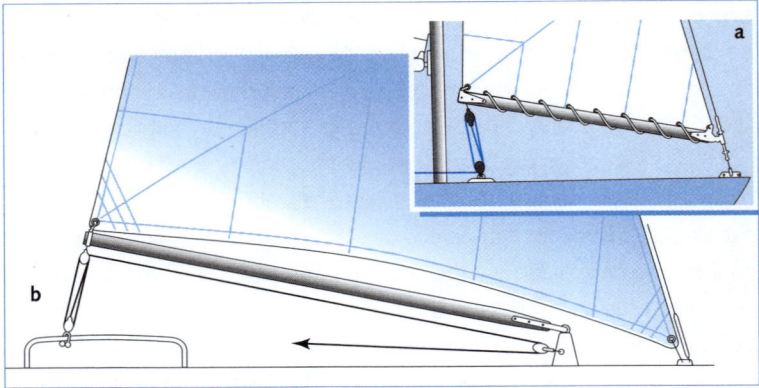

Fig. 159 Antiguamente, la trinquetilla iba aparejada sobre una percha fijada cerca del estay proel y que giraba libremente (a). Posteriormente se empleó una percha más corta, con la que se atangonaba el pujamen suelto sobre un soporte en el que también se fijaba la polea de reenvío para la escota del foque, que se guiaba mediante el pie de gallo con un aparejo. El pie de gallo sigue empleándose en la actualidad para guiar la escota de un foque autovirante.

puño de escota (fig. 160). En vez del pie de gallo que se empleaba antiguamente (fig. 161), en la actualidad se emplea un carro delante del palo de escota en el que el foque autovirante puede virar solo de un lado a otro, tal y como indica su nombre.

El foque autovirante, con un LP del 95%, tiene casi la medida de un foque I y una superficie de casi el 65% del génova más grande. Sus prestaciones aerodinámicas corresponden a las del génova III, mucho mayor. Puede estar diseñado como foque enrollable o como foque tradicional con un sable forzado en la parte superior, con lo que se obtiene un perfil mayor y más rendimiento. En el puño de escota hay una guía perforada, recta o curvada, que sigue un ligero ángulo con respecto al pujamen y en la que se fija la escota. Asimismo, se emplea como chapa de trimado para la vela: con ventolinas se fija la escota en el ollao superior (fig. 161) para que pueda efectuar más tensión hacia abajo y la vela de proa pueda generar más fuerza vélica con la baluma cerrada. Con viento fuerte se toma el ollao inferior para aplanar la vela en el área del pujamen y para evitar la escora abriendo la parte superior de la baluma. En las chapas perforadas hori-

VELAS DE PROA GEOMÉTRICAS

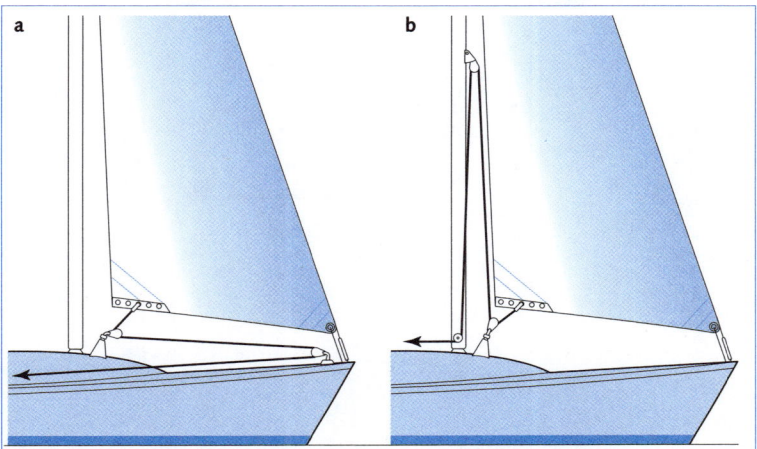

Fig. 160 *El desarrollo de materiales para la fabricación de velas que son especialmente estables a la forma eliminó la percha en los foques autovirantes que, en proporción a su superficie vélica, generan un gran avance gracias a su forma estrecha. La escota puede reenviarse a la bañera desde un pie de gallo o un carril con carro mediante una polea a proa (a). Si a proa no hubiera sitio (por haberse colocado una escotilla, el molinete del ancla y otros herrajes), puede reenviarse la escota del foque a una polea de reenvío fijada en el palo a unos 2 metros de altura y, desde allí, a otra polea colocada en el pie del palo.*

zontales se fija la escota en el ollao delantero cuando se navega de ceñida y en el ollao trasero cuando se hace en rumbos portantes (fig. 160). Antiguamente, la polea de la escota del foque fijada a una anilla patinaba lateralmente a lo largo de un pie de gallo, mientras que la escota era reenviada a la bañera por la cubierta. Si a proa faltaba espacio, se realizaba el reenvío a lo largo del palo. Actualmente, se emplean carriles muy sofisticados montados sobre soportes y, a menudo curvados, con un ángulo de cazado favorable con respecto a la vela, sobre los que se desplazan unos carros muy caros (fig. 162).

No hace falta tanta sofisticación, ya que un carril recto (similar al pie de gallo empleado antiguamente y montado sobre una cubierta inclinada) es completamente suficiente. Cuando una vela, cazada por un lado del barco y trimada para un viento determinado, vira automáticamente, queda un

TEORÍA Y PRÁCTICA DE LAS VELAS

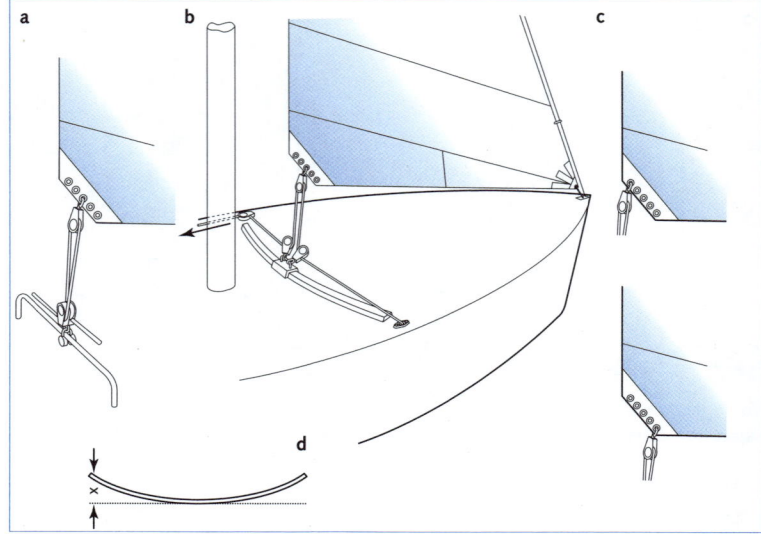

Fig. 161 Los foques autovirantes modernos pueden emplearse con mucha mayor comodidad: en vez del carril, vuelve a emplearse el pie de gallo. Si se emplea una polea doble que guíe la escota desde un extremo fijo en un lado del barco hacia arriba, a la chapa agujereada en el puño de escota, y desde allí hacia abajo y hacia el otro lado, desde donde se guía el cabo hacia la bañera (a), la longitud de la escota ajustada no varía. Si se emplea un carril arqueado, el carro se equipa con dos poleas individuales fijadas una al lado de la otra para conseguir el mismo efecto (b). Una posibilidad de trimado adicional la ofrece la chapa agujereada en el puño de escota. Por regla general, la escota se fija en el ollao central. Con ventolinas se coloca en el ollao superior (c). En este caso la vela tiene más embolsamiento y la baluma se tensa y cierra. Con mucho viento se fija en el ollao inferior para aplanar la vela y abrir la baluma y, así, permitir que se escape el exceso de viento. Mientras que con el carril curvado el puño de escota siempre está cazado con la misma tensión (d) (y el carro puede atascarse ligeramente durante la virada), la escota autovirante con pie de gallo (a) queda algo suelta cuando se cambia de amura. En este caso, la polea de la escota pasa de golpe al otro lado y la escota vuelve a quedar trimada según la posición original. La distancia x entre los extremos del pie de gallo y del carril (de aprox. 5 a 10 cm, fig. d)

VELAS DE PROA GEOMÉTRICAS

que facilita el paso del aro de la escota en el caso de un pie de gallo cediendo un poco durante un momento, puede aprovecharse en beneficio del pujamen correspondientemente prolongado (y con ello, de toda la superficie vélica).

poco suelta, ya que debe pasar por el centro. Y los carros con cojinetes o bolas ayudan a pasar la vela al lado nuevo sin problemas gracias a la presión de la misma vela.

También puede emplearse un aparejo de un cabo de dyneema o kevlar con poleas ligeras entre el puño de escota y el carro para facilitar el paso de la vela sin modificar la longitud de la escota. Este costoso tipo de cabo sin estiramiento, combinado con un aparejo, absorbe mejor la fuerza de la escota y hace innecesario cazarla en viajes largos.

Las velas enrollables que se rizan y guardan en sentido del grátil no sólo son un equipamiento estándar en los barcos de crucero. También las tripulaciones de los barcos de regata enrollan sus delicadas velas laminadas, que no deben doblarse, alrededor de un estay proel,

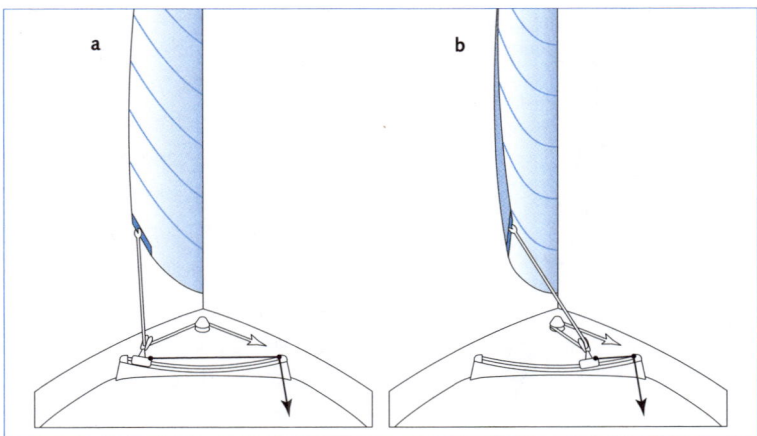

Fig. 162 Si se emplea la escota con un carril sofisticado y un carro móvil que pueda ajustarse, el foque autovirante puede aplanarse como cualquier otra vela para vientos fuertes (a) y embolsarse para ventolinas y rumbos portantes (b). Si la chapa perforada es horizontal, además puede cambiarse el punto de fijación de la escota: con mucho viento hacia delante y en rumbos portantes más a popa.

desde donde pueden desplegarse y guardarse con seguridad. Los regatistas prefieren perfiles con dos canales de relinga, para que durante la competición puedan cambiarse las velas (a veces muy a menudo) por velas de otro tamaño y/o gramaje.

Los enrolladores se encuentran actualmente en casi todos los barcos: en barcos de crucero se suele izar un génova II de un tejido fuerte en un perfil con un solo canal de relinga y se suele dejar izado durante toda la temporada, empleándose para todos los rumbos (fig. 163). Si se le cosen paños de refuerzo en la zona del grátil puede rizarse tranquilamente, porque mantiene su forma adecuada desde el punto de vista técnico si, al mismo tiempo, se puede desplazar el escotero para adaptarlo a la nueva posición del puño de escota. Asimismo, en todo el mundo se han impuesto los barcos con estays dobles aparejados uno detrás del otro (fig. 165). Este segundo estay se monta entre un 5 y un 8% por debajo del tope del

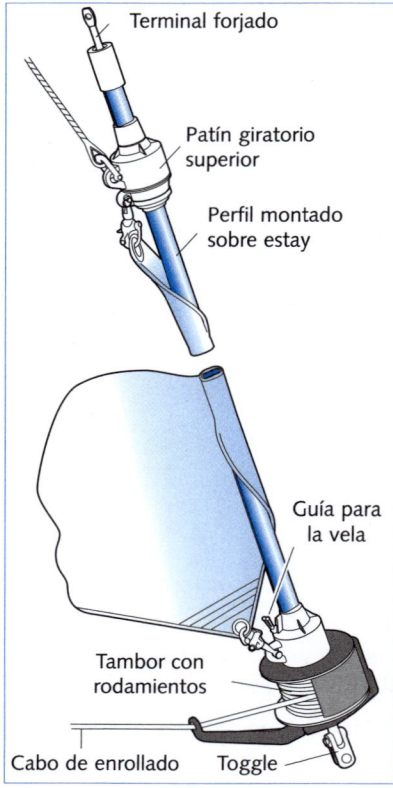

Fig. 163 Una vela enrollable se fija en un patín y se relinga por un perfil en el interior del cual se encuentra el estay de proa, que puede ser de cable o de varilla (rod). Si el estay no está debidamente tensado, una flexión muy elevada de todo el conjunto, que ahora pesa más debido al patín superior, los perfiles y sus herrajes y el tambor, pueden producirse unas vibraciones muy dañinas y provocar un desgaste prematuro del material.

VELAS DE PROA GEOMÉTRICAS

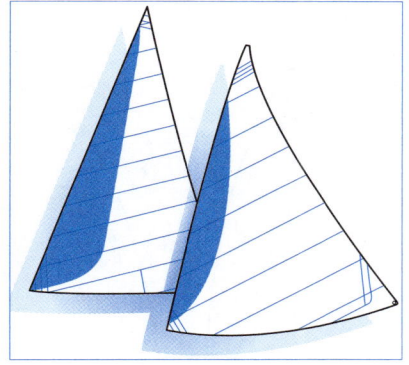

Fig. 164 En vez de unos herrajes mecánicos para aplanar la bolsa de la vela al enrollarla, también pueden emplearse dos capas de paño cosidas en el grátil. Su forma y posición dependen del perfil y de la sección de los tubos de enrollamiento. Puesto que armonizar la vela y el enrollador es difícil, ambos deberían comprarse al mismo fabricante.

Fig. 165 El primer aparejo con dos estays y dos enrolladores colocados a una distancia de 70 cm se montó en 1981 sobre mi barco llamado Cormorán, en un palo con enrollado de 13 m. En el estay exterior he aparejado una vela de 40 m^2 que puede abrirse hasta 80 m^2 (booster), que empleo en todos los rumbos, ya que puede utilizarse como génova cuando las dos capas están en el mismo lado. En el estay proel he aparejado un génova enrollable de 35 m^2. El cabo de amura de la vela asimétrica de la figura adjunta se ha fijado en un pequeño bauprés que también sirve para soportar dos anclas.

palo (donde es sujetado con seguridad por el estay de popa) y a un 10% de distancia del arraigo del estay exterior. En el estay exterior se iza un génova I ligero para vientos entre Beaufort 4 y 5 o un foque doble *(booster)* que puede desplegarse en rumbos portantes (fig. 68). Y en el estay interior se enverga una vela mucho más robusta, que también pueda rizarse gra-

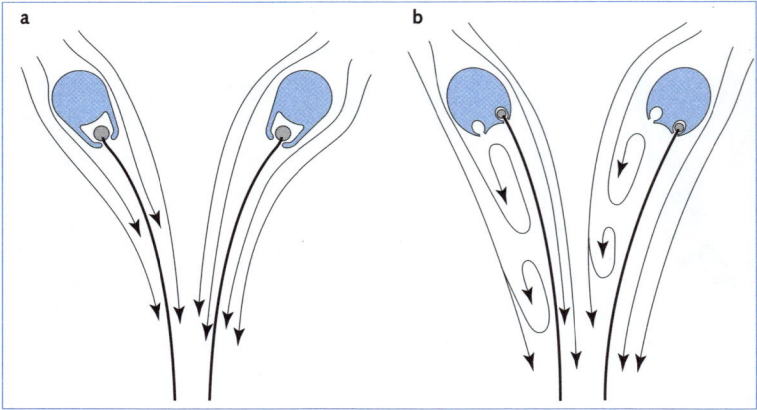

Fig. 166 Un perfil con un solo canal central presenta un flujo óptimo en cada amura (a). Todos los perfiles con dos canales de relinga tienen aerodinámicamente un lado bueno y un lado malo (b). Por tanto, un barco puede ceñir más en un bordo que en el otro.

dualmente, al tamaño de un génova II o III y que se desenrolle con vientos entre Beaufort 5 y 6 en todos los rumbos portantes y de ceñida.

Con viento fuerte la ventaja de esta disposición es que el centro vélico de la vela de proa se desplaza a popa y se acerca al centro vélico de la vela enrollada (fig. 54), con lo que se mejoran considerablemente las propiedades de navegación con mal tiempo.

Los cruceros que también participan con éxito en regatas suelen llevar perfil de estay con dos canales de relinga (fig. 166) para izar la vela que se ha elegido en función del viento del día o para cambiar una vela que todavía trabaja por otra vela más adecuada. También pueden envergarse dos velas idénticas como, por ejemplo, un génova I ligero y otro pesado para navegar como si se llevara envergado un *booster*.

Los génovas enrollables dan más seguridad a una tripulación reducida (matrimonio o familia) porque puede desenrollarse, rizarse y enrollarse desde la bañera. También tienen la ventaja inestimable de que la superficie vélica puede adaptarse de inmediato a los cambios de las condiciones meteorológicas de mar y viento. Asimismo es importante considerar el espacio libre a proa que deja una vela enrollada cuando se realizan maniobras en puerto o en el fondeadero. Asimismo, el espacio de estiba

VELAS DE PROA GEOMÉTRICAS

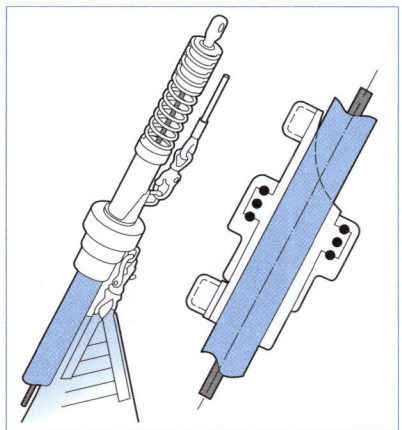

Fig. 167 Esta figura muestra la parte superior de un enrollador cuyos perfiles se han montado sobre jarcia de varilla (rod). El patín de la driza lleva un rodamiento triple para facilitar su uso.

que ocupaban varios génovas y foques a proa puede aprovecharse para otros usos (aumento de habitabilidad). El peso adicional (a tope del palo) de un sistema de enrollado puede obviarse. Para evitar la flexión del estay de proa causado por los perfiles y sus herrajes, y para mantener las ventajas del borde de ataque perfilado de una instalación en constante vibración, no sólo por el viento, sino también a causa de los movimientos de las olas (fig. 168), el estay proel que se encuentra en el interior del perfil debe tensarse lo máximo posible en relación a toda la jarcia. En algunos enrolladores, en la parte interior del tambor de enrollado se ha montado un tensor para compensar el estiramiento del cable que se produce en navegación. Sin embargo, en aparejos fraccionados (con sólo un par de crucetas) no podrá evitarse el uso de burdas para dominar la flexión. Si el estay proel en el interior de los perfiles es de varilla *(rod)* se evita el estiramiento de la jarcia de labor.

Cuando se selecciona un enrollador (nuevo) para la vela de proa, no sólo hay que tener en cuenta el diámetro más pequeño del perfil y el mínimo peso (para navegar más rápido), lo más importante es que el patín superior funcione debidamente (fig. 167) y que pueda moverse, aunque la driza esté muy cazada y que el arraigo a proa esté equipado con un togle debidamente dimensionado, ya que debe soportar el movimiento de los perfiles. Asimismo, es importante que el cabo del enrollador entre y salga sin problemas del tambor, lo que también depende de que la primera polea de guía en el candelero esté bien colocada. Mientras que antiguamente sólo se reforzaba la vela con varias capas de tejido a lo largo

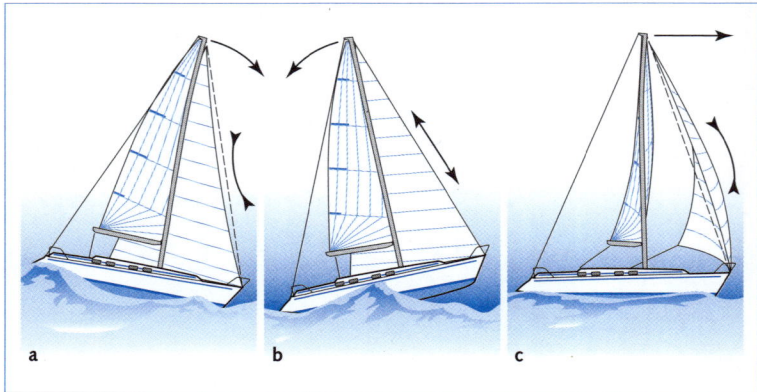

Fig. 168 La flexión de un estay proel no sólo se debe a la presión del viento, sino también a los movimientos del barco producidos por las olas: en un rumbo de ceñida con mar formada, el estay flexa en el seno de la ola (a) y se tensa extremadamente en la cresta (b). En un rumbo con vientos portantes se producen condiciones similares (c), aunque en este caso no tienen un efecto tan nocivo como en un rumbo a barlovento.

del grátil (fig. 164) para aplanar el perfil y alisar la bolsa al enrollar la vela, en la actualidad también se emplean con el mismo fin dispositivos mecánicos en la parte superior de la vela, por debajo del patín de driza, y en la parte inferior, por encima del tambor. También puede emplearse un sistema combinado.

Si se emplean velas enrollables, el escotero debe poder adaptarse desde la bañera a los diferentes niveles de rizado (fig. 169) del génova. Por tanto, el carro de escota debe moverse continuamente hacia delante para mantener el ángulo de tracción adecuado de la escota a medida que el puño de escota se va elevando al reducirse la superficie vélica.

Los génovas enrollables se fabrican con una banda de protección solar en la baluma, de un paño resistente a los rayos UV para proteger la vela enrollada de los efectos del sol y de la intemperie. En caso de que el barco no se mueva en mucho tiempo, recomendamos el uso de un calcetín que llegue al tope izado con una driza y cerrado con una cremallera. Las velas de regata muy delicadas se desenvergan y se enrollan en cubierta o se guardan en su correspondiente bolsa cuando se ha acabado la regata.

VELAS DE PROA GEOMÉTRICAS

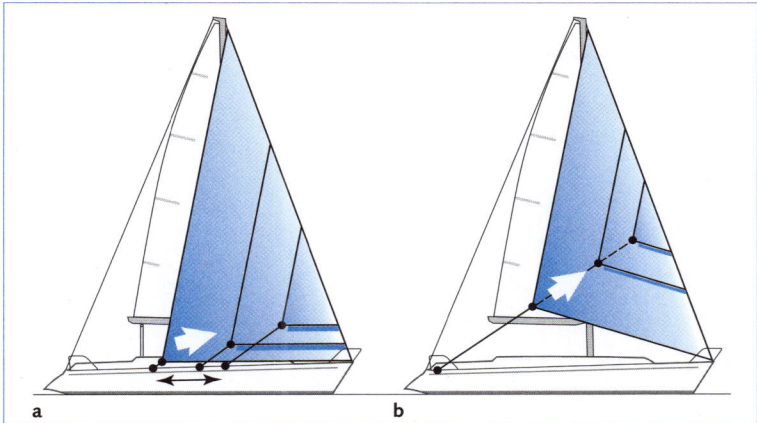

Fig. 169 Los génovas para enrollador se fabrican generalmente con un puño de escota bajo (a). Esto limita la visión hacia delante y la posición del escotero debe moverse hacia proa mientras se va rizando la vela. Sin embargo, aunque la vela esté totalmente enrollada, el puño de escota se mantiene en una posición alcanzable y la escota puede desmontarse en puerto para procurar más espacio a proa. Sin embargo, si el mayor génova está diseñado con un puño de escota elevado (b) el timonel siempre tiene una visión clara hacia delante y una sola posición del escotero sirve para todas las posiciones de rizado. No obstante, esta posición está muy a popa y la escota sólo puede desmontarse cuando la vela está medio enrollada. En ambos ejemplos el ángulo de tracción de la escota es el correcto.

8
Velas de proa asimétricas: código cero, gennaker, blister

Las velas de proa como el foque o el génova tienen un corte geométrico y sus dimensiones y superficies tienen formas matemáticas. Sólo el spi tenía una posición especial como vela de proa para rumbos portantes, gracias a su forma esférica. En la actualidad, a estas formas básicas de nuestra gama de velas hay que añadir un corte novedoso de dos mitades no uniformes: la vela de proa asimétrica (no me gusta llamarlo spi asimétrico porque es claramente diferente de un spi simétrico).

Mientras que en un spi usual la baluma y el grátil son intercambiables, en un spi asimétrico se diferencian claramente: el grátil siempre es el grátil y es más largo que la baluma. Se fija a proa del barco. En el puño de escota de la baluma se fijan las escotas (como en un génova). La forma del perfil de la vela no es semicircular en toda su extensión, como en un spi tradicional, sino asimétrica. La baluma tiene un diseño más redondo, el grátil es más recto y el máximo embolsamiento de la vela se encuentra en la parte posterior, mientras que la bolsa se va aplanando hacia el grátil (fig. 170).

La forma y la superficie de una vela de proa asimétrica quedan limitadas por las medidas de un génova I (fig. 47) y de un spi, pero dentro de estos límites puede jugarse creativamente (fig. 171). Las medidas importantes son el grátil, la baluma, el pujamen y la anchura en la mitad de la vela (fig. 196) así como la medida LP, que depende de la J, la medida de la base del triángulo de proa (fig. 46). Así, por ejemplo, un código cero tiene una medida LP de 140-160% de la J, es decir, es más pequeño de lo permitido. Asimismo, en la mitad también tiene una anchura de sólo el 55% (distancia entre el centro del grátil y el centro de la baluma con relación al pujamen) y se ha diseñado como vela 3DL para rumbos de través y de bolina. Con una anchura media del 65%, un código cero puede emplearse con ángulos entre 40° y 90° con respecto al viento de a bordo. Con una anchura del 75% la vela tiene un perfil demasiado embolsado para navegar a menos de 45° con respecto al viento aparente, pero todavía sigue siendo eficaz a 120°.

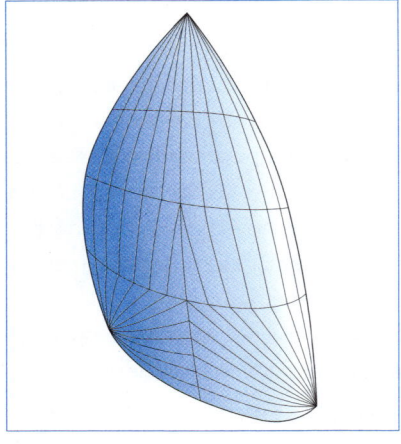

Fig. 170 En una vela de proa asimétrica la baluma es más corta que el grátil y su función está claramente diferenciada: el grátil siempre actúa como arista de ataque del viento y la baluma como arista de salida. Hay muchos tipos de velas de proa asimétricas como, por ejemplo, gennaker, blister, código cero o incluso el código uno. El uso con respecto a la velocidad del viento y el ángulo de incidencia con respecto al viento de a bordo dependen del diseño de la vela, el embolsamiento y el gramaje del paño empleado. Los barcos de regata llevan un gran número de velas asimétricas de diferentes medidas que se adaptan a los diferentes rumbos y condiciones de viento. Muchos de estos barcos llevan los asimétricos sobre un enrollador, lo que permite un uso rápido.

Los barcos de crucero suelen llevar un sólo asimétrico, un blister con embolsamiento, que se iza de empopada en vez del spi y se suele emplear con un calcetín de spi. Sin embargo, cada vez se ven más barcos que emplean un gennaker de corte más plano que, si el material está correctamente dimensionado y el grátil bien tensado, puede emplearse hasta con 25° del viento aparente y con vientos que pueden llegar a fuerza 4 ó de 13 nudos.

VELAS DE PROA ASIMÉTRICAS: CÓDIGO CERO, GENNAKER, BLISTER

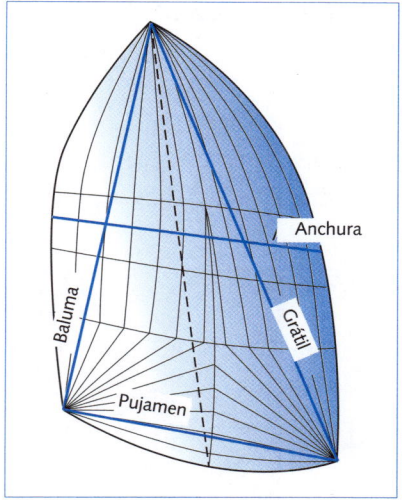

Fig. 171 Las medidas autorizadas de una vela de proa asimétrica vienen dadas por las dimensiones correspondientes del spi tradicional: el grátil según el SLU (spinnaker luff), la baluma según el SLE (spinnaker leech), el pujamen según el SF (spinnaker foot) y la anchura en el centro de la vela según el SMG (spinnaker mid girth lenght). Las velas de proa asimétricas sólo suelen emplear una anchura del 55% (respecto de la anchura autorizada de los spis simétricos) para rumbos de través y de bolina y del 75% para rumbos portantes.

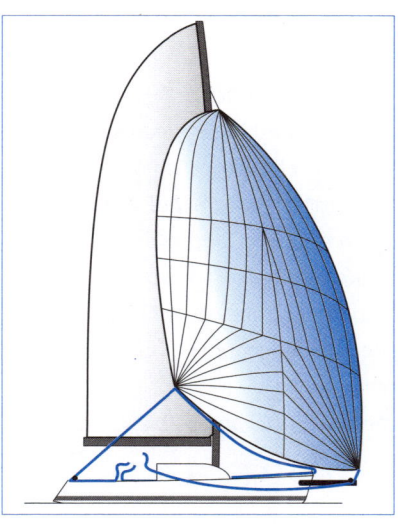

Fig. 172 El grátil de una vela de proa asimétrica no suele sobrepasar el 95% de la medida del estay proel. Se fija a un cabo de amura en un botalón de un metro de longitud. El puño de amura puede regularse en altura para realizar un trimado óptimo dependiendo del rumbo. La escota se lleva a una polea colocada lo más a popa posible y se trima desde la bañera.

TEORÍA Y PRÁCTICA DE LAS VELAS

■ LAS VELAS DE PROA ASIMÉTRICAS SE MIDEN COMO LOS SPIS

Gracias a su fácil manejo, las velas de proa asimétricas son superiores a los spis tradicionales especialmente en rumbos portantes, pero también pueden emplearse (dependiendo de su diseño) en rumbos de través o

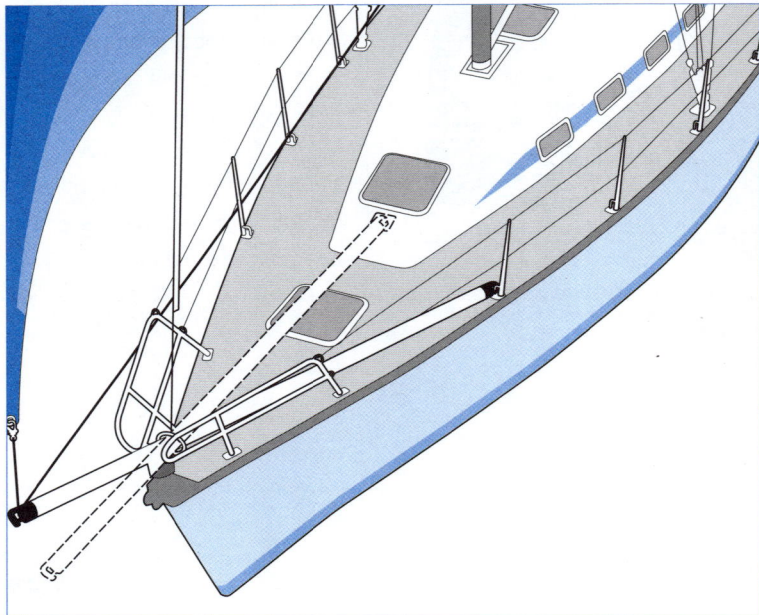

Fig. 173 Para que la vela de proa asimétrica reciba un flujo de aire óptimo en todos los rumbos y para que en portantes pueda separarse del abrigo del viento causado por la mayor, el puño de amura del asimétrico se suele fijar a un tangón extraíble (justamente, para poder fijar el puño de amura con facilidad). Para montar el tangón, teniendo en cuenta la fuerza que deberá realizar, se emplea un aro de acero inoxidable que se atornilla o suelda en un lugar resistente a proa. Por este aro se pasa el botalón, que debe sobresalir aproximadamente un metro de la proa, y por el otro extremo se fija a un dispositivo de bloqueo colocado en el centro de la proa. El tangón también puede fijarse a uno de los soportes del candelero.

VELAS DE PROA ASIMÉTRICAS: CÓDIGO CERO, GENNAKER, BLISTER

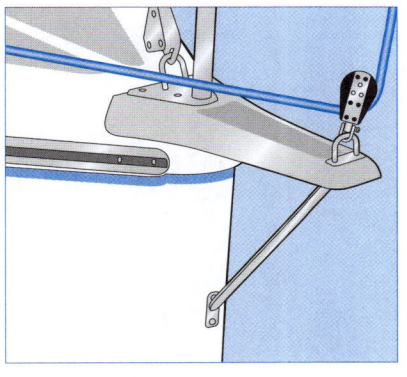

Fig. 174 Muchos yates vienen con botalones especiales montados de serie que salen de debajo de la cubierta por la amura del barco y que pueden extraerse y guardarse fácilmente mediante el empleo de aparejos. En otros casos, para fijar la polea por la que pasa un cabo que va directo al puño de amura de la vela de proa asimétrica, se emplea una puntera reforzada con una varilla de acero inoxidable montada al casco.

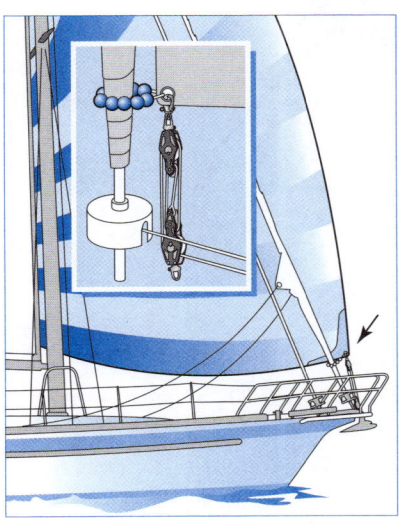

Fig. 175 Si el barco está equipado con un bauprés (transitable) que puede medir hasta un metro, hacer de escalón para bajar del barco e incluso soportar el ancla lista para usar, su extremo representa el mejor punto para fijar el cabo del puño de amura. De lo contrario, también puede montarse en la roldana del ancla, por encima de la roda, siempre y cuando esté a una distancia prudencial del arraigo del estay de proa. Un aro con bolas alrededor del génova enrollado (o un manguito de paño o plástico alrededor de un estay bien tensado) reparte las fuerzas de la vela por todo el aparejo y evita que el spi se mueva a sotavento, ya que ahora está fijado por dos puntos.

incluso de bolina. Su ventaja es que se miden según las medidas básicas de un spi simétrico y que permiten emplear una superficie vélica mayor que la del génova más grande.

TEORÍA Y PRÁCTICA DE LAS VELAS

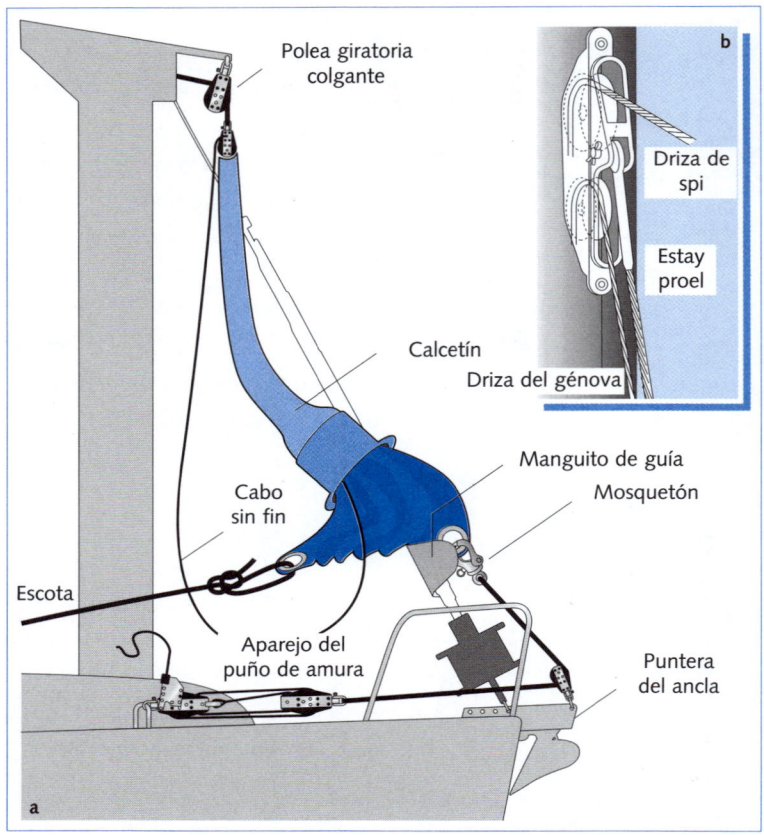

Fig. 176 *Todas las velas asimétricas (ya sean gennakers o blisters —análogamente a la denominación de los diferentes tipos de spi— con la clásica coletilla, crucero, regata, etc.) deberán izarse mediante una driza que pase por una polea giratoria colgante montada delante del estay proel en un herraje saliente a tope de palo. La driza se reenvía a la bañera como el resto de drizas (a). La ventaja de esta disposición móvil es que cuando el puño de driza oscila lateralmente, la driza, que en caso contrario se hubiera montado sobre una roldana (b), no está sometida a un rozamiento peligroso y el puño de driza no puede atascarse entre el palo y el estay proel (o liarse si está insertado en un calcetín). El gennaker y el blister deben montarse por delante del estay proel (en ningún caso en el interior del triángulo de proa) y el puño de amura se monta a proa (o en un botalón o bauprés), de tal forma que se mueva libremente. En este caso, el puño de amura se monta en el cabo fijo*

VELAS DE PROA ASIMÉTRICAS: CÓDIGO CERO, GENNAKER, BLISTER

de un aparejo capaz de absorber las cargas de trabajo de la vela y que, a su vez, sea fácil de manejar. El cabo montado en el puño de amura debe ser tan largo que pueda filarse como mínimo hasta un metro por encima de cubierta. Es conveniente que el otro extremo del aparejo llegue a la bañera, desde donde puede usarse para modificar la tensión del grátil (si es necesario, empleando un winche). En su caso, es suficiente con que el aparejo llegue hasta un herraje sobre la cubierta de proa (detrás del molinete del ancla) y que el cabo se reenvíe a lo largo del palo o de los obenques, hacia popa. Para unir el aparejo y la vela debe emplearse un mosquetón con un cabito en el perno a fin de que pueda abrirse con rapidez bajo tensión.

Hasta ahora he empleado muy poco la denominación "blister", "gennaker" y "código cero" porque sólo son determinados tipos de velas asimétricas y en adelante sólo hablaré, dentro de lo posible, de asimétricos. El gennaker, palabra compuesta de génova y spinaker, es originariamente el nombre de una marca de North Sails; el blister se acerca idealmente más a un spi simétrico de crucero, y bajo código cero o código uno los regatistas entienden formas especiales de velas asimétricas, tal y como ya he explicado anteriormente.

Dependiendo de su diseño, material y tipo de fabricación, así como de la fuerza del viento, las velas asimétricas pueden emplearse en todos los rumbos con respecto al viento. Si son planos como un génova (gennaker) pueden emplearse para navegar de bolina, cuando son más simétricos y redondos, como un spi tradicional, para rumbos de través y portantes (blister). Los que sólo quieran emplear una vela para todos los rumbos deben encargar al velero un asimétrico multiusos, también denominado blister. Claro que con dos asimétricos intercambiables se navega mejor en rumbos de bolina y a un largo. Independientemente de su diseño, con las velas asimétricas se navega con mayor velocidad de bolina cuando hay poco viento.

El uso de los asimétricos se vuelve problemático en barcos de crucero (los usuales barcos de desplazamiento) que naveguen con un viento de entre 10 y 14 nudos a más de 135° con respecto al viento aparente, porque la mayor cubre la vela asimétrica, que se encuentra en el mismo lado que la primera.

Una vela asimétrica con el puño de amura fijado a un botalón y con el grátil volante por delante del estay proel puede pasarse, en estos casos, a barlovento y atangonarse con el tangón del spi. Puesto que, a su vez, uno

TEORÍA Y PRÁCTICA DE LAS VELAS

puede soltar cabo de amura desde la bañera, entonces esta vela asimétrica realizará el mismo trabajo que un spi convencional.

Los veleros suelen confeccionar velas de proa asimétricas de tres tipos diferentes: pequeñas, como un génova, para rumbos de bolina y través con ventolinas; en una versión todo uso con una superficie vélica máxima para rumbos portantes; y también como vela todo uso pero de un diseño más pequeño y más plano. Esta vela puede emplearse hasta unos 15 nudos en rumbos de bolina, desarrolla su máxima potencia en largos y aguanta debidamente en rumbos de popa en cualquier condición. En la figura 67 he comparado el valor útil de una vela asimétrica (blister) y el de un spi tradicional en rumbos portantes.

La maniobra de una vela de proa asimétrica incluye la driza del spi, que pasa por una polea colgada a tope del palo, un aparejo montado

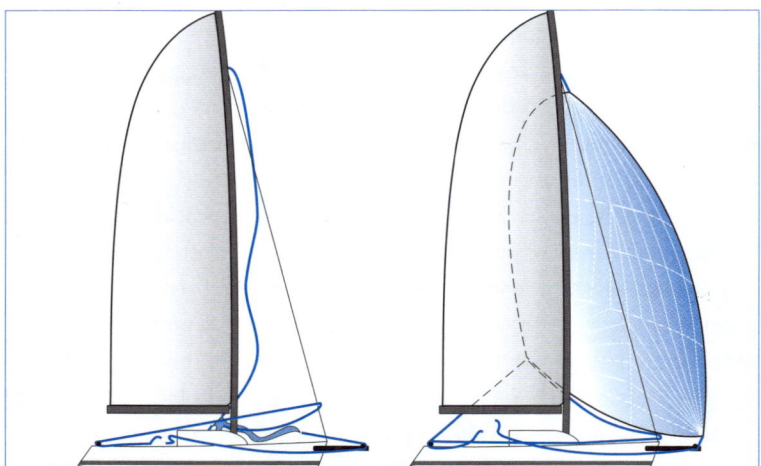

Fig. 177 *El mejor rumbo para izar una vela de proa asimétrica es cuando se navega a un largo. De esta forma se trabaja bajo la protección de la mayor. Para ello, se coloca el saco con la vela a proa y se asegura al pasamanos. Una vez que el puño de amura se ha colocado en el botalón fuera del ámbito de influencia del estay de proa, se pasan las dos escotas por fuera del estay hacia las poleas situadas a popa, tanto a estribor como a babor. Seguidamente, se monta la driza por delante del palo. Hay que izar el asimétrico con rapidez. Lo más cómodo y seguro es utilizar un calcetín, como se hace para el spi tradicional.*

VELAS DE PROA ASIMÉTRICAS: CÓDIGO CERO, GENNAKER, BLISTER

en el puño de amura, con una desmultiplicación considerable que pueda aceptar las cargas del grátil cuando el viento empieza a subir, reenviado a la bañera para que el cabo pueda fijarse en una cornamusa o en una mordaza, y dos escotas (cuyas medidas deben doblar la eslora total del barco) que pasen respectivamente por una polea montada lo más a popa posible y desde donde se reenvían a la bañera para que puedan usarse sobre los winches de las escotas (fig. 177).

Para mejorar las prestaciones a vela del barco en rumbos portantes, puede emplearse un tangón de spi que se trima con una braza usual y en cuyo extremo se monta el puño de amura del asimétrico en rumbos portantes. Puede ser muy útil una cargadera adicional para fijar óptimamente el puño de amura.

A un largo es el mejor rumbo para izar un asimétrico (fig. 177), ya que la vela mayor protege durante los trabajos preparativos a proa. Para ello, se coloca el saco con la vela a proa y se fija al pasamanos. Luego se montan las escotas en el puño de escota y se pasa la escota de barlovento por fuera del estay proel, de los obenques, a lo largo del tronconil, hacia la bañera. Seguidamente, se monta el puño de amura en el cabo de amura filado un buen metro en el punto más externo de la proa, en un bauprés (figs. 173-175) o en la puntera del ancla. Asegúrese de que el cabo del aparejo del puño de amura reenviado a la bañera no se líe con la escota.

Entonces se monta la driza de spi (fig. 176). Esta driza debe mantenerse por fuera del triángulo de proa y, si es posible, no debe pasar por el interior del palo, justo por encima del arraigo del estay de proa, donde podría estar sometida a rozamiento debido al movimiento pendular de la vela, sino en una polea colgada a tope de palo. Seguidamente, el cabo del puño de amura se fija a la mordaza o a la cornamusa a la distancia correspondiente. La escota de sotavento se caza hasta que toque los obenques y se prepara en un winche antes de izar con rapidez el asimétrico. Una vez el spi está arriba y se ha fijado la driza, puede trimarse la escota de sotavento.

El izado del espi asimétrico se realiza con mayor facilidad si se emplea un calcetín (fig. 179). El cabo para elevar el calcetín una vez izada la vela se suele reenviar a un herraje montado en el palo. Sin embargo, cada vez se emplean más las velas de proa asimétricas enrollables. Estas velas se colocan enrolladas sobre cubierta. El puño de amura está engrilletado en un enrollador con forma de plato (fig. 180). Seguidamente, se iza con la driza del spi y, una vez la vela está debidamente colocada, se desenrolla

TEORÍA Y PRÁCTICA DE LAS VELAS

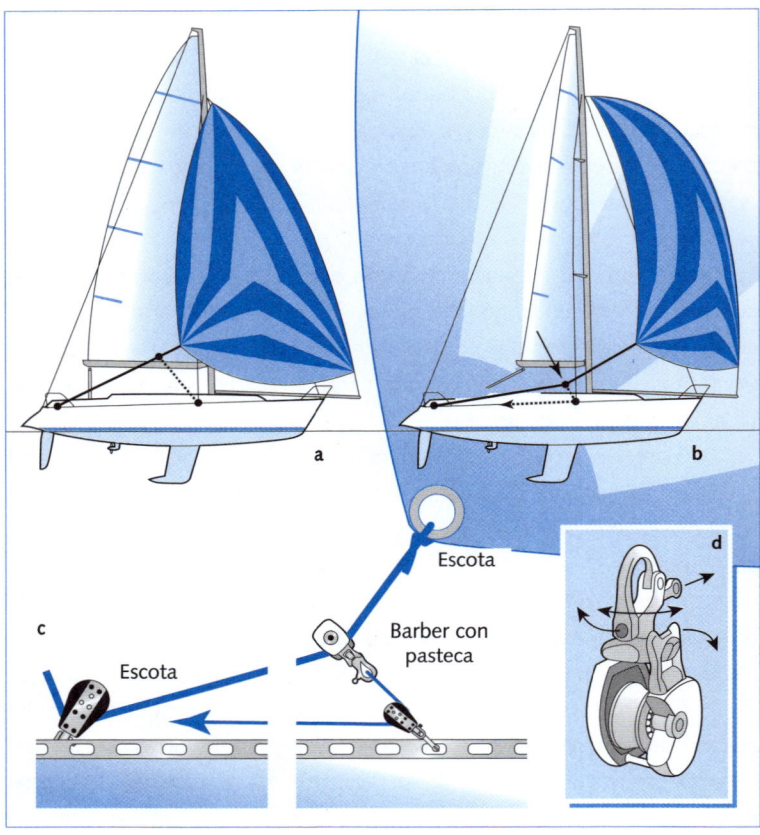

Fig. 178 El barber o barber hauler es un cabo de trimado resistente (b) en cuyo extremo hay una polea de gran diámetro con rodamientos (una pasteca, d) que se coloca entre el puño de escota y la polea de reenvío de la escota (c). Se emplea para modificar el ángulo de tracción de la escota. Se monta sobre una polea fijada a la regala o a cubierta, a la altura de los obenques, y se reenvía a la bañera. Una vez allí, el cabo se bloquea en una mordaza dispuesta especialmente para ello. En el caso de una vela asimétrica, el barber no se emplea cuando se navega de bolina o al través, porque la polea dispuesta a popa mantiene la vela plana y abierta por arriba, tal y como es conveniente en este rumbo. Sin embargo, en rumbos portantes sí que se caza con fuerza el barber para bajar el puño de escota, cerrar la baluma y dar a la vela una forma más esférica (b, c).

VELAS DE PROA ASIMÉTRICAS: CÓDIGO CERO, GENNAKER, BLISTER

con rapidez tirando de la escota (y filando el cabo del enrollador). Cuando se ha terminado de usar, esta vela grande y ligera se vuelve a enrollar con facilidad, se desmonta y se estiba bajo cubierta. Sin embargo, para enrollar y sujetar con firmeza la vela mientras se enrolla con viento fuerte hay que emplear un winche (fig. 181).

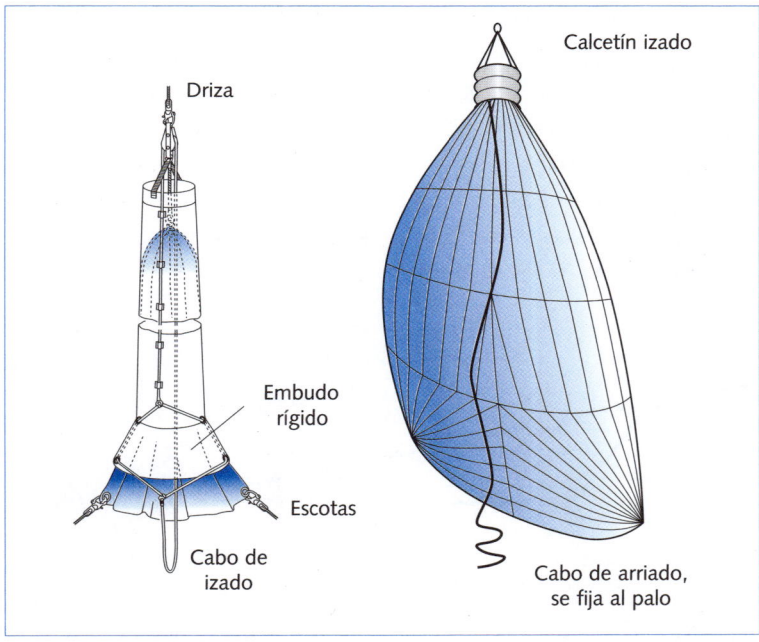

Fig. 179 *Un calcetín de blister o de spi es un tubo de tela permeable al aire con unas medidas que se adaptan a la altura del palo o al estay proel y que está equipado con un distanciador. La driza del spi se monta en el aro superior del calcetín. En el extremo inferior se coloca un embudo rígido que es elevado mediante dos cabos ubicados en un canal interior del calcetín para que no pueda atascarse en la vela. Al izar la vela asimétrica dentro del calcetín, un cabo sin fin va desde el embudo que está abajo hasta el borde superior, pasando por dentro del calcetín; desde allí, sale al exterior y baja a cubierta a lo largo del palo. Para desplegar la vela se tira con rapidez del embudo hasta la polea de salida de la driza y se fija el cabo correspondiente en un lugar asequible en el palo, desde donde pueda soltarse con rapidez cuando se quiera arriar la vela.*

TEORÍA Y PRÁCTICA DE LAS VELAS

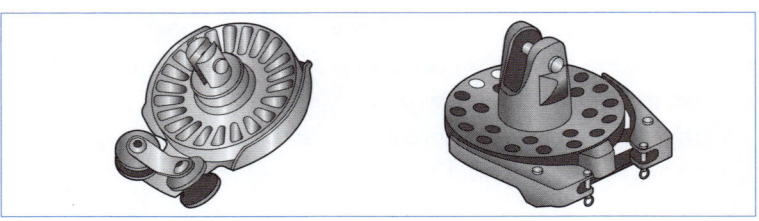

Fig. 180 Los enrolladores con forma de plato para velas de proa asimétricas volantes han sustituido al calcetín, especialmente en los barcos de regata, por su facilidad de empleo. Se usan con cabos sin fin y permiten engritellar con rapidez el puño de amura en el herraje correspondiente. Asimismo, impiden que el cabo del enrollador se atasque inesperadamente, como puede suceder con los enrolladores de tambor usuales. El puño de driza de la vela se monta sobre un grillete de altas prestaciones. Los nuevos enrolladores de gennaker se emplean para velas asimétricas entre 20 y 400 m².

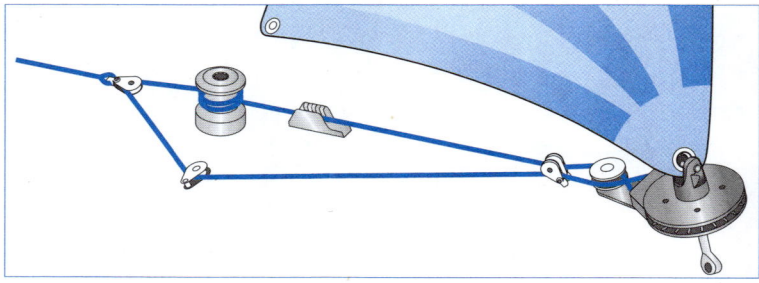

Fig. 181 Las grandes superficies de las velas de proa asimétricas que se enrollan y desenrollan con enrolladores en forma de plato, guiados por un cabo no pueden manejarse libremente con la mano. El cabo sin fin debe pasar primero por un winche y una mordaza que hay que bloquear cuando se está empleando la vela en navegación. También hay que bloquear el segundo cabo porque falta la tracción de la escota cuando (por ejemplo al trasluchar) la vela asimétrica flamea hacia delante como una gran bandera. La figura muestra un montaje eficaz.

Una vez que el barco se encuentra en el rumbo portante adecuado, después de izar el spi, hay que cazar o filar la escota hasta que el grátil empieza a flamear. Seguidamente, se caza de forma que el grátil muestre

VELAS DE PROA ASIMÉTRICAS: CÓDIGO CERO, GENNAKER, BLISTER

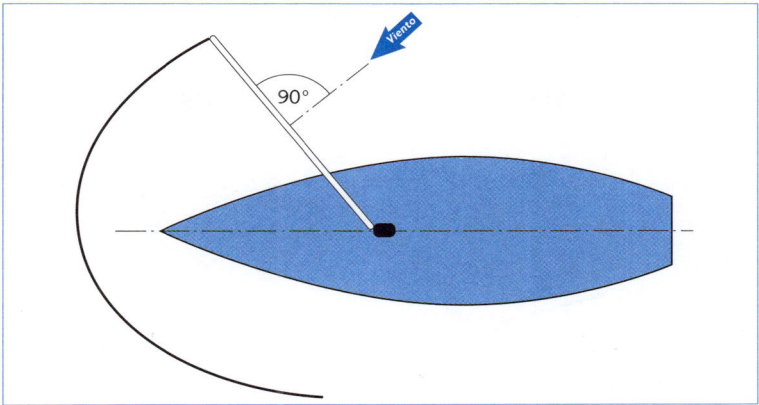

Fig. 182 *Para una vela asimétrica también puede emplearse un tangón de spi. Se monta el puño de amura en el extremo del tangón cuando éste se encuentra por encima del balcón de proa. Seguidamente, se mueve el tangón hacia popa (como en el caso de una vela simétrica) y se trima de forma que quede perpendicular al viento aparente. Cuando el puño de amura y el puño de escota están aproximadamente a la misma altura, la posición es óptima.*

un borde de ataque liso y libre de cualquier perturbación. Si de vez en cuando aparecen pequeñas ondulaciones por detrás del grátil, significa que la vela está bien trimada y que trabaja correctamente. Al igual que en todas las velas, no es correcto cazar demasiado las escotas. En caso de duda, es mejor filar un poco la escota.

En rumbos de empopada se fila el cabo del puño de amura permitiendo que la vela se eleve por encima del balcón de proa, con lo que se evita que el grátil volante se combe demasiado. De esta forma la bolsa máxima se desplaza hacia delante y se abre la baluma. Cuanto más se cace el cabo del puño de amura, acercando la vela a cubierta, más se parecerá el asimétrico a un génova y menor será el ángulo que pueda navegarse con respecto al viento (fig. 184). En rumbos portantes se va filando el cabo del puño de amura hasta que esté a la altura de la cabeza de una persona. De esta forma, la vela se separa más del pasamanos y se adapta mejor a la sombra de viento causada por la mayor hacia barlovento. En este caso, la vela de proa asimétrica adopta la forma de un spi tradicional. En su caso, también puede emplearse un tangón por cuyo extremo se pasa el cabo del puño de amura (fig. 182).

TEORÍA Y PRÁCTICA DE LAS VELAS

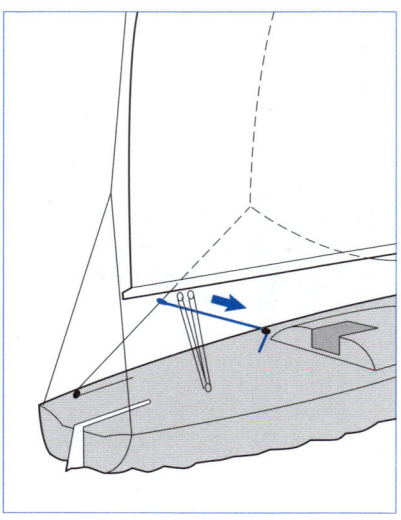

Fig. 183 Croquis de montaje de un barber para trimar una vela de proa asimétrica. Se emplea para cambiar el ángulo de tracción de la escota que trabaja.

En rumbos portantes y teniendo un ángulo de incidencia mayor con respecto al viento, puede desplazarse más hacia delante la posición de la polea de la escota para que el puño de escota no se eleve tanto y se cierre la baluma (fig. 183). De esta forma, la vela adquiere una forma más simétrica y desarrolla más potencia. El rumbo portante que finalmente se puede navegar de esta forma depende de la intensidad del viento. Cuanto más flojo sea el viento, menor será el ángulo con que podrá navegarse, incluso en rumbos portantes. El rumbo óptimo con respecto a una fuerza de viento en concreto se determina navegando con una vela bien trimada y, luego, se va arribando lentamente hasta que el puño de escota empieza a caer y la escota pierde fuerza de tracción. A continuación se vuelve a orzar hasta que la vela se hincha de nuevo y desarrolla su potencia. El ángulo de entrada del viento de la vela varía constantemente. En las rachas uno podrá navegar con mayor profundidad y, una vez haya pasado, deberá volver a orzarse, el juego eterno para navegar más rápido.

■ CAMBIAR EL LADO DEL VIENTO TRASLUCHANDO

Una vela de proa asimétrica sólo puede pasarse a la otra amura trasluchando (como con un spi tradicional). Cuando la vela porta, hay que arribar con lentitud y filar la escota de forma rápida y continua sin dar tiempo

VELAS DE PROA ASIMÉTRICAS: CÓDIGO CERO, GENNAKER, BLISTER

a que la vela se desinfle. El truco es mantener la tracción suficiente en la escota hasta que la vela flamee con el viento delante del barco y sin peligro de enredarse en el estay proel. Si no se fila la escota suficientemente antes de navegar en popa redonda, se desinflará y se liará en el estay. Una vez que el barco traslucha (con la vela por delante del estay), se suelta la escota completamente y se caza la escota nueva en el otro lado. Si el puño de amura está engrilletado en la proa, hay que trasluchar la vela por fuera del grátil (fig. 186). Si la vela está montada sobre un botalón (y alejada al máximo del estay) puede trasluchar se por dentro del grátil.

Sea cual sea el método empleado, el barco deberá pasar de un rumbo portante al otro mediante un giro lento pero continuo, y no debe pararse el movimiento del barco a mitad de la maniobra. De lo contrario, esta vela tan grande y ligera podría enrollarse alrededor del estay.

El punto crítico al cambiar de lado la vela es el paso del puño de escota por el estay. Con ventolinas, a veces es necesario que un miembro de la

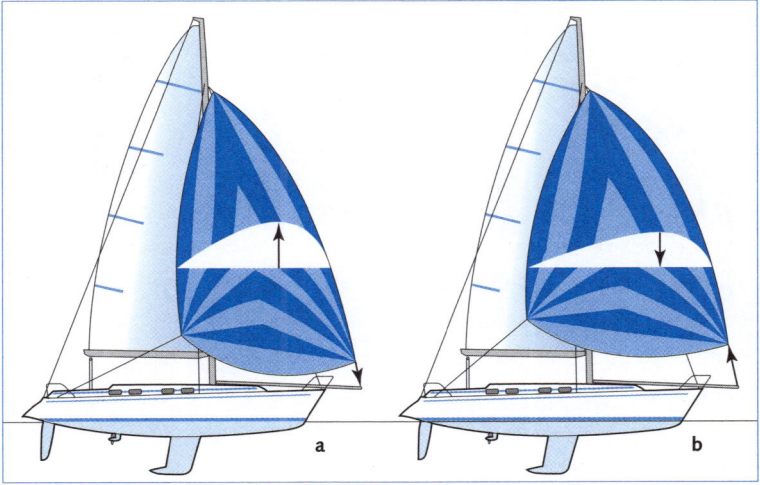

Fig. 184 Puesto que las velas de proa asimétricas se izan con el grátil volante, puede cambiarse el embolsamiento de la vela mediante el cabo engritellado en el puño de amura: si se caza el cabo lo máximo posible, acercando el puño de escota a la cubierta, se acerca el grátil a la baluma y la vela embolsa más (a). Si, por el contrario, se fila el cabo del puño de amura, éste se eleva y el grátil y la baluma se separan (b) y la vela se aplana (siempre y cuando se mantenga la misma tracción en la escota).

TEORÍA Y PRÁCTICA DE LAS VELAS

tripulación vaya hacia proa para ayudar a pasar el puño de escota con la mano.

Para arriar el asimétrico sin calcetín hay que navegar a un largo y realizar las tareas mostradas y descritas en la figura 185, si es posible, con dos personas. El arriado con calcetín puede ser realizado por una persona

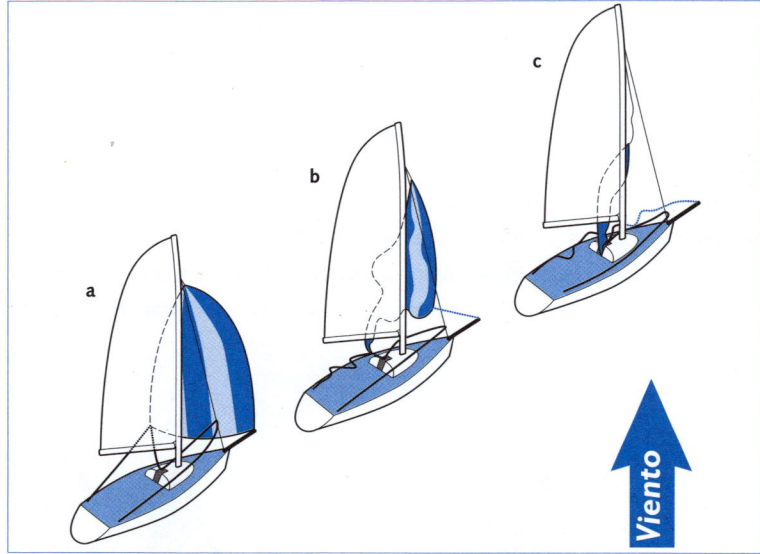

Fig. 185 Para arriar una vela de proa asimétrica hay que navegar a un largo. Seguidamente, hay que prepararse la escota de barlovento cerca del palo (a). Entonces se suelta el cabo del puño de amura, se fila la escota de sotavento y se agarra la vela a sotavento de la mayor (b) estirando la escota de barlovento. A su vez, se suelta la driza a la misma velocidad a la que estamos guardando la vela, con los brazos y las manos, metiéndola en la cabina o por la escotilla de proa (c). Guardarla luego y con orden en el saco es más fácil que recogerla en cubierta (especialmente con mucho viento).

Fig. 186 Trasluchar con el blister: las velas de proa asimétricas, como el blister o el gennaker, que se izan con el grátil volante delante del estay, sólo pueden cambiarse de amura trasluchando. De esta forma, esta vela tan grande y ligera no se queda enganchada en el aparejo y se estropea.

VELAS DE PROA ASIMÉTRICAS: CÓDIGO CERO, GENNAKER, BLISTER

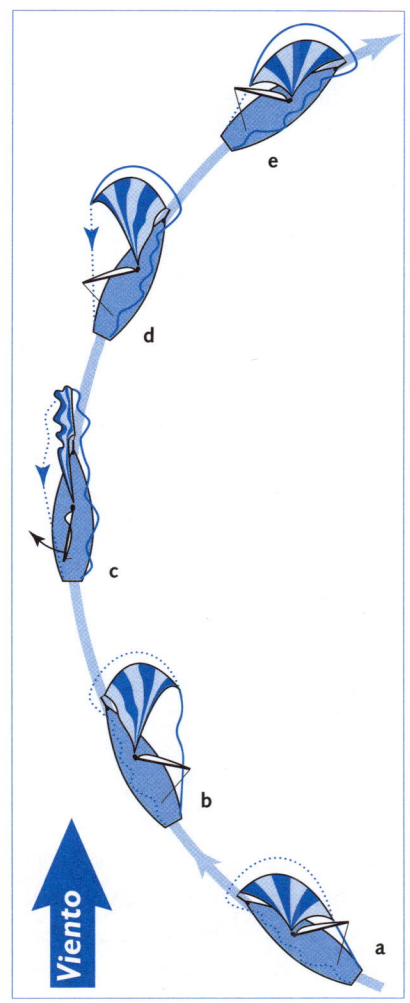

Para ello hay que emplear escotas que tengan el doble de la longitud de la eslora del barco y que alcancen desde la bañera, pasando por la polea de reenvío de barlovento montada a popa, hasta el puño de escota a sotavento, pasando por delante del estay de proa. En mi barco llevo una escota verde y la otra roja, para estribor y babor respectivamente. (Navegando en portantes, la escota de barlovento (a) va desde la polea de popa a babor hasta el puño de escota sostenido por la escota verde.) Cuando se inicia la trasluchada (b), se fila la escota verde hasta que el puño de amura vuele hasta la proa del barco. Simultáneamente hay que preparar la escota de la mayor para la maniobra. Una vez de empopada se suelta completamente la escota verde y se templa la escota roja (c). Si el viento de a bordo es suficiente, entonces el asimétrico flamea como una bandera por delante de la proa del barco y se puede pasar sin prisas la mayor de estribor a babor. Una vez en la nueva amura (d) se caza lentamente la escota roja y se va filando la escota verde. Cuando la vela esté trimada correctamente en la amura nueva (e), puede templarse la escota de barlovento y colocarse sobre cubierta, donde no moleste. Toda esta maniobra hay que realizarla con garbo, pero no es necesario navegar rápido; todo lo contrario, ya que el viento de a bordo necesario para impulsar el asimétrico hacia delante es mayor en un barco lento en las mismas condiciones de viento real.

sola: el calcetín puede pasarse por el puño de driza desde la cubierta; especialmente con mucho viento se tendrá más control de la situación. Para ello, se suelta escota y se tira con rapidez del cabo de trimado del calcetín.

En regata puede arriarse esta vela de otra forma: cuando se arría por barlovento se pasa la escota de barlovento o un cabo especial de arriado por delante del estay. Con el génova izado se pasa la vela a barlovento soltando la escota de sotavento y se recoge en cubierta la vela que va cayendo lentamente por delante del génova mientras se suelta la driza.

En el caso de llevar una mayor con el pujamen suelto (por ejemplo, las mayores enrollables) puede arriarse la vela con seguridad de otra forma: se pasa la escota de barlovento en toda su longitud por delante del estay hacia sotavento y se deja caer completamente entre la botavara y el pujamen. Seguidamente, mientras una persona suelta la driza, otra agarra dicha escota y guarda el trapo con seguridad dentro de la cabina. Este método es especialmente útil y seguro con mucho viento (siempre y cuando la configuración del barco lo permita y, especialmente, en barcos grandes).

■ VELAS ASIMÉTRICAS PARA UN RUMBO INDIRECTO ÓPTIMO

Las velas de proa asimétricas para vientos portantes forman en la actualidad el núcleo de un juego de velas moderno en veleros grandes y, además, cada vez más barcos de regatas renuncian a los spis de todo tipo y tamaño para navegar con velas para portantes de diferente superficie, gramaje y diseño. Así, por ejemplo, el mayor barco de regatas de altura, el *Uca* de Klaus Murmann, llevaba en la regata transatlántica DCNAC 2003 cinco gennakers de 600 m^2 cada uno y las correspondientes velas complementarias como trinquetas, reacher y reacher de estay. Pero no llevaba ningún spi convencional.

La razón es muy simple: un velero siempre es más lento navegando en popa redonda que a un largo con una vela de proa asimétrica aunque sea en un rumbo indirecto, ya que el aumento de velocidad es considerable. Es decir, el camino más corto no siempre es el más rápido.

Lo que actualmente calculan unos sofisticados diagramas de prestaciones hechos por ordenador hace tiempo que ya sabían todos los navegantes de crucero. A partir del gráfico del rumbo para el recorrido más

VELAS DE PROA ASIMÉTRICAS: CÓDIGO CERO, GENNAKER, BLISTER

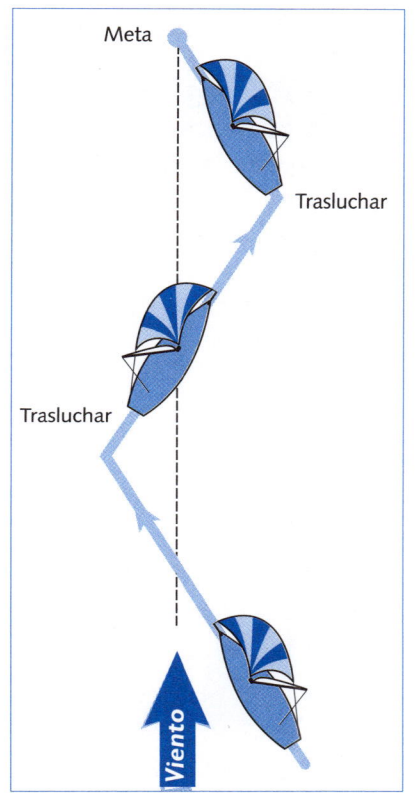

Fig. 187 Con una vela asimétrica (también como el clásico blister) no se navega en popa redonda, sino que se navega a un largo (a unos 30° del eje del viento) y se va trasluchando. La mayor velocidad conseguida en este caso no sólo elimina la desventaja de navegar más recorrido, también se puede renunciar al tangón, se reduce el peligro de un trasluchada involuntaria; el barco no se balancea peligrosamente en un mar de popa y se mantiene mejor a rumbo. Las trasluchadas son fáciles de realizar, si se emplean dos escotas, y la vela puede cazarse en la otra amura después de pasarla libremente por delante del estay proel.

rápido y el más corto entre dos balizas, se dibujan dos triángulos rectángulos afines en el que el ángulo de desviación alfa es el mismo (fig. 189). El coseno de alfa = 10° es igual al recorrido más corto K dividido por el recorrido más largo L. Si solucionamos la ecuación buscando L y suponemos que la distancia del recorrido más corto es 1 milla náutica, obtenemos que L = 1 : 0,9849, cuyo resultado es 1,015. Por tanto, el recorrido adicional sólo es 1,5%. En consecuencia, resulta que con 15° el recorrido sólo aumenta un 3,5% y con 20°, sólo un 6,4%.

En 1962 publiqué un gráfico con el cual se podía calcular el ángulo óptimo que había que desviarse del rumbo directo (fig. 188). Por ejemplo, orzando unos 25° con respecto al rumbo directo el barco debe aumentar su velocidad en un 10% para cubrir la misma distancia. En este caso, si este barco es capaz de navegar con spi a un largo a una velocidad de 6 nudos en vez de navegar de popa redonda a una velocidad de 5 nudos, es decir,

TEORÍA Y PRÁCTICA DE LAS VELAS

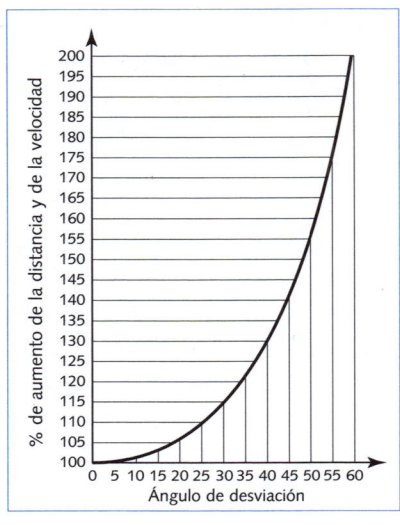

Fig. 188 Sin ayuda del ordenador ni dispositivos de navegación electrónicos, antiguamente se empleaba un sencillo diagrama para calcular el ángulo óptimo que había que desviarse del rumbo directo. Actualmente también puede ser muy útil.

un 20% más rápido, ha ganado un 10% con respecto a la distancia directa.

En la práctica, el cambio del viento de a bordo tanto en rumbo como en intensidad (la velocidad del viento aparente), la mejora consecuente

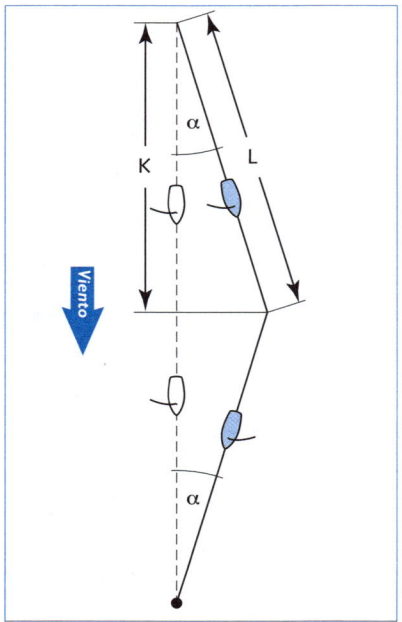

Fig. 189 Si el rumbo que se navega se desvía en 10° con respecto al rumbo directo de popa redonda, la distancia sólo aumenta en un 1,5% para llegar al mismo punto. Con un desvío de 15°, la distancia aumenta en 3,5°. En estas circunstancias un rumbo a un largo con las velas adecuadas puede ser el más rápido.

VELAS DE PROA ASIMÉTRICAS: CÓDIGO CERO, GENNAKER, BLISTER

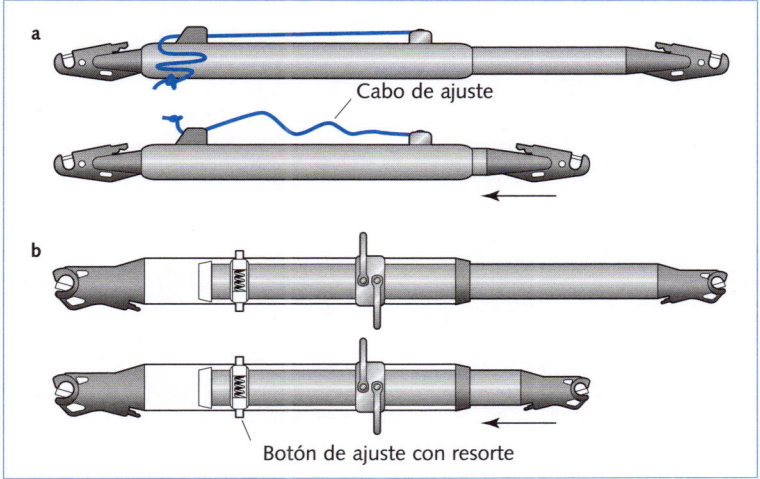

Fig. 190 Los tangones telescópicos de buena calidad se extienden mediante aparejos montados en su interior (a). Una vez que se suelta el cabo de la mordaza vuelve a replegarse con rapidez. Los tangones telescópicos también están equipados con los herrajes necesarios para montar una contra y un amantillo (b) y su medida base suele ser más corta que la de un tangón de spi (medido para regatas). Sin embargo, pueden ampliarse hasta un 130% de la medida usual de los tangones de spi manteniendo su capacidad de carga.

del ángulo de incidencia del gennaker o de otra vela de portantes asimétrica especial y la fuerza vélica resultante, son los factores de una reacción en cadena que permiten aumentar de forma sobreproporcional la velocidad del barco en estos rumbos indirectos con todas las condiciones de viento.

Finalmente, examinemos el empleo de una vela de proa asimétrica con la mayor superficie vélica y el mayor embolsamiento, el blister, en un rumbo portante y la posibilidad de emplearlo con tanta efectividad como una vela de proa simétrica, el spi (fig. 67). Si se atangona por un lado con un tangón convencional (en la medida correspondiente a la J), el blister es inferior en prestaciones al spi simétrico. Sin embargo, empleando un tangón de spi telescópico (fig. 190) puede ofrecerse al viento toda la superficie útil a un lado del barco. De esta forma, se igualan las prestaciones de ambas velas en rumbos portantes.

9
El spi es una vela de proa simétrica

La historia de la evolución de los spis (fig. 191) muestra que fueron introducidos en 1865 como vela asimétrica para rumbos portantes. Durante 100 años ha ido pasando por las formas de globo más diversas, pero recientemente se ha vuelto a preferir un diseño asimétrico. Tanto antes como ahora sigue siendo el juguete preferido de los navegantes, principalmente por la fascinante imagen que ofrece en el mar gracias a su poderosa forma y sus colores relucientes.

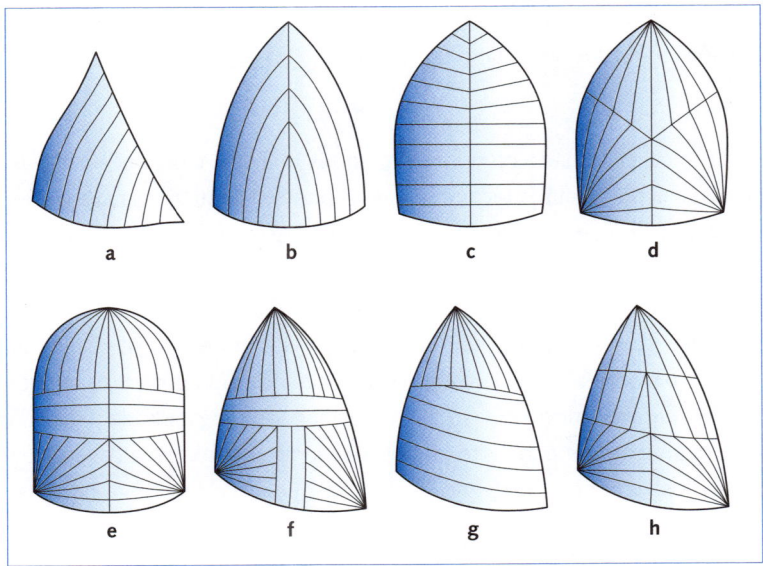

Fig. 191 140 años de historia de spi: el spi original del Sphinx *(sphinx acre, 1865) fue en realidad una vela asimétrica (a). El primer spi simétrico*

con una costura central y paños en forma de V invertida fue fabricado por Ratsey and Lapthorn en 1936 (b). Inspirándose en el corte horizontal que en su día se empleaba para la mayor y el génova, Ted Hood fabricó en 1950 un spi con un diseño "Cross Cut" con una superficie proyectada mayor y menos flujo laminar (c). El puño de driza se parecía a una U invertida. Para solucionar el problema de que la costura central se alargaba navegando con el viento al través, Bruce Banks desarrolló en 1969 el "Star Cut" de diseño radial, que también podía emplearse para navegar más cercano al viento (d). A partir de este diseño, Hard Sails fabricó el "Radial Head" antes de que North Sails diseñara en 1975 el "Tri-Radial" (e) con una combinación de puños radiales ubicados alrededor de una parte horizontal en el centro. De esta forma se reparte radialmente la carga hacia el grátil, la baluma y el pujamen con la máxima resistencia y menor alargamiento y la vela puede mantener su mejor forma en los diversos rumbos y con distintas fuerzas de viento. A partir de este diseño se desarrolló el blister asimétrico "clásico" como spi de crucero (f) y, posteriormente, North Sails lo convirtió en el "Gennaker" (g), más parecido a una vela de proa. De hecho, "Gennaker" es un compuesto de "génova" y "spinnaker". La historia de la evolución del "asimétrico al asimétrico" termina con el desarrollo de la vela de proa asimétrica (h), que sirve tanto para navegar a un largo como de bolina.

El spinaker, llamado comúnmente spi, es una vela independiente que aprovecha dos ventajas técnicas desde el punto de vista de la navegación: su gran superficie y su forma esférica. Mientras que la mayor y las velas de proa triangulares con una relación lateral de 4 : 1 obtienen sus mejores prestaciones con un ángulo de incidencia respecto al viento de a bordo de entre 15 y 20°, el spi, con una relación lateral de 1,5 : 1, genera su mayor fuerza vélica con un ángulo de incidencia de aproximadamente 35-40°. De este modo, con su forma rectangular casi cuadrada y su gran embolsamiento, se convierte en una vela indispensable para navegar en todos los rumbos a sotavento. El diagrama polar con la curva de pres-

Fig. 192 Diagrama polar que representa las prestaciones determinadas en ensayos realizados en el túnel de viento de una vela más grande y más

EL SPI ES UNA VELA DE PROA SIMÉTRICA

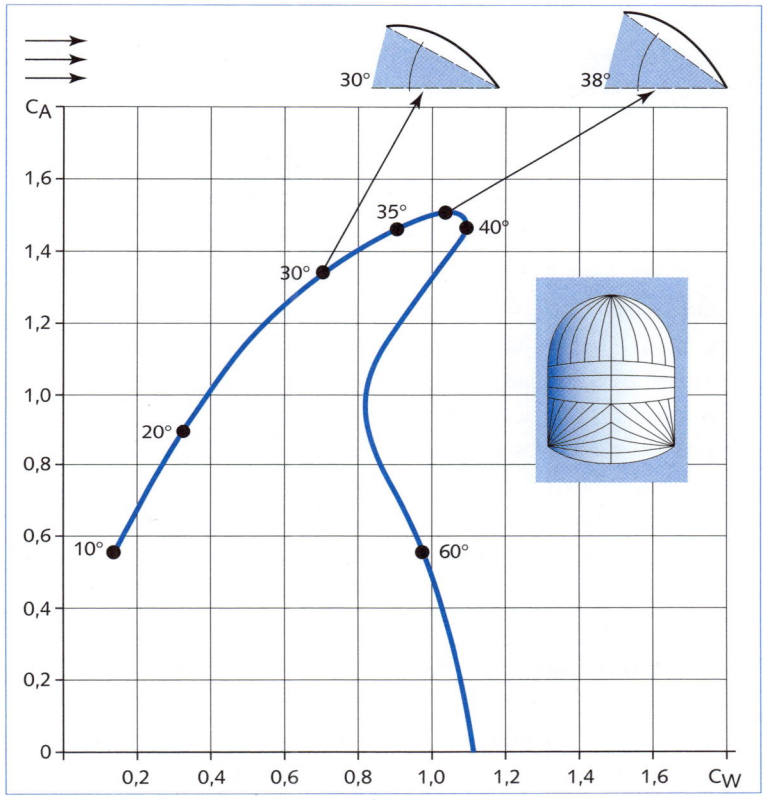

esférica. Tal y como se muestra para una mayor o un génova en la fig. 28, el mayor coeficiente de empuje (C_A) se alcanza con un ángulo de incidencia de 38°; sin embargo, el coeficiente de resistencia, con aprox. 1,1, también es más elevado (C_W). No obstante, si el spi se iza en rumbos portantes, esta resistencia ofrecida al viento puede incluso ser útil. Con un ángulo de incidencia de 60° en rumbos portantes el spi trabaja como paravientos. Por el contrario, si se coloca con un ángulo de incidencia de 30° con respecto al viento de a bordo (viento aparente), el spi genera aproximadamente los mismos coeficientes de empuje y resistencia que la mayor o el génova, pero ofrece el doble de superficie vélica. Si además se obtiene el doble uso o no (doble empuje), depende de otros factores. Hasta hace poco también se empleaba el spi radial (star cut) de diseño plano para navegar de través (hasta que fue sustituido por velas asimétricas, especialmente por el "gennaker").

taciones para un spi de diseño convencional (de los muchos posibles) muestra claramente dónde residen las ventajas aerodinámicas frente a la mayor y la vela de proa (cuyo diagrama polar ya se ha mostrado).

Para navegar con el spi no sólo de popa redonda, donde trabaja como simple paravientos (con un coeficiente de resistencia de aproximadamente 1,1), sino también en largo, donde actúa como un efectivo motor eólico, con un ángulo de incidencia de 40° con respecto al viento aparente, se requiere una maniobra laboriosa y algo complicada (para principiantes) en proa, que hay que saber manejar para izar, arriar e incluso trimar el spi. En la fig. 193 se detalla el nombre de cada una de las piezas que se mencionan en el apartado de sugerencias para el manejo del spi. El tangón de spi es un tangón telescópico como el que se muestra en la figura 190, con una longitud correspondiente a la medida de la J. En ambos extremos se emplea un terminal de diseño muy útil (fig. 197) en el que se inserta la braza y que puede emplearse como soporte en el palo. En la fig. 194 se muestra cómo izarlo de forma tradicional, y en la fig. 195, cómo izarlo con un calcetín.

Las medidas máximas para un spi proceden de la fórmula de medición IOR y también deben observarse cuando se participa en una regata IMS. Los navegantes de crucero también deberán observar estos límites, porque un spi con una medida LP del 180% tiene el doble de superficie vélica que un génova I con un LP = 150%. La fig. 196 muestra los valores de medición que se emplean en una fórmula sofisticada para calcular la superficie del spi.

Mientras que en las últimas décadas y hasta los años 1990 se intentó diseñar spis que también fueran efectivos navegando de través (debido a su gran ventaja en lo que a la superficie respecta), en la actualidad esta tendencia es superflua gracias al desarrollo de los asimétricos ("gennaker").

Sin embargo, navegando más allá del través (cuando el viento de a bordo va entrando por la aleta, fig. 198a), sigue siendo una buena alternativa al gennaker. Asimismo, navegando a un largo, el spi aún es una vela muy útil (fig. 198b), ya que puede colocarse a un ángulo de incidencia de 40° con respecto al viento, si se triman debidamente la braza y la escota. Sin embargo, en este caso debe imponerse al blister, que aunque tiene una superficie entre el 10 y el 15% menor, es mucho más manejable al no necesitar el tangón.

EL SPI ES UNA VELA DE PROA SIMÉTRICA

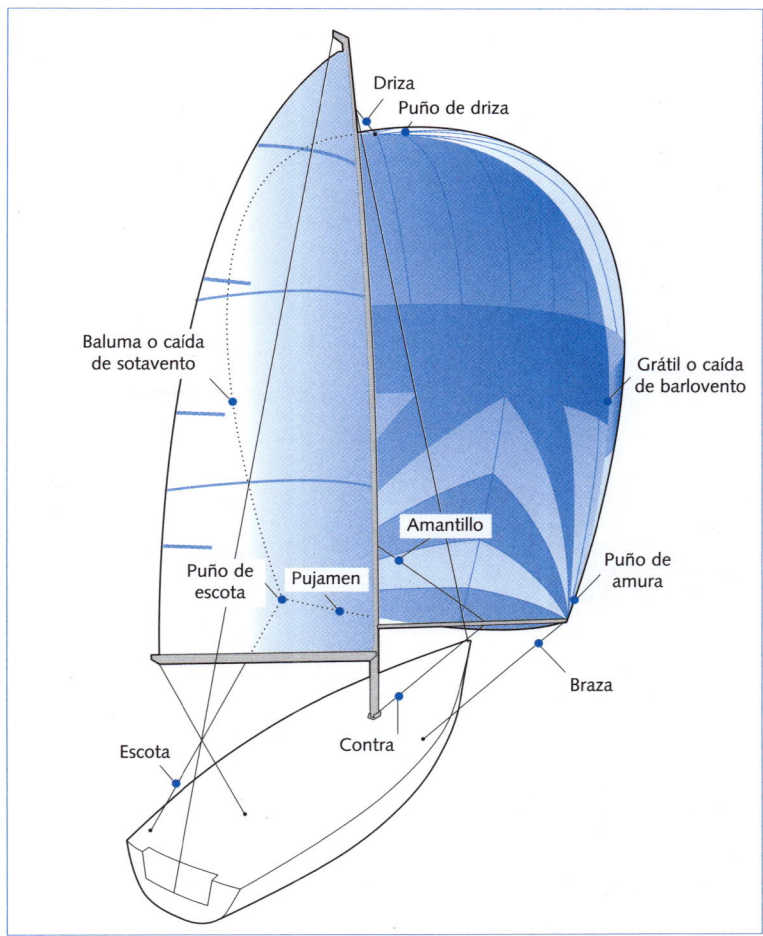

Fig. 193 *Nombres de los componentes del spi izado en una driza aparte en el palo y atangonado en un tangón.*

Para navegar correctamente con spi debe mantenerse el pujamen horizontal, es decir, el puño de escota y el puño de amura deben mantenerse a la misma altura (fig. 199). La misma vela nos indica si cometemos un fallo. Moviendo la altura del tangón por encima de cubierta puede aplanarse o embolsarse el perfil del spi para adaptarlo a diferentes rumbos y distintas velocidades del viento (fig. 200).

TEORÍA Y PRÁCTICA DE LAS VELAS

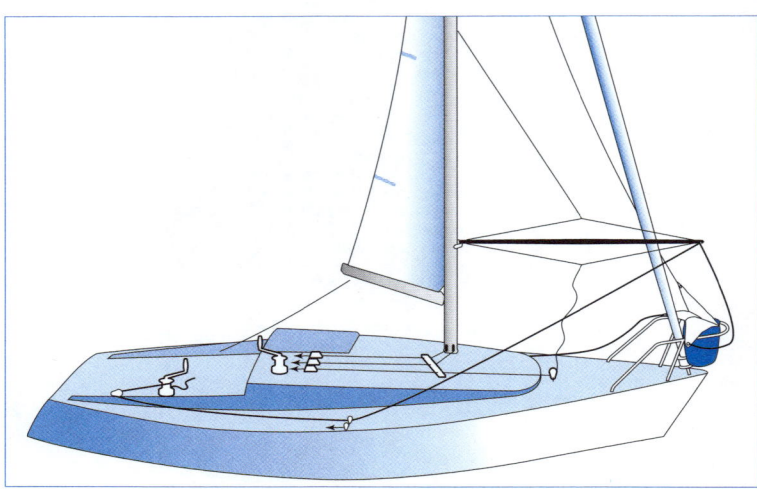

Fig. 194 Antes de izar el spi, lo que puede hacerse desde proa o desde el balcón de proa, se monta debidamente el tangón a la altura deseada (cabeza o pecho) y se regula horizontalmente con la contra y el amantillo. Seguidamente, se sube el saco del spi a cubierta y se ata al pasamanos. Por regla general, el spi está empaquetado en el saco de forma que sus tres puños, marcados con colores diferentes, salgan un palmo del cierre y se pueda montar primero la escota, que pasa por fuera de los obenques. Esta escota pasa a sotavento por una polea colocada a popa y llega hasta un winche (adicional). De la misma forma se monta la braza en el otro puño de escota, que se pasa por fuera del estay y por dentro del terminal del tangón. Por último se monta la driza en el puño correspondiente y se controla si los tres cabos están libres. En primer lugar, el puño de escota se saca de la bolsa hasta cerca de la bañera. Seguidamente, se fija la escota en la mordaza, aunque debe quedar bastante suelta antes de sacar los otros dos puños aproximadamente un metro y medio del saco. De esta forma, cuando se iza el spi desde la bañera se consigue que se abra a sotavento y se evita que el pujamen caiga al agua y que se forme un ocho. Una vez que el spi está izado, se caza la braza para colocar el tangón en la posición deseada.

EL SPI ES UNA VELA DE PROA SIMÉTRICA

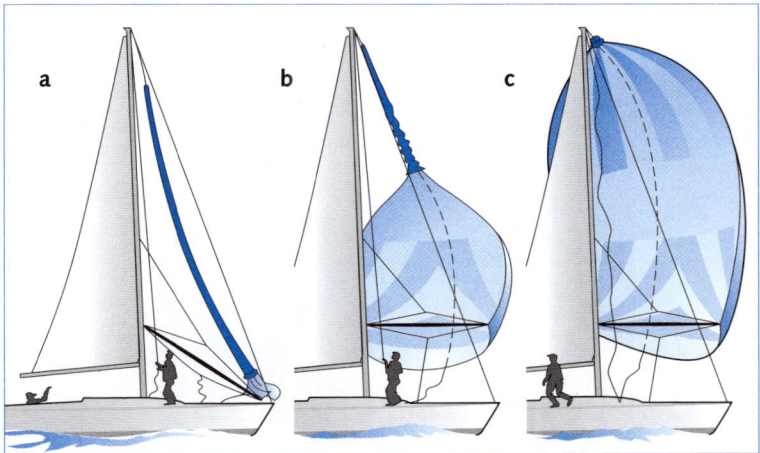

Fig. 195 *Si se iza el spi con ayuda de un calcetín (con el que también fue arriado la última vez que se empleó), se monta con el tangón tal y como ya se ha descrito y se iza el calcetín a proa (a). Una vez se ha afirmado la driza, se va subiendo lentamente el embudo mediante el cabo correspondiente, tal y como ya se ha descrito en el capítulo "Velas de proa asimétricas" (b) y se permite que el viento nos vaya ayudando a inflarlo y a subir el embudo. Una vez que el embudo ha llegado a su tope y el spi porta (c), debe fijarse el cabo sin fin en una mordaza montada en el palo, y se triman el amantillo y la contra. Todo el trabajo puede ser realizado con relativa facilidad por una persona a proa. El spi se arría de forma habitual: se fila la braza hasta que el tangón está cercano al estay, se fila la escota para sacar el viento de la vela y se estira el cabo sin fin para bajar el embudo por el spi hasta que quede bien empaquetado. Ahora incluso puede dejarse colgado el calcetín durante unos momentos hasta que se encuentre la mejor oportunidad de bajarlo. Asimismo, también es posible salir de puerto con el calcetín completamente montado si se sabe que el recorrido del día se va a efectuar en portantes con spi.*

TEORÍA Y PRÁCTICA DE LAS VELAS

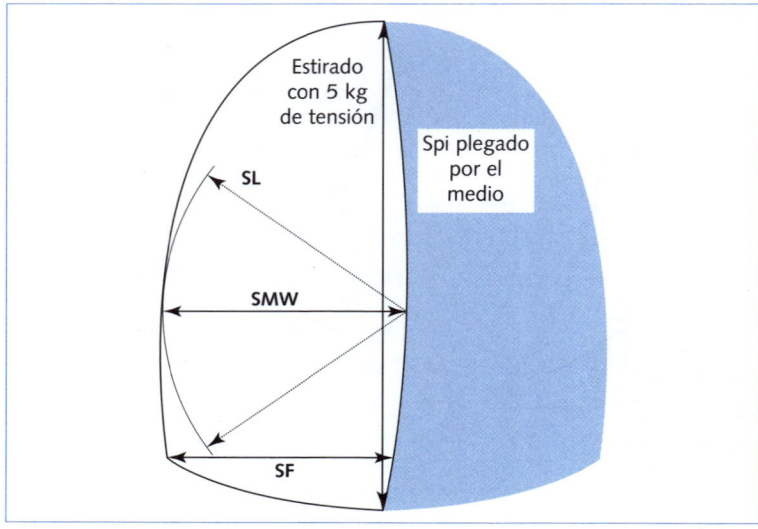

Fig. 196 Para calcular la superficie vélica válida de un spi se toman las medidas siguientes: la longitud del grátil y la baluma (SL), la mayor anchura medida en el espi (SMW "Spinnaker Maximum Width") y la longitud del pujamen SF. Para su medición, el spi se dobla por la mitad, el grátil y la baluma, así como los puños de escota y amura, se colocan uno encima de otro, se estira con 5 kg de tensión y se mide la mayor anchura (media). La fórmula correspondiente es la siguiente: SPI = 0,94 x (SL x SMW - 0,25 SL x (SMW-SF)).

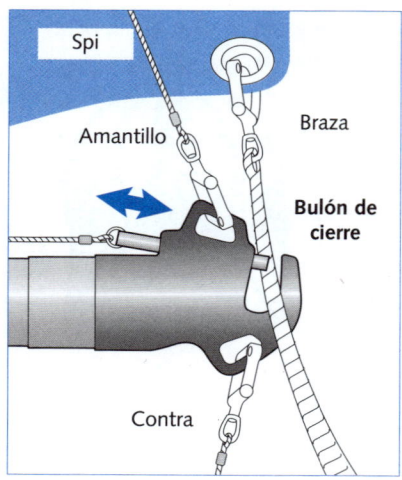

Fig. 197 Los terminales de un tangón son iguales en sus dos extremos, para que puedan emplearse tanto para fijar el tangón en el palo como para pasar la braza. Asimismo, está equipado con un bulón con resorte que se abre y cierra mediante un cabito cuando, por ejemplo, se quiere insertar o liberar la braza.

EL SPI ES UNA VELA DE PROA SIMÉTRICA

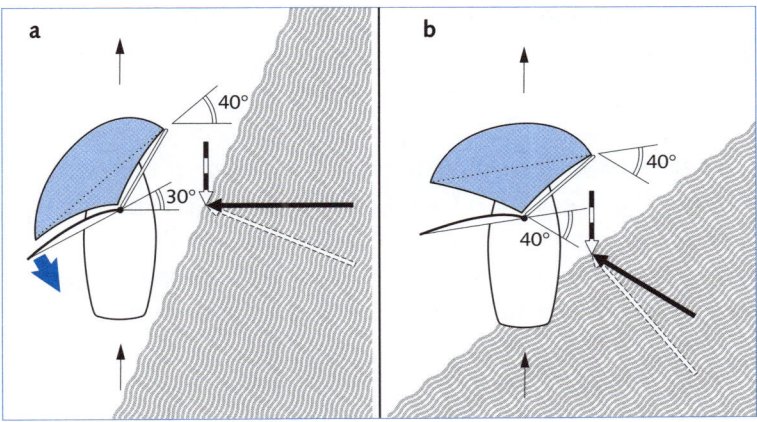

Fig. 198 En rumbos de través (a) se iza el spi trirradial, en el que las fuerzas vélicas se distribuyen mejor hacia y desde los puños. Elaborados con paños ligeros y planos, son lo suficientemente resistentes como para trimarlos en este rumbo con viento bonancible. Si la interactuación de ambas velas resulta perturbada, hay que cazar la vela mayor. Si el tangón del spi está paralelo al mar (en este caso, para unos 13 nudos de viento) deberá cazarse un poco. A un largo (b) el spi es la única vela que trabaja óptimamente. Ahora está lejos de la mayor (que puede filarse un poco). El tangón puede cazarse un poco a barlovento, sin abrirlo en exceso, en caso de viento fuerte.

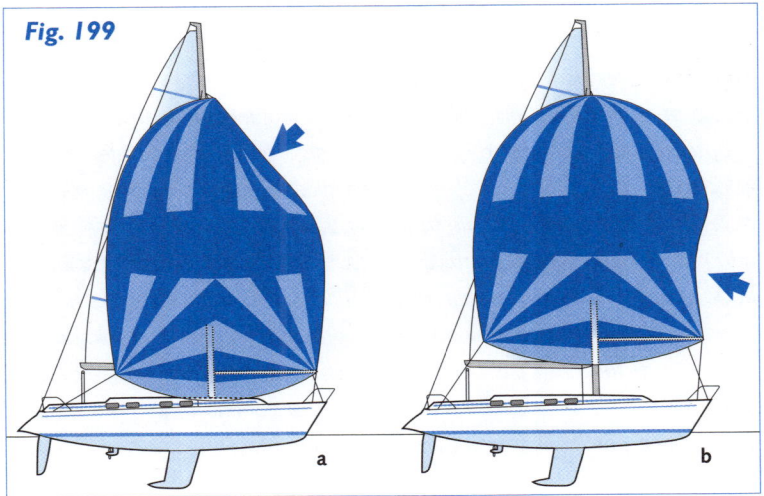

Fig. 199

TEORÍA Y PRÁCTICA DE LAS VELAS

Fig. 199 (Pág. anterior). Para regular la altura del tangón sobre cubierta, la regla base dice que navegando en portantes con fuerza 4/5, el puño de escota y el puño de amura deben estar a la misma altura. En caso de que el puño de escota caiga si baja la intensidad del viento, hay que bajar el tangón a esa altura. La vela indica la altura correcta del tangón: si el grátil empieza a flamear por el hombro (a) el tangón está demasiado bajo y debe subirse en el carril del palo. Si, por el contrario, el grátil empieza a flamear en el área inferior (b), debe bajarse el tangón. El tangón está bien colocado cuando empieza a flamear el centro del grátil.

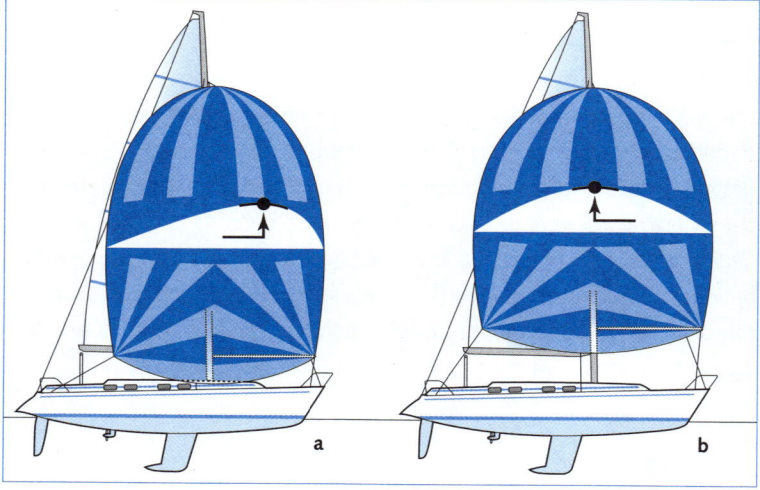

Fig. 200 Regulando a la misma altura el tangón del spi y el puño de escota, se trima el embolsamiento del spi (la profundidad del perfil) para adaptarlo a los diferentes rumbos (través, largo, popa) y a las diferentes velocidades de viento (a tal efecto se modifica la posición estándar de navegación de crucero): con un tangón más bajo (a, con el puño de escota a la misma altura) y con viento de través, el embolsamiento se desplaza hacia delante y se abre la baluma. Esta posición es especialmente adecuada con viento fuerte y evita el peligro de trasluchadas involuntarias. Si se sube el tangón (b), el perfil se desplaza a popa, la baluma se cierra y el spi embolsa más. Esta constelación puede ser buena tanto para poco viento como para más viento. Cuando cae el viento, el tangón siempre debe bajarse.

EL SPI ES UNA VELA DE PROA SIMÉTRICA

Navegar con spi con fuerza 4/5 y de popa redonda es una de las experiencias más bonitas de esta vida. Si el objetivo no está en el eje del viento y hay que desviarse del rumbo directo en más de 20° para que el spi porte debidamente, habrá que trasluchar el spi de un lado a otro. Las

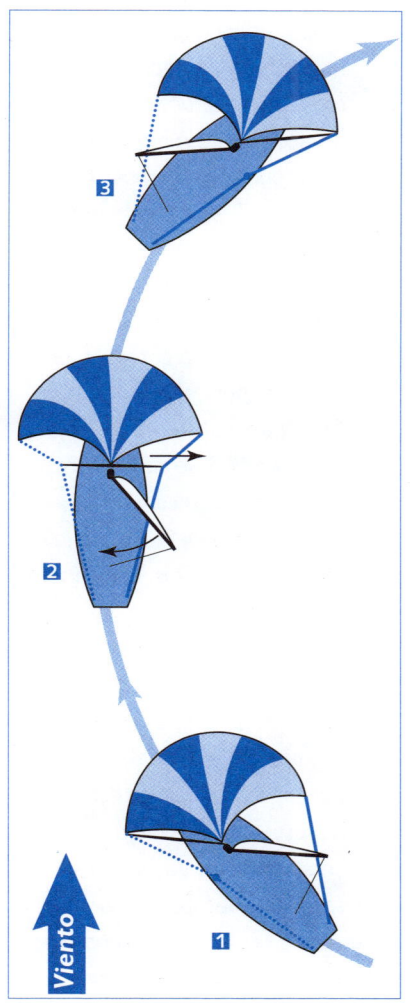

Fig. 201. Trasluchar para pasar el spi a la otra amura girando el tangón (este sistema está limitado por el tamaño del barco). Pos. 1: navegando a un rumbo de 160° con respecto al viento real, y con el spi bien estabilizado y portando, hay que situarse lentamente de popa redonda, cazar la braza y soltar la escota para que el tangón y el grátil del spi se sitúen perpendiculares al viento. El amantillo y la contra permanecen fijados al palo; no se sueltan pero se preparan para que puedan filarse y cazarse con rapidez. - Pos. 2: Se arriba hasta situarse de popa redonda, se fila braza y escota y se estabiliza el spi. El tripulante a proa, mirando a popa, fila contra, suelta el tangón del herraje del palo, pasa la escota antigua (que pasa a ser braza) por este mismo terminal y vuelve a cazar la contra. Una vez la nueva braza y la antigua escota pasan por los terminales del tangón, se traslucha la mayor y el timonel se pone a rumbo. - Pos. 3: Entre tanto, el proel ha soltado la braza antigua (escota nueva) cazando el cabito para abrir el terminal y fija este extremo al palo. Esta maniobra es más fácil si se fila ligeramente la escota nueva y el proel puede fijar el tangón mientras éste apunta hacia delante.

TEORÍA Y PRÁCTICA DE LAS VELAS

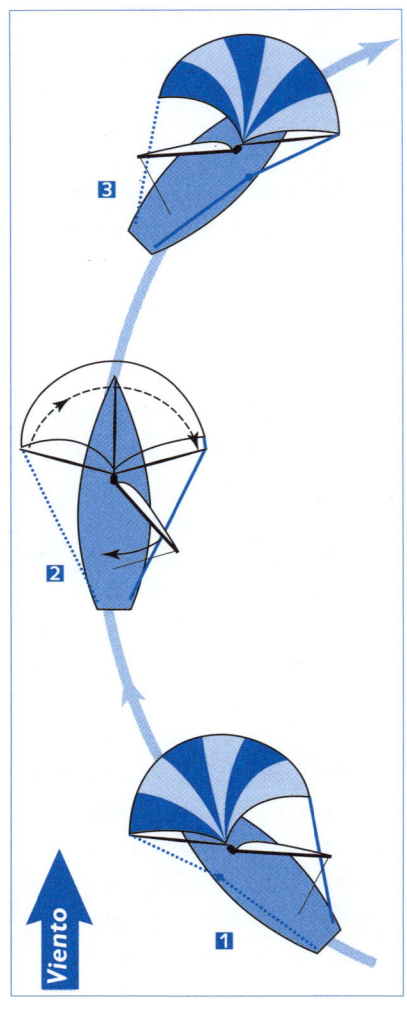

Fig. 202 *Trasluchar para pasar el spi a la otra amura bajando el tangón. Pos 1: El barco pasa de navegar a un largo con un rumbo de 160° con respecto al viento aparente a navegar un rumbo de popa redonda. La tripulación estabiliza el spi para navegar a este rumbo. Hay que evitar que el espi empiece a "bailar". - Pos. 2: Con la braza y la escota cazadas se fila el amantillo y se suelta el terminal del tangón de la braza, se fila la contra y se pasa el tangón al otro lado por debajo del estay. En el terminal se engancha la nueva braza y se vuelve a cazar el amantillo y la contra. Seguidamente se traslucha la mayor. - Pos. 3: Tras la maniobra hay que volver a colocarse a rumbo y trimar el spi debidamente. La misma maniobra puede realizarse con dos escotas y dos brazas, aunque en mi opinión esto no representa una ventaja cuando se navega con una tripulación reducida. El método de trasluchar un spi con doble maniobra (escota y braza en cada lado) presupone una tripulación bien instruida y numerosa que puede acelerar todo el proceso. Pero, en este caso, trasluchar con dos tangones es más rápido y seguro.*

EL SPI ES UNA VELA DE PROA SIMÉTRICA

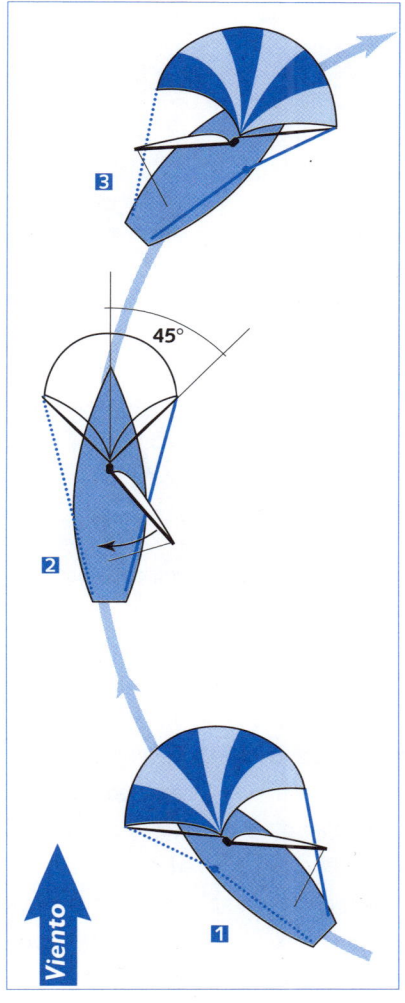

Fig. 203 *Trasluchar el spi con dos tangones. Pos. 1: Antes de la maniobra y todavía navegando a un largo, se monta el segundo tangón de spi con amantillo y contra y se afirma a proa. - Pos. 2: Tras arribar a un rumbo de popa redonda se eleva el nuevo tangón y se pasa la escota por el extremo colocando el tangón a unos 45° de la línea de crujía. Una vez que el barco navega estable con los dos tangones a proa, se traslucha la mayor. Es conveniente concentrarse en realizar esta maniobra con absoluta seguridad. - Pos. 3: Cuando el barco orza con cuidado para volver a navegar a un largo y el tangón (nuevo) se caza con la braza (nueva), se libera la escota (antigua braza) del terminal del tangón antiguo, se recoge el tangón y se fija a un herraje para que no pueda moverse (hasta la trasluchada siguiente). Esta maniobra con dos tangones también puede realizarse con doble maniobra (escota y braza en cada lado), pero nunca he visto sus ventajas desde el punto de vista técnico.*

TEORÍA Y PRÁCTICA DE LAS VELAS

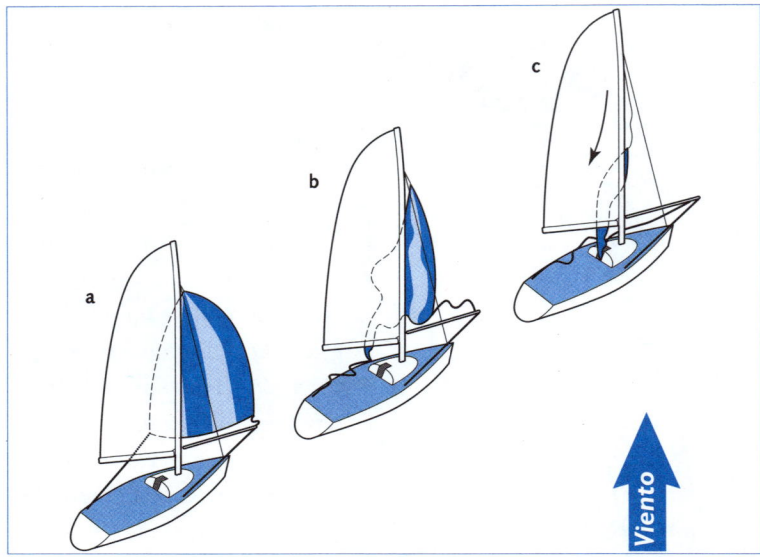

Fig. 204 Para arriar el spi se pasa prácticamente a un rumbo de popa redonda, se fila el tangón del spi hasta poder cogerlo con la mano y se lleva al estay de proa (a). Al mismo tiempo se caza la escota del spi y se libera el spi de la braza abriendo el mosquetón del puño de amura. Una vez el grátil esté suelto y el spi flamee a sotavento de la mayor como una bandera al viento, se acerca cazando la escota del spi (b). Un miembro de la tripulación fila la driza mientras otro miembro lo va recogiendo y guardando en la cabina (c). Tras desmontar la driza y la escota de sus respectivos puños, se vuelve a guardar en el saco de forma que pueda volver a izarse. Con un calcetín se evitan posibles complicaciones a la hora de arriarlo, especialmente con mucho viento o cuando no puede colocarse el barco en popa redonda, porque se guarda sin soltar la driza filando escota y braza (fig. 195).

figuras 201 (girando el tangón), 202 (bajando el tangón) y 203 (con dos tangones) explican los diferentes métodos de realizar esta maniobra complicada (a veces) y, especialmente, el manejo del tangón. El spi se arría en un rumbo lo más apopado posible, y siempre es mejor que la maniobra la realicen dos personas (fig. 204) cuando no se emplea para ello un calcetín. Si se emplea un calcetín, una persona es suficiente para arriar y guardar el spi (tal y como ya se ha descrito en la fig. 195).

EL SPI ES UNA VELA DE PROA SIMÉTRICA

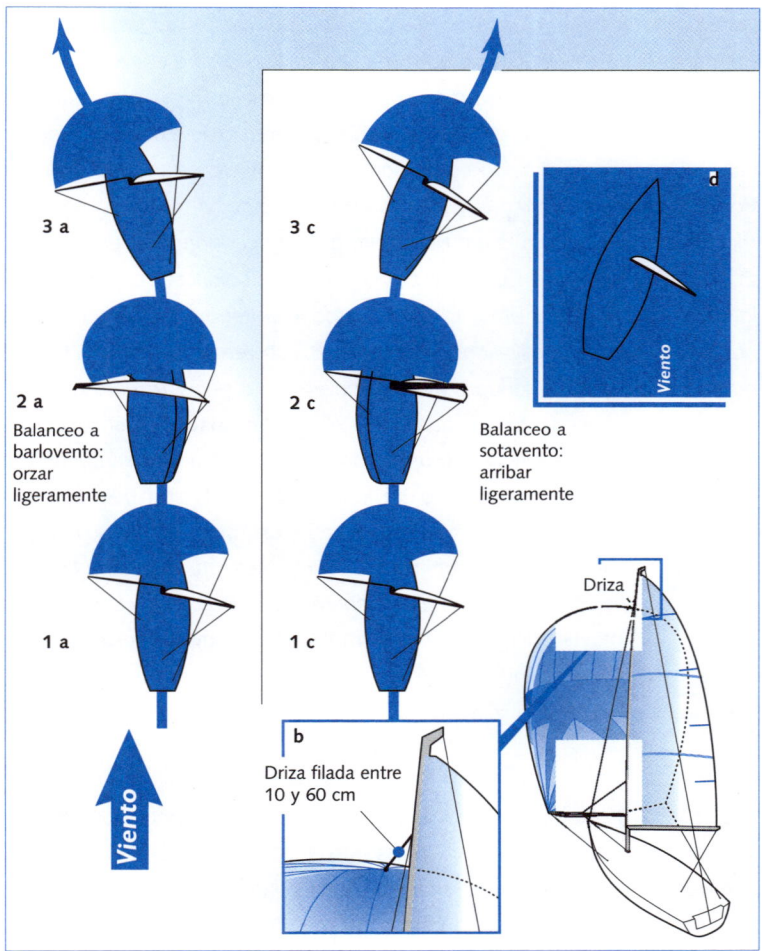

Fig. 205 *Navegar con spi con viento fuerte.* **Pos. I a y I c:** *Controlar el spi. Para ello hay que estabilizar el grátil del spi bajando un poco el extremo de la braza del tangón y situarlo a unos 95° del viento. Seguidamente hay que adelantar el puño de escota cazando debidamente el barber. Si a su vez se caza la escota, se genera más potencia y se impiden las oscilaciones laterales del tope del palo (cuando el spi empieza a "bailar" con las olas). Un spi bien trimado se reconoce cuando se mira a tope del palo y se ve el puño de driza entre 10 y 60 cm por delante de la polea y la driza sale directamente apuntando a la proa del barco* **(recuadro b).**

La tripulación debe situarse lo más a popa posible (en la bañera) para mantener el barco en posición horizontal con la proa sobre el agua.

Pos. 2 a: *Si el barco empieza a escorar hacia barlovento (y a bailar cada vez más), a pesar de llevar la caña con cuidado, hay que cazar la escota, y el timonel debe intentar frenar el balanceo del barco orzando ligeramente* **(pos. 3 a)**.

Pos. 2 c: *Cuando el barco empieza a balancearse hacia sotavento, hay que montar una retenida en la botavara para prevenir el aparejo de una posible trasluchada involuntaria. Cuando el barco empieza a balancearse, hay que filar la escota del spi para situar la dirección de la potencia de la vela más a barlovento. La otra posibilidad sería arribar (con retenida), con lo cual se navegaría en popa redonda o incluso con el viento por sotavento (con un ángulo respecto del viento de a bordo de 190-200°,* **recuadro d)**, *aunque éste es un rumbo muy peligroso sólo apto para timoneles muy experimentados.*

Pos. 3 c: *Sólo hay que arribar hasta que la mayor flamee ligeramente (siempre con retenida) y, seguidamente, se vuelve a orzar hasta volver al rumbo normal. Desde allí se vuelve a buscar profundidad. Cuanto más rápido actúe el timonel en contra de estas tendencias, menos deberá mover la rueda (y cuanto más tiempo y con mayor tranquilidad pueda mantener la mayor en esta posición a sotavento, apreciará mejor cómo se reducen los movimientos de balanceo, y la escora se reducirá a sólo unos grados).*

Por regla general, en rumbos de través y especialmente con mucho viento, el spi debe aplanarse, mientras que en rumbos portantes se puede aprovechar su forma esférica máxima. Si navegando de popa redonda el spi comienza a balancearse rítmicamente después de que se hayan producido algunas escoradas, hay que cambiar de rumbo y "seguir al spi" para reducir la escora (fig. 205). Es decir, si el tope del palo tumba a sotavento (incluso si el extremo de la botavara toca el agua), hay que arribar. Si el tope del palo tumba a barlovento, hay que orzar. De los peligros que esto conlleva hablaremos más adelante.

El tangón del spi siempre deberá formar un ángulo recto con el palo, es decir, estar en posición horizontal. Si se quiere bajar el terminal con el puño de amura, también debemos modificar su posición en el carril del palo. Por regla general, navegando en portantes (120-180° con respecto al eje del viento), el tangón del spi está bien colocado cuando forma un

EL SPI ES UNA VELA DE PROA SIMÉTRICA

ángulo de 90° con respecto al viento de a bordo. Si se navega al través (90-120°), se debe cazar un poco para que pueda desarrollar toda su potencia, es decir, colocarlo a barlovento para que el viento de a bordo incida sobre la vela con un ángulo más pequeño. El pujamen del spi debe tocar ligeramente el estay de vez en cuando.

En un rumbo recto con un viento constante la braza se caza y se deja fija, pero la escota se lleva suelta en la mano. El punto en el cual hay que concentrarse es el grátil: cuando flamea hay que cazar la escota, y cuando lleva rato sin flamear, hay que filar ligeramente hasta que vuelva a flamear.

Cuanto más aumenta el viento de a bordo y más se apopa, más hay que arribar y, al mismo tiempo, ir filando la escota. Especialmente cuando el barco empieza a escorar es cuando hay que cazar la escota y llevar el tangón un poco más a barlovento. Si se cree que ya no se domina el barco en una escorada y que el timón ya no responde lo suficiente al timonel, hay que soltar la escota (que se lleva en la mano) y dejar que el spi flamee como una bandera delante del barco hacia sotavento. (Un nudo en ocho en la escota impide que pueda escaparse completamente.) El spi ya no genera potencia y puede volver a cazarse con cuidado o, si el viento sigue aumentando, arriarse tal y como se ha explicado.

En una situación de peligro, no debe soltarse nunca la braza (ni al principio ni junto con la escota), porque una vez se haya liberado todo el cabo el espi podría caer al agua, frenar el barco y tumbar el palo. Como consecuencia, el palo podría romperse. Aunque no se rompa, seguirá siendo muy difícil sacar un spi del agua (la mayoría de las veces desgarrado).

■ EL PELIGRO DEL BALANCEO NAVEGANDO CON SPI

El peligroso movimiento de balanceo periódico cuando se navega con spi se autoalimenta, por un lado, porque recibe energía a través del movimiento de rotación alternante generado por el movimiento oscilante del aparejo de estribor a babor y de babor a estribor y, por otro lado, por el constante cambio de la dirección total de la fuerza vélica, aunque el viento de a bordo se mantiene invariable en fuerza y dirección la mayoría del tiempo.

El movimiento de balanceo queda atenuado principalmente por las fuerzas hidrodinámicas que actúan sobre el casco, aunque éstas aumentan cuando el barco lleva más superficie vélica de lo que debería en correspondencia con la fuerza del viento, con lo que las fuerzas aerodinámicas pueden aumentar desfavorablemente (con el cuadrado de la velocidad del viento). Las finas y profundas quillas de aleta (muy extremas en comparación con la obra viva de los veleros convencionales) y su poca superficie mojada ya no amortiguan suficientemente los movimientos de balanceo generados por los spis.

Los ensayos en túneles de viento han demostrado que las oscilaciones se mantienen dentro de unos límites reducidos o que incluso se eliminan por completo si se contrarrestan cuando todavía no superan los 5°. Y también han demostrado que tomando unas medidas muy simples pueden eliminarse escoras de hasta 15° por banda hasta llegar a navegar adrizado: el balanceo puede evitarse izando a proa una vela alta y estrecha entre la mayor y el spi y también con el timón: cuando el barco escora a barlovento se orza ligeramente; si el barco tiende a escorar a sotavento, hay que arribar para navegar más allá de un rumbo de popa redonda con un ángulo respecto del viento de a bordo de 190-200° (véase la fig. 205). Un timonel experimentado amortiguará cada vez más el balanceo vigilando siempre el riesgo de trasluchada involuntaria y, a su vez, podrá ir más deprisa, ya que la escora no frenará el barco.

Sin embargo, un velero que navega con spi puede irse de orzada. Esto sucede cuando el timonel pierde el control de las fuerzas generadas por el desequilibrio de la mayor y del spi (durante el balanceo), porque el barco ha orzado descontroladamente y como consecuencia la pala del timón ha salido del agua perdiendo su efectividad. En este caso, las fuerzas centrífugas aprietan lateralmente hacia el mar tanto el casco como el aparejo (fig. 206).

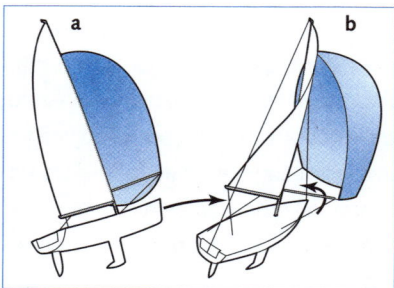

Fig. 206 La orzada (a): cuando la vela mayor en un rumbo de popa redonda y con mucho viento ya no trabaja como paravientos, sino como perfil aerodinámico, las fuerzas vélicas pueden girar el barco repentina y rápidamente hacia barlovento y

EL SPI ES UNA VELA DE PROA SIMÉTRICA

empujarlo hacia una lado (aquí, hacia babor). En este caso, la pala del timón sale del agua y queda sin gobierno, con lo que ya no puede actuar en contra de la fuerte tendencia a orzar. Las fuerzas centrífugas de este giro tan brusco aprietan el barco en contra de las olas, la botavara y la vela se arrastran por el agua. El barco se ha atravesado a la mar. ¿Qué podía haberse hecho en caso de fuerte balanceo para evitar esta situación? Filando la escota de la mayor (y liberando la contra de la botavara) se reduce la presión del viento de la vela mayor y, además, soltando la escota del spi se domina la fuerza del spi.

La arribada (b): Si se navega sin retenida en la mayor, la desgracia puede ocurrir con la primera racha que ataque a esta vela por sotavento. La mayor, que está completamente filada, recibe el viento por atrás y con gran fuerza empuja la botavara hacia el otro lado, como si de una gran cuchilla se tratara, segando la cubierta y la bañera mientras el barco escora. En este caso, la tripulación sólo puede esconder la cabeza y los brazos manteniéndolos cerca de la cubierta para escapar de las peligrosas garras de la escota completamente filada. Entonces existe peligro de muerte en el barco, que escora hacia el otro lado atravesándose a la mar y por el que puede entrar agua si se había dejado una escotilla o un portillo abiertos. Con una retenida, la mayor avisa de una posible arribada cuando la baluma flamea ligeramente, indicando que el viento va a entrar por atrás. Si el timonel no reacciona, el viento entrará en la mayor por el lado que no debe (atada mediante escota, contra y retenida). Con su fuerza empujará la parte superior hacia sotavento (como una hélice), el barco escorará mucho, girará repentinamente a barlovento y también se cruzará a la mar, con la botavara atada mirando al cielo y los restos del spi en el agua. Con un poco de suerte se rifan las velas y se evitan daños peores. Hubiera sido suficiente controlar los indicadores en la baluma de la vela mayor, evitar el balanceo hacia sotavento reduciendo radicalmente la superficie vélica de la mayor o izar un spi de tiempo duro más adecuado para las circunstancias (aunque se llegue un poco más tarde a la meta).

10
Equilibrio de fuerzas: timón y rumbo

■ LAS INTERACCIONES ENTRE VELAS Y CASCO

Al principio vimos cómo se origina la fuerza del aire C_T en una vela y, gracias a ello, hemos conocido el coeficiente de empuje C_A y de resistencia C_W que se generan en un perfil, desde el punto de vista matemático. La fig. 26 también muestra una representación en perspectiva de las fuerzas del aire F_T, F_A y F_W y de las fuerzas hidráulicas R_T, R y R_K que actúan en la obra viva. Esto significa en la práctica, en un barco navegando con un viento atmosférico de 13 kn en un rumbo de ceñida con 17 kn de aparente, que el coeficiente de empuje C_A se ha convertido en el valor útil aerodinámico de la vela F_A y el coeficiente de resistencia C_W, en la resistencia (de formas y rozamiento) de la vela F_W.

Tras sofisticados experimentos, en la práctica se ha calculado en una vela mayor la proporción real $F_A : F_W$ con 6,0 - 6,5 : 1, es decir, el empuje útil es seis veces más grande que la resistencia o, dicho de otra manera: la pérdida por resistencia es relativamente baja, de un 15% (fig. 207a).

En la fig. 208 habíamos transferido la fuerza total de la vela F_T ganada, de esta forma, a un barco navegando y la descompusimos en la utilidad para el empuje o avance F_V en el sentido de la marcha y en las fuerzas de escora que actúan lateralmente en un ángulo recto F_Q o F_K. En primer lugar la vela debe generar fuerza de avance F_V. Sin embargo, ésta se genera simultáneamente con una fuerza de escora F_Q y depende de ella. En las mismas condiciones de viento, y en el mismo experimento práctico, con un yate navegando a vela un rumbo de ceñida, se generó una relación de fuerza de escora F_Q con respecto al avance F_V de 3,0 - 3,5. Es decir, la fuerza de escora o fuerza lateral es tres veces mayor que la fuerza de avance o,

TEORÍA Y PRÁCTICA DE LAS VELAS

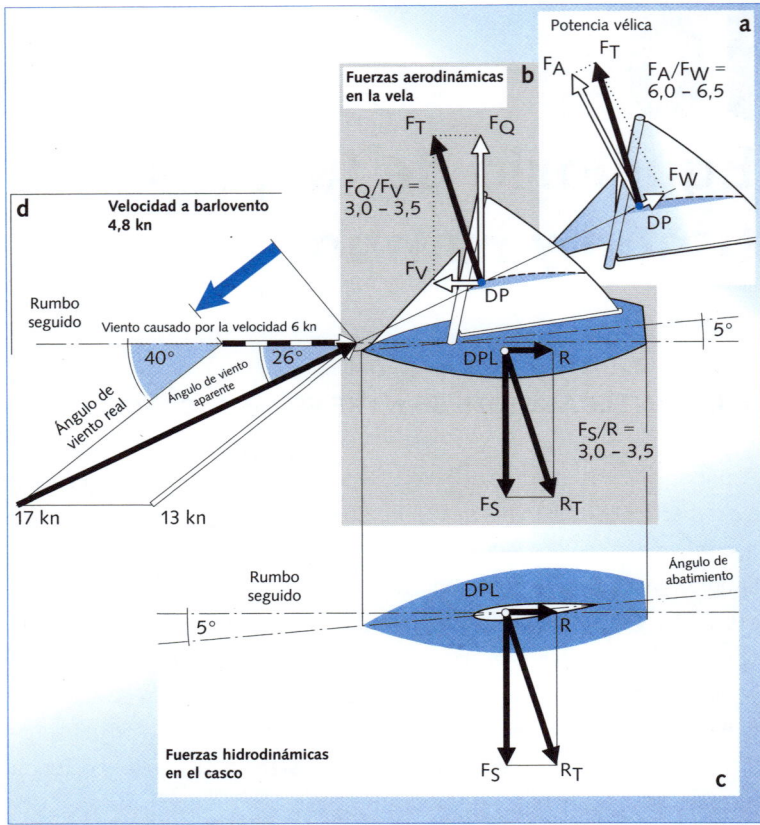

Fig. 207 Interacciones entre la vela y la quilla de aleta representadas en una imagen general: **imagen parcial a:** las prestaciones de una vela (como ala de sustentación aerodinámica), medida con el empuje F_A y la resistencia (general) F_W en una relación de 6,0 - 6,5, es decir, con gran aprovechamiento y poca pérdida (15%). La fuerza total F_T transferida a la **imagen parcial b** muestra su porcentaje de F_V para el avance efectivo y la inevitable escora F_Q en una relación de aprox. 3,0 - 3,5. Un barco sólo puede ceñir si la obra viva se "agarra" al agua y ofrece un resistencia lateral correspondiente. La **imagen parcial c** muestra las fuerzas hidrodinámicas homólogas y opuestas a las fuerzas aerodinámicas: la resistencia del casco R en oposición a la velocidad (F_V) y la fuerza hidrodinámica lateral F_S en oposición a la fuerza lateral y de escora aerodinámica (F_Q) en la misma relación de aprox. 3,0 - 3,5. La **imagen parcial d** muestra condiciones y efectos: el barco navega con un viento

EQUILIBRIO DE FUERZAS: TIMÓN Y RUMBO

atmosférico de 13 kn, un viento de a bordo de 17 kn y una velocidad de 6 kn a un rumbo con un 5° de abatimiento. El ángulo de viento real (entre rumbo y viento atmosférico) es de 40°, el ángulo de viento aparente (el que ofrece su energía cuando las velas están colocadas con un ángulo de incidencia de 15°) es de 26°. La velocidad a barlovento en estas condiciones es de 4,8 kn.

visto de otra forma: la mayor parte de la fuerza vélica se convierte en fuerza de escora (fig. 207b).

La imagen parcial c muestra las fuerzas hidrodinámicas en el casco de un barco que se mueve con una velocidad de 6 kn y un ángulo de abatimiento de 5°. La obra viva también puede considerarse un ala de sustentación que genera fuerzas hidrodinámicas (medibles en el canal de pruebas) F_S = fuerza lateral y R = resistencia, que pueden resumirse en la fuerza total hidrodinámica R_T (que pasa por el centro de presión lateral DPL). La potencia de un casco se basa en generar, con una velocidad determinada, la fuerza F_S lateral necesaria con la menor resistencia R del casco posible. Aquí la relación $F_S : R = 3,0 - 3,5$, es decir: al desplazamiento lateral del barco se opone una gran resistencia (lateral).

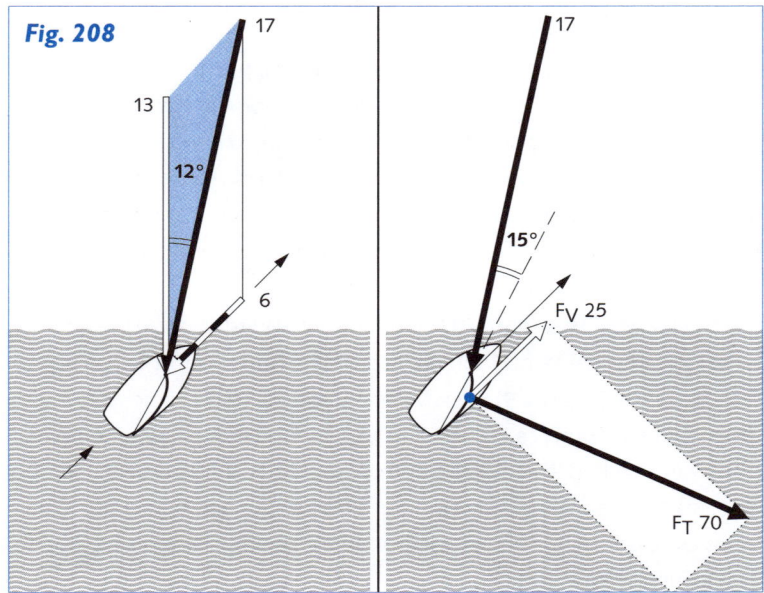

Fig. 208

TEORÍA Y PRÁCTICA DE LAS VELAS

La parte b de la figura, unida a la obra viva c, no sólo muestra que, cuando interactúan las fuerzas hidráulicas y eólicas, las fuerzas aerodinámicas F_T y las fuerzas hidrodinámicas R_T son equivalentes y opuestas, sino que también los sistemas de los componentes son equivalentes y actúan en oposición: la fuerza de avance de la vela F_V debe vencer la resistencia del casco R, mientras que la inevitable fuerza de escora de la vela F_Q es compensada por la fuerza lateral hidrodinámica F_S que actúa en la obra viva.

Sin embargo, existe un efecto recíproco entre las fuerzas aerodinámicas e hidrodinámicas generadas por nuestro barco durante su movimiento por el agua: cuando el barco avanza gracias a la energía eólica, primero son las fuerzas vélicas las que determinan el rumbo y, en consecuencia, el ángulo de abatimiento. Sin embargo, cuando aumenta la velocidad del barco, también empiezan a actuar las fuerzas hidrodinámicas generadas por el casco y se origina una retroacción permanente de las fuerzas de la vela sobre las fuerzas del casco y viceversa: si la velocidad del casco es mayor (gracias a una carena lisa) y un mejor comportamiento del casco (menos escora por más lastre), se influye en el comportamiento vélico porque se puede navegar más rápido al aumentar el viento aparente y con un ángulo de deriva menor. Si, por el contrario, las velas están mal trimadas o el timonel que lleva el barco es inexperto, este comportamiento negativo también actúa sobre el comportamiento del casco, con menos velocidad y más escora.

La interacción entre las fuerzas aerodinámicas en la vela y las fuerzas hidrodinámicas en el casco viene determinada, por un lado, por la diferencia en la fuerza del viento atmosférico y, por otro lado, por el mar generado justamente por este viento, con lo que no queda fuera de la influencia de la tripulación. Por otro lado, puede influirse sobre ambas fuerzas manteniendo condiciones de navegación constantes, mediante un trimado óptimo o llevando bien la caña y controlando la escora del barco hasta que vuelva a generarse un nuevo equilibrio.

En la parte d de la figura 207 se ha dibujado nuestro paralelogramo de las velocidades del viento, con un viento de a bordo de 17 kn, un viento real de 13 kn (Beaufort 4) y una velocidad de 6 kn (las condiciones reales del ensayo en la práctica). También se ha insertado el ángulo de viento real (40°) y el ángulo del viento aparente de 26° (que señala la veleta a tope de palo). Y, en último lugar, la velocidad a barlovento que se ha ganado con todos estos esfuerzos y que es la importante cuando se navega a barlovento es aquí de 4,8 kn.

EQUILIBRIO DE FUERZAS: TIMÓN Y RUMBO

■ MANTENER LA ESTABILIDAD DE RUMBOS Y EL EQUILIBRIO DIRECCIONAL

Para que un barco pueda mantener el rumbo navegando a vela sin que la pala del timón vaya tan inclinada que el barco se frene, el plano vélico y el casco deben estar sintonizados entre sí. En los barcos de serie modernos el constructor ha diseñado el plano vélico y el plano lateral de forma que

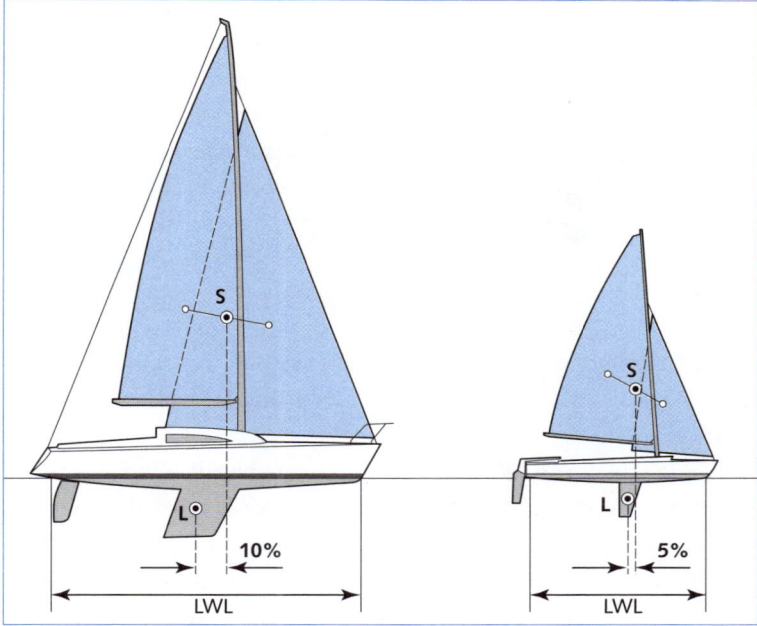

Fig. 209 Los cruceros están construidos de forma que, cuando están adrizados, el centro vélico proyectado sobre la línea de flotación se encuentra por delante del centro de presión lateral a un 10% de la línea de flotación constructiva. Con este valor se garantiza que los barcos sean algo ardientes en todas las condiciones y que orcen en caso de emergencia, se pongan proa al viento y paren. En la práctica, ambos centros de gravedad geométricos no tienen ninguna importancia. Aquí actúan los centros de convexión de los planos laterales, es decir, los centros de presión lateral, que se desplazan dependiendo de la escora y la velocidad del barco, y los centros vélicos, en los que actúan las fuerzas vélicas determinadas por el embolsamiento, la superficie vélica y la velocidad del viento.

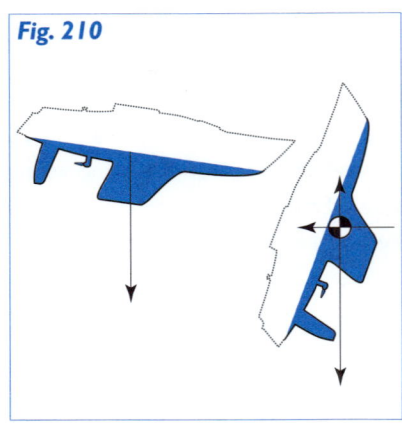

Fig. 210

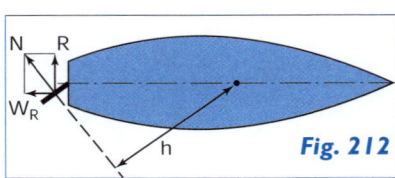

Fig. 212

Fig. 210 El punto de presión lateral como centro de gravedad geométrico también puede determinarse experimentalmente: se recorta la superficie lateral sobre un cartón grueso y se equilibra sobre la punta de un compás o lápiz, de forma que se mantenga en posición horizontal. Si esto no funciona, se cuelga este trozo de cartón por diferentes puntos y se determina el punto de presión lateral en la intersección de las diferentes rectas.

exista un equilibrio direccional entre las fuerzas aerodinámicas e hidrodinámicas y, de esta forma, se dé una estabilidad de rumbos en muchas condiciones.

Desde el punto de vista constructivo, la estabilidad de rumbos depende del centro vélico (fig. 209), el punto de aplicación del empuje vélico (se calcula generalmente a partir de la vela mayor y el triángulo de proa), y del centro de presión lateral (fig. 210), el punto de aplicación de la obra viva (visto lateralmente). No es muy complicado determinar la posición de ambos centros de gravedad a partir de un plano vélico. Si el centro vélico (S) está por delante del centro de presión lateral (L) hasta un 10% de la línea de flotación constructiva, las propiedades de navegación pueden considerarse equilibradas.

La eficacia aerodinámica de la vela mayor y de la vela de proa no es la misma, especialmente en el caso de los génovas con solapamiento como, por ejemplo, un génova I con una medida LP de 150%. El equilibrio direccional depende en la práctica de los puntos de presión en la vela y de los sofisticados diseños de la obra viva (casco y quilla de aleta) y no de los centros de gravedad superficiales. Por motivos de espacio, aquí no podemos mostrar un método más complejo y fiable para calcularlo.

EQUILIBRIO DE FUERZAS: TIMÓN Y RUMBO

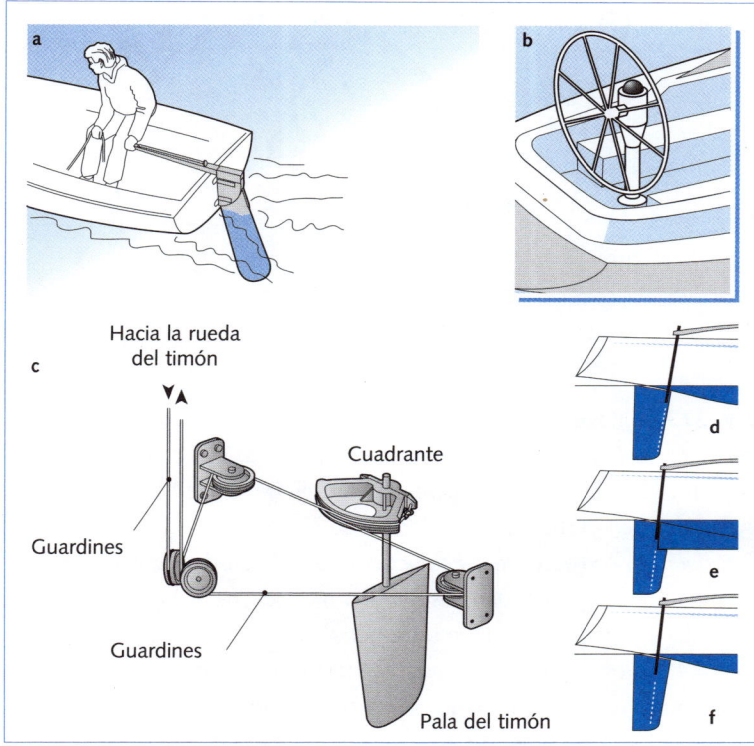

Fig. 211 El gran efecto de una pala de timón relativamente pequeña se genera gracias a la gran distancia que hay entre esta superficie y el punto de presión lateral y mediante el brazo de palanca creado en correspondencia (fig. 212). La unión más sensible entre el timonel y su barco es la caña (a), a través de la cual el barco le informa sobre el equilibrio direccional, es decir, si las velas están bien trimadas y si los puntos de presión del casco y las velas están equilibrados. La desventaja de los barcos actuales, que están equipados con sistemas de gobierno mecánicos (c), que se mueven mediante ruedas de grandes dimensiones (b), es que el timonel aplica grandes fuerzas al sistema con un ligero movimiento de la rueda, con lo que ya no percibe el estado del barco, debido a que el sistema absorbe la información. El máximo esfuerzo lo realiza el timonel de un barco con un timón que no está compensado (d): por este motivo suelen emplearse ruedas muy grandes. El manejo de timones semicompensados (e) y compensados (f) es más fácil.

TEORÍA Y PRÁCTICA DE LAS VELAS

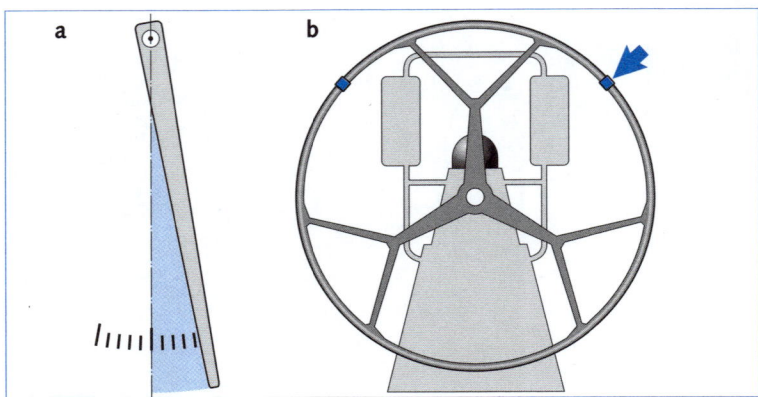

Fig. 213 *La posición del timón es el mejor indicador de un trimado correcto o del efecto que tienen las modificaciones. Si el barco utiliza caña (a) se reconoce directamente la posición del timón en el ángulo que forma con la línea de crujía, donde se puede marcar la posición con facilidad (dependiendo de las características del barco): si la caña es de un metro de longitud, cuando está a una distancia de 5,2 cm de la línea de crujía significa que el timón está metido unos 3°; si la distancia es de 10,4 cm, 6°, y si es de15,6 cm, 9°. Estas marcas son mucho más importantes en el caso de tener rueda (b). Se colocan en la rueda o en sus radios. A menudo sólo es posible hacerlo con el barco varado, mientras una persona mueve la pala del timón y otra observa la rueda en cubierta. Una vez que se conoce el ángulo máximo, puede determinarse el número máximo de giros de la rueda de estribor a babor y calcular a partir de ese punto ángulos de 3° o 5°. Un barco bien trimado deberá navegar de ceñida con fuerza 4/5 con el timón a la vía y poder mantener autónomamente el rumbo (con la rueda fijada).*

Si el equilibrio direccional está perturbado, el barco es propenso a arribar o a orzar (se dice que es ardiente). Con poco viento, es conveniente que el barco sea propenso a arribar, ya que ello implica que será ardiente cuando el viento aumente. La tendencia a orzar es deseable, porque un barco puede pilotarse mejor si la caña genera una ligera contrapresión y, además, si hay que dejar la caña suelta (en caso de emergencia), es mejor que el barco orce y se coloque proa al viento. Con el aumento o el descenso de presión en la caña, un timonel experimentado sabe

EQUILIBRIO DE FUERZAS: TIMÓN Y RUMBO

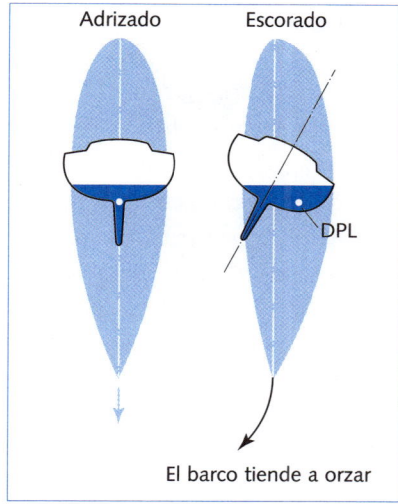

Fig. 214 Si el barco escora demasiado con mucho viento (porque lleva demasiada superficie vélica), la carena de flotación adquiere una forma asimétrica. La resistencia hidrodinámica aumenta y el centro de presión lateral pasa a sotavento, la distancia al centro vélico aumenta y el barco tiende a orzar. Esta tendencia a orzar (que a su vez aumenta la escora) sólo puede combatirse actuando exageradamente sobre el timón. Esto aumenta el efecto de frenado de la escora. Por lo tanto, es mejor rizar o cambiar de vela a tiempo para que no se produzca esta reacción en cadena. El barco navega más rápido con velas rizadas que con todo el trapo arriba y mucha escora.

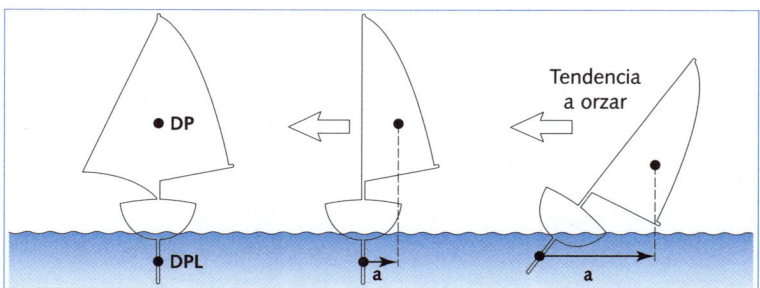

Fig. 215 La mayor estabilidad con el timón a la vía la obtiene un barco cuando navega de popa redonda con una vela de proa atangonada y completamente adrizado, ya que en este caso el centro vélico DP se encuentra casi verticalmente sobre el punto de presión lateral DPL (izquierda). Si no se lleva izada una vela de proa en estas condiciones, se forma un brazo de palanca (a) entre ambos puntos de presión que hace orzar el barco. En caso de escora, el barco también tiende a orzar, porque, en este caso, ambos puntos de presión todavía se separan más y el brazo de palanca (a) aumenta considerablemente.

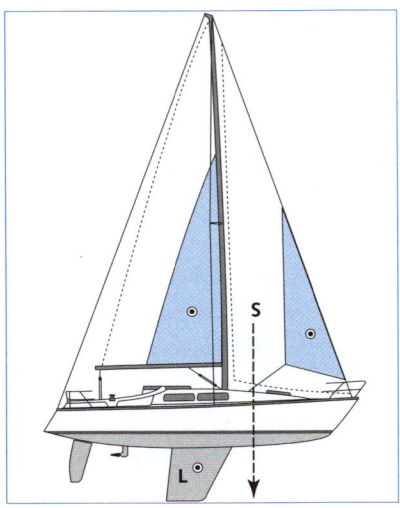

Fig. 216 Cuando se emplea un foque sobre enrollador, el centro vélico se desplaza necesariamente hacia delante en el momento de rizar y, en consecuencia, aumenta la distancia con respecto al punto de presión lateral, porque el punto de presión de la mayor rizada también se adelanta. Esto podría causar una tendencia a arribar. En este caso (como en el caso de un barco con doble estay proel) debe izarse en el estay interior una segunda vela de proa que también pueda rizarse o se debe izar una trinqueta en el correspondiente estay para mantener el centro vélico en su posición y mantener el equilibrio direccional con el timón a la vía.

cuándo se ha perdido el equilibrio direccional y cuándo las fuerzas aerodinámicas sobrepasan las fuerzas hidrodinámicas o viceversa (fig. 211).

Debido a la gran distancia que hay entre la superficie de la pala del timón y el punto de presión lateral, el efecto de la pala es muy grande, aunque sólo se mueva unos grados (fig. 212). La fuerza con la que el timonel nota la presión de la pala a través de la caña o la rueda depende de la forma, la superficie y el perfil de pala (fig. 211 a-c). El tipo de suspensión del timón bajo la popa del barco también influye en la presión perceptible en la caña o en la rueda. El timón más simple y más empleado en los

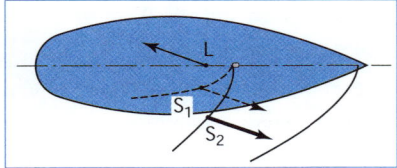

Fig. 217 Cuando se fila la escota de la mayor, aumenta la tendencia a orzar porque aumenta la distancia lateral de los puntos de presión, especialmente cuando la mayor cubre la vela de proa.

EQUILIBRIO DE FUERZAS: TIMÓN Y RUMBO

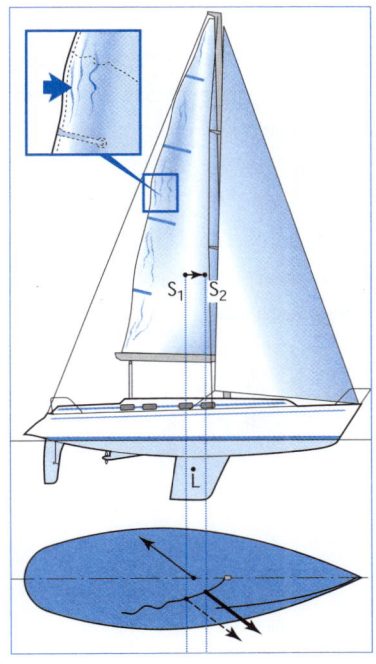

Fig. 218 Demasiado viento en un rumbo de ceñida. El barco escora demasiado. Debido al viento y a la escora, es muy ardiente. ¿Qué hacer? Rizar la mayor y adelantar el centro vélico. También puede dejarse flamear la baluma de la mayor cuando no es posible tomar un rizo (o en caso de regata, navegando un triángulo). De esta forma se reduce la fuerza del viento y también se adelanta el centro vélico.

Fig. 219 Si con mucho viento se permite que una vela mayor embolsada flamee para reducir la escora o si se desvía el viento de un génova demasiado cazado hacia la mayor, el centro vélico se desplaza hacia popa y aumenta la tendencia a arribar. En este caso, la alternativa también es reducir la mayor.

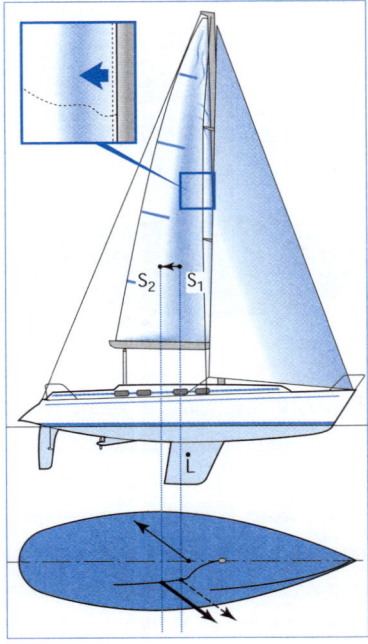

217

barcos de serie es una pala suspendida y no compensada (d). Este tipo de timón es el que presenta menos resistencia hidrodinámica y el que reacciona con más rapidez cuando se actúa sobre él. Sin embargo, navegando a vela pierde su efectividad con un ángulo de incidencia de aprox. 30°. En este caso, el flujo de agua se desprende, no puede evitarse la orzada y el barco ya no responde al timón.

La presión adecuada del timón en un rumbo de ceñida se calcula considerando el ángulo de la caña o la posición de la rueda (radios) con respecto a la línea de crujía (fig. 213). Si se puede navegar un rumbo que

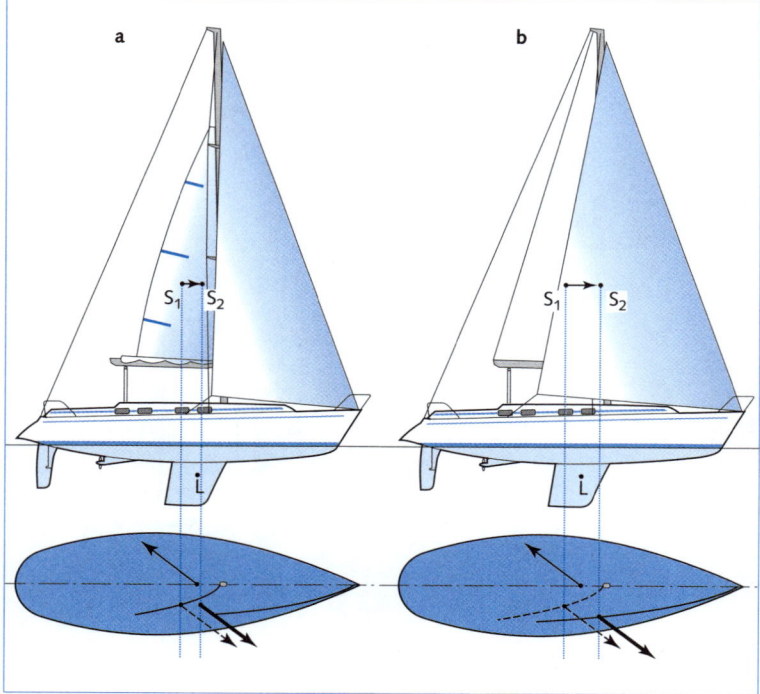

Fig. 220 Si el barco se vuelve ardiente, llevando la superficie vélica de ceñida en un rumbo portante o al través, porque se ha filado la escota de la mayor, hay que izar una vela de proa más grande para adelantar el centro vélico. Para ello puede emplearse una vela de proa asimétrica (a), que conserva el equilibrio direccional, lo que nos permite mantener el timón a la vía si se iza en un botalón corto para separar la vela del estay proel. Puede apreciarse el mismo efecto cuando se va de través con spi (b).

EQUILIBRIO DE FUERZAS: TIMÓN Y RUMBO

está dentro de las marcas, el equilibrio direccional con las velas arriadas y trimadas es óptimo.

Si la rueda o la caña tienden a desplazarse hacia la línea de crujía, el barco es propenso a arribar y debe cambiarse el trimado de las velas o las propias velas. Si la rueda o la caña se desplazan hacia afuera, hay que combatir la tendencia a orzar del barco. El barco también tiende a orzar cuando escora demasiado y cambia la forma de la carena (fig. 214). Antes

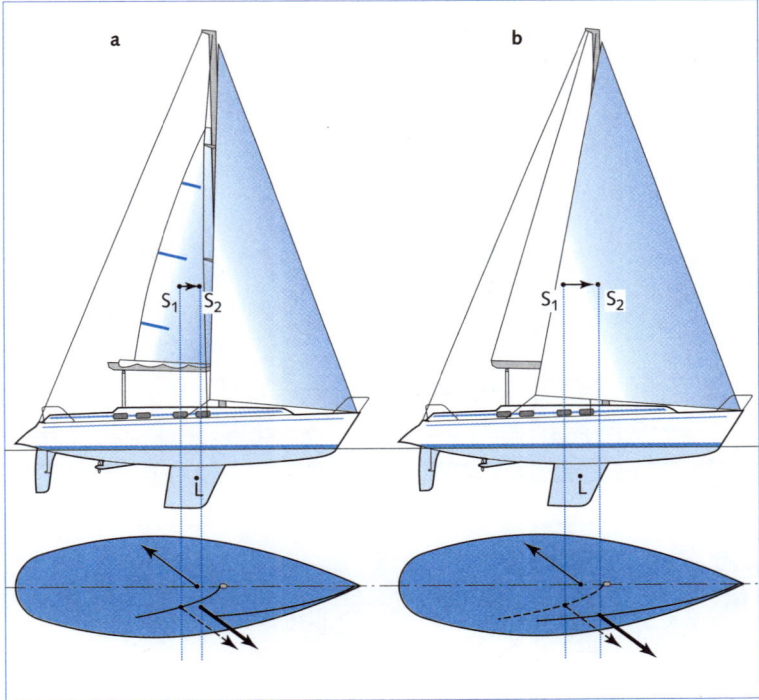

Fig. 221 *En este barco tan sólo puede navegarse en un rumbo de través con las escotas filadas y mucho timón. Esto significa que el centro vélico se ha desplazado a un lado y el centro de presión lateral hacia el lado contrario. Lateralmente se ha generado un brazo de palanca entre ambos centros de presión que crea la tendencia a la orzada. Hay que rizar la mayor (a). También puede arriarse la mayor y seguir navegando con un génova grande. Especialmente cuando el viento va en aumento se vuelven a acercar los vectores de fuerza de ambos centros de presión, con lo que se neutraliza la presión del timón.*

TEORÍA Y PRÁCTICA DE LAS VELAS

de actuar sobre el timón para mantener el rumbo y para volver a establecer el equilibrio direccional perturbado (la mayoría de las veces gran tendencia a orzar), pueden emplearse medidas efectivas de trimado: modificando el centro vélico (con la escota, cunningham y pajarín), modificando el ángulo de incidencia de la vela (no sólo para generar más fuerza, sino para expulsar el excedente energético), empleando otras velas o sirviéndose de la tripulación para hacer banda (para desplazar el centro de presión lateral). Las figs. 215-223 muestran consejos útiles para ello.

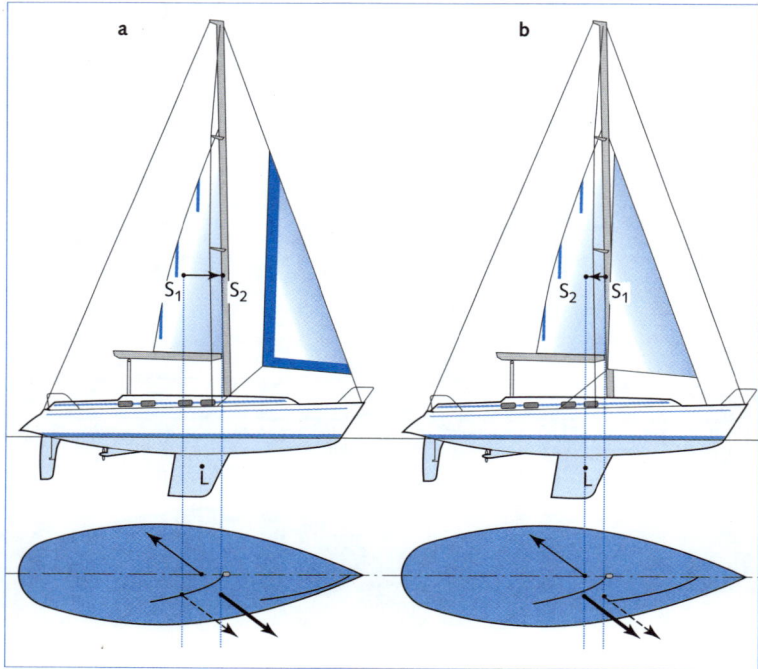

Fig. 222 Cuando se emplea un foque sobre enrollador, el centro vélico se desplaza hacia delante al rizar las velas, lo que aumenta la distancia con respecto al centro de presión lateral, ya que el centro de presión de la mayor también se adelanta cuando se riza (S_1-S_2). Esto podría hacer que un barco fuera propenso a la arribada (a). En este caso (como en un balandro con dos estays), debe emplearse una segunda vela de proa en el estay interior o fijarse un tormentín en un estay de trinqueta (b) para conservar el centro vélico en su puesto y mantener el equilibrio direccional del barco con el timón a la vía.

EQUILIBRIO DE FUERZAS: TIMÓN Y RUMBO

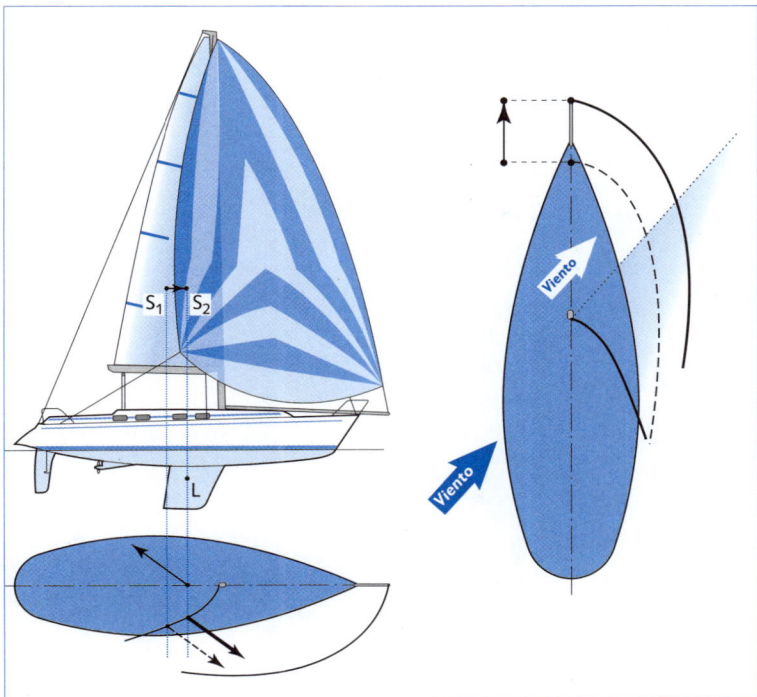

Fig. 223 En rumbos portantes puede mantenerse (con el timón a la vía) el equilibrio direccional, perturbado por una mayor muy abierta, mediante una vela de proa asimétrica (gennaker) izada por delante del estay en el flujo de aire activo y aparejada sobre un botalón.

Sobrepasar la velocidad del casco, ¿o frenar rizando?

Por regla general, un barco con casco de desplazamiento no puede ir más rápido que el sistema de olas que genera. Este sistema de olas empieza con la cresta de la ola de proa y finaliza en la ola de popa. Esto puede verse claramente cuando los remolcadores del puerto, que tienen muy poca eslora, navegan a toda velocidad por las tranquilas aguas del puerto.

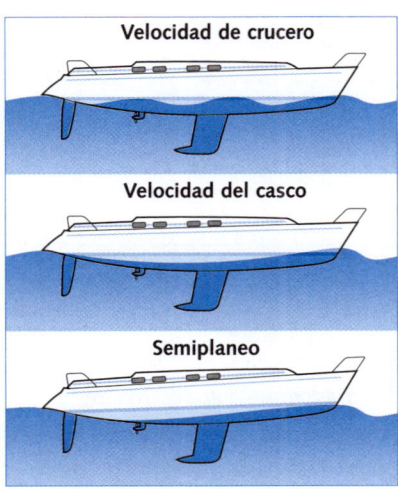

Fig. 224 Tres estados de navegación de un yate. En la imagen superior se ve un yate navegando en modo de desplazamiento, con varias olas entre la proa y la popa. Se trata de la velocidad de crucero, muy por debajo de la velocidad óptima. En la imagen central el barco navega a la velocidad del casco y se aprecia cómo está aprisionado por el sistema de olas que genera a proa y a popa. En la imagen inferior se ve un intento de planeo. En este caso, un barco relativamente ligero y de popa ancha puede intentar abandonar su sistema de olas con mucha potencia vélica y subir la proa a la ola. Si consigue liberar el casco de la ola de popa, entrará en un estado de semiplaneo.

Puesto que navegando a vela los yates solo generan el sistema de olas con mucho viento (lo cual está asociado con oleaje) y además suelen escorar, este sistema de olas no es tan marcado, a no ser que naveguen con el motor a fondo. La fig. 224 muestra el casco de un barco de 11,50 m de eslora cuando navega a velocidad de crucero, cuando llega a la velocidad máxima del casco y cuando sobrepasa esta velocidad (posibilidad que se da en determinadas condiciones), empezando a deslizarse hasta que alcanza un semiplaneo (que es lo que se buscaba).

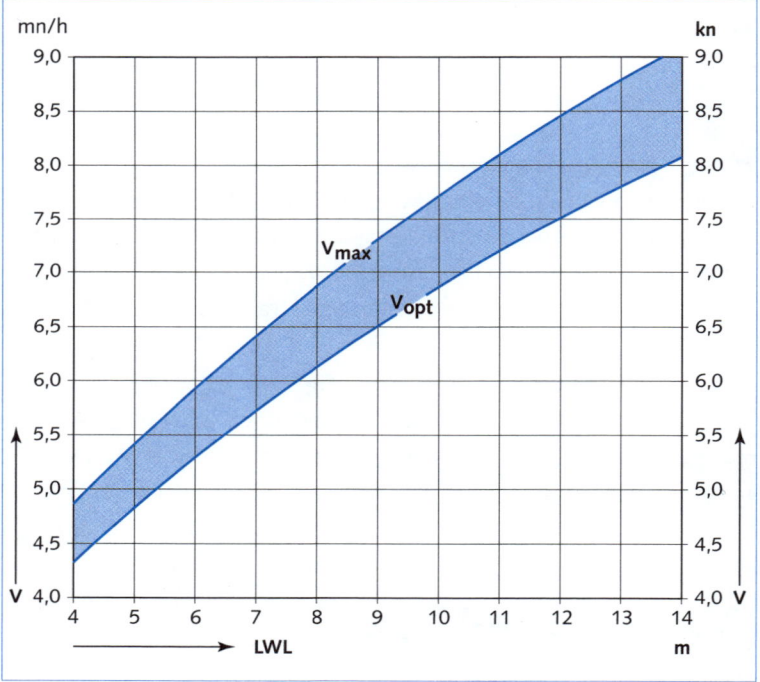

Fig. 225 Con este gráfico puede calcularse la velocidad máxima de un barco de desplazamiento. Depende de la eslora de flotación (en los cruceros modernos también puede emplearse la eslora total para realizar un cálculo aproximado). La curva superior muestra la velocidad máxima teórica que un barco de desplazamiento puede alcanzar (en condiciones de viento ideales y mar plana en un rumbo portante). Se corresponde con la longitud del sistema de olas generado por el barco. Asimismo, la curva muestra la velocidad máxima a la que un barco puede ser remolcado (por ejemplo, tras una avería) sin sufrir desperfectos. En la curva inferior

SOBREPASAR LA VELOCIDAD DEL CASCO, ¿O FRENAR RIZANDO?

podemos apreciar la velocidad óptima, es decir, lo que uno puede pedir a su barco y lo que éste puede ofrecer si aplicamos adecuadamente todos los trucos en un barco bien construido y aparejado. Entre medias está la zona (peligrosa) en la que debemos estar muy atentos y, en su caso, frenar, es decir, rizar. Puesto que un barco de desplazamiento no puede abandonar su sistema de olas, cualquier empuje de nuestras velas que no se convierta en velocidad puede llevar a la rotura de la jarcia, el eslabón más débil de nuestro barco. Se han dado muchos casos en los que se ha hecho caso omiso de esta zona de advertencia entre las curvas y que han acabado en la pérdida del palo. En un barco de 11 metros la zona de advertencia navegando en un rumbo óptimo comienza aprox. a una velocidad de 7,2 kn y acaba a una velocidad de 8,2 kn. En los barcos que son capaces de planear y en los que la tripulación quiere acelerar, cuando se alcanza la velocidad óptima (V_{opt}) debe comenzarse a trabajar con los medios técnicos y la selección de un buen rumbo respecto de la mar y del viento para conseguir que el barco planee. Aquí no debe hacerse caso de las otras indicaciones.

Según la fórmula de la velocidad del casco en nudos (2,43 multiplicado por la raíz cuadrada de la eslora de flotación en metros) todo el mundo puede calcular la velocidad máxima de su barco. También puede obtenerse en el gráfico de la fig. 225 y que representa barcos con una eslora de flotación entre 4 y 14 m. Un barco de carena plana, popa ancha (la mayoría de los cruceros modernos están construidos así), extremadamente ligero y con una superficie vélica sobredimensionada, puede elevarse sobre la ola de popa en un rumbo portante con mucho viento y escapar, prácticamente, de ella para deslizarse sobre la misma. Un barco extremadamente ligero (por ejemplo, de carbono), que con su estrecha quilla de aleta bajo un casco de carena plana no es otra cosa que una tabla de surf gigante, puede cabalgar como tal sobre las grandes olas atlánticas. Si en este caso una rompiente persigue el barco y el timonel es capaz de mantener el barco a rumbo sin peligro de escora, el crucero puede mantenerse durante cierto tiempo sobre esta ola y deslizarse por la misma.

Sin embargo, esto puede ser muy peligroso. Si el barco se fuera de orzada podría atravesarse a la mar, volcar y romper el palo. El palo también podría romperse debido a la sobrecarga sufrida por la jarcia durante estas "cabalgadas infernales". Si en rumbos de ceñida se intenta navegar más rápido que otros y se lleva demasiada superficie vélica, la escora es la válvula de escape para expulsar el excedente de viento. Sin embargo, en rumbos portantes, en los que se intenta alcanzar velocidades de planeo, la estabilidad longitudinal del barco es tan grande que no existe aviso de que se está sobrecargando el casco o el aparejo, sino sólo la realidad final: la rotura del palo. El palo de aluminio, ligero y alto, es actualmente el punto más débil de los elementos de un aparejo (con paños a prueba de rotura por tracción, obenques y estays altamente resistentes). Pero, aunque lo parezca, la rotura del palo no es un delito de caballeros ("echad a pique el aparejo, que el seguro ya pagará"), sino una mala nota en técnica de navegación para una tripulación inexperta e imprudente.

Aunque los astilleros afirmen, en animaciones realizadas por ordenador, que su barco de 16 m puede alcanzar una velocidad del casco de 9,7 kn y que en estado de semiplaneo puede incluso conseguir 2 nudos más, esto no significa que el barco completamente equipado y con tripulación pueda planear en condiciones de mar, y menos aún que dicha tripulación esté cómoda planeando.

El que quiera navegar rápido puede comprarse un barco con una gran eslora de flotación o decidirse por barcos extremadamente ligeros con popas muy anchas. Cuando los navegantes explican con orgullo que han alcanzado velocidades de planeo con sus yates suelen tratarse valores punta indicados momentáneamente por la corredera. Para un barco de desplazamiento normal lo importante es frenar rizando justo antes de llegar a la velocidad del casco en la zona crítica, tanto para la técnica de navegación como para el comportamiento marinero de un barco (fig. 225).

■ TOMAR RIZOS ES UNA OPERACIÓN TÉCNICA

Tomar rizos es una operación en la que se reduce superficie vélica porque el viento ha aumentado demasiado o por cualquier otro motivo por el que se quiera navegar más lento. La expresión proviene de la palabra rizo, que es un cabo delgado (matafión) que se pasa por los ollaos de las velas para aferrar una parte de éstas. Esta maniobra se define con la expresión tomar rizos y su contraria es la de largarlos. Rizar es una acción con mucho

SOBREPASAR LA VELOCIDAD DEL CASCO, ¿O FRENAR RIZANDO?

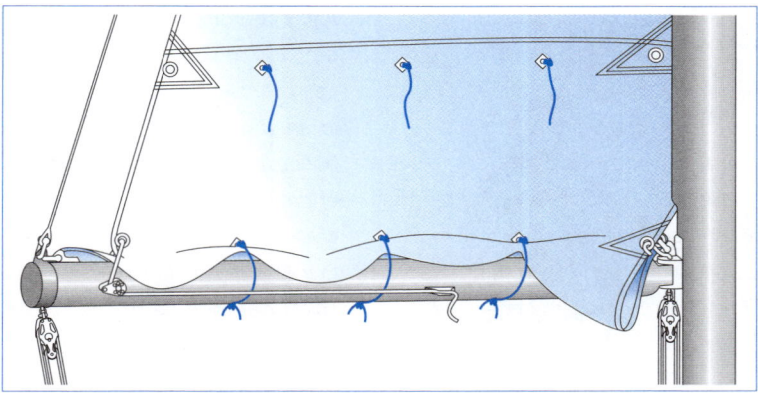

Fig. 226 *La parte inferior de la vela mayor está bien aferrada con los matafiones.*

sentido común desde el punto de vista técnico y no una acción de cobardes, como muchas veces se oye decir. Con una superficie vélica reducida debidamente un barco no es más lento, pero sí más confortable y seguro.

Los dispositivos de rizado han cambiado considerablemente en los últimos años: antiguamente los veleros rizaban sus velas hacia abajo, hacia la botavara o el pujamen. La introducción de palos con enrollador y enrolladores de velas de proa revolucionó la práctica de tomar rizos conocida hasta el momento y se empezaron a reducir las velas hacia el grátil (fig. 111a).

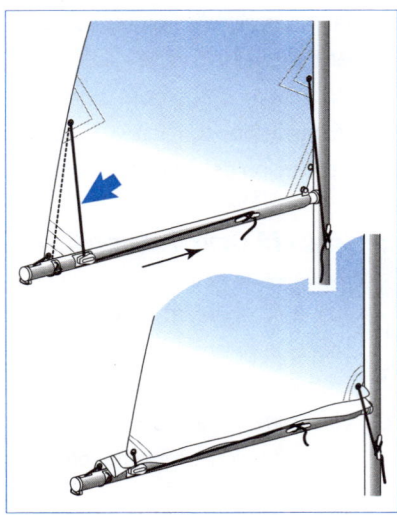

Fig. 227 *El amante de rizo es un cabo que sale de la botavara, pasa por el ollao de rizo y vuelve a la botavara, donde se reenvía a una cornamusa. Antiguamente, estos cabos estaban engrasados. El grátil se riza de la misma forma empleando una cargadera.*

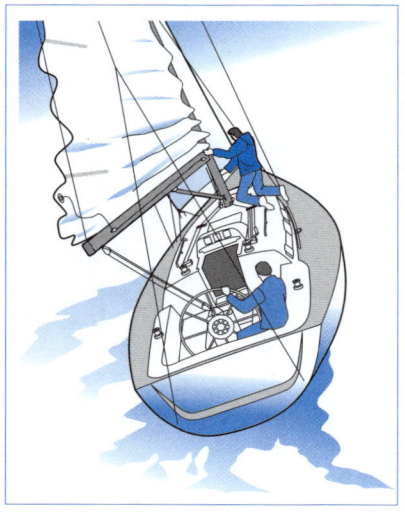

Fig. 228 Para rizar con el amante de rizo hay que desplazarse al palo (tras filar la driza de la mayor en la bañera): primero hay que cazar el amantillo y sacar la fuerza vélica de la vela; seguidamente, filar la driza de la mayor, colocar el ollao de rizo del grátil en uno de los cuernecillos y cazar la driza. A continuación, debe cazarse el amante hacia el pinzote de la botavara y morderse. No es necesario aferrar la vela a la botavara con matafiones, pero puede hacerse si se desea.

El uso de los enrolladores y la práctica de rizar ya se ha descrito en los capítulos "La vela mayor" y "Velas de proa geométricas". Sin embargo, puesto que todavía se sigue rizando la mayor hacia el pujamen y se han desarrollado muchas innovaciones en este sentido que nos facilitan el manejo de las velas, vamos a describirlas brevemente. La reducción de la superficie vélica rizando forma parte de la técnica de la vela y también queda determinada por reflexiones acerca de limitar la fuerza vélica, mantener la estabilidad de rumbos, evitar la escora y alcanzar la velocidad del casco, entre otros aspectos.

Tomar rizos en su forma original es una práctica poco habitual (fig. 226). En los cruceros pequeños se adoptó una evolución del mundo de la pesca

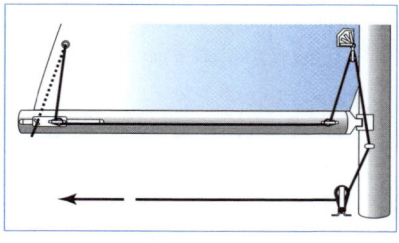

Fig. 229 Cuando se emplea un sistema de rizos automático de un solo cabo, éste se reenvía hacia el pinzote de la botavara, desde allí se pasa por una polea montada en el rizo, se reenvía al pie del palo y, seguidamente, a la bañera. En este caso se genera mucha resistencia de fricción.

SOBREPASAR LA VELOCIDAD DEL CASCO, ¿O FRENAR RIZANDO?

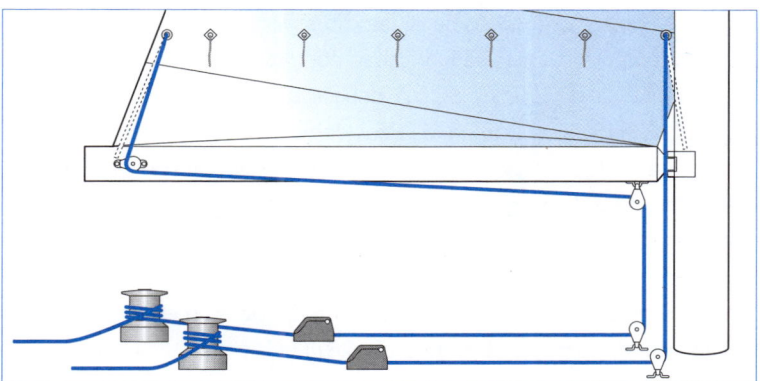

Fig. 230 En el sistema de rizo automático de dos cabos se reenvía el amante de rizo a la bañera mientras que la cargadera se encarga de reducir trapo en el grátil. La resistencia por fricción de este sistema es menor que en el caso del sistema de rizo automático de un solo cabo.

que permite aferrar la superficie vélica sobrante desde el mismo palo sin necesidad de emplear matafiones.

En este tipo de rizo, el cabo de rizado va desde el extremo de la botavara hacia el ollao de la baluma y baja de nuevo hacia la botavara hasta una cornamusa en la que se fija el cabo (fig. 227). Antiguamente,

Fig. 231 En un barco moderno, todos los cabos del sistema de rizado pasan por el interior de la botavara hacia roldanas colocadas cerca del pinzote; entre el pajarín y un rizo de fondo (para trimar la vela) puede haber hasta 4 cabos.

TEORÍA Y PRÁCTICA DE LAS VELAS

cuando se empleaban cabos de cáñamo o sisal, que eran muy rígidos y se atascaban con frecuencia, se lubricaban con grasa.

Con este sistema, una persona debe ir a trabajar al palo para rizar (fig. 228). Desde allí se toman los rizos debidamente. En cambio, con los sistemas actuales de rizos automáticos de un solo cabo (fig. 229) o de dos cabos (fig. 230), ya no es necesario ir al palo. Estos sistemas permiten realizar todos los trabajos del proceso de rizado desde la bañera. Sin embargo, para ello hacen falta dos winches (de escota) potentes con los que superar las resistencias de fricción causadas por el reenvío a la bañera del amante de rizo y la cargadera (fig. 231).

La botavara enrollable es uno de los sistemas más modernos a la hora de rizar una vela mayor. A partir de 1982 se han probado los primeros

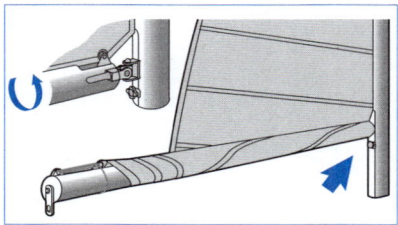

Fig. 232 En algunos barcos se riza enrollando la vela en la botavara. En barcos de vela ligera se saca la botavara del pinzote, se le da algunas vueltas enrollando la vela y se vuelve a colocar en su sitio.

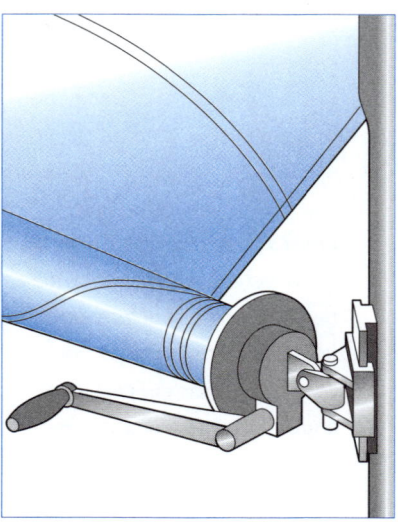

Fig. 233 En algunos barcos se riza mediante un mecanismo giratorio con manivela montado detrás del pinzote de la botavara.

SOBREPASAR LA VELOCIDAD DEL CASCO, ¿O FRENAR RIZANDO?

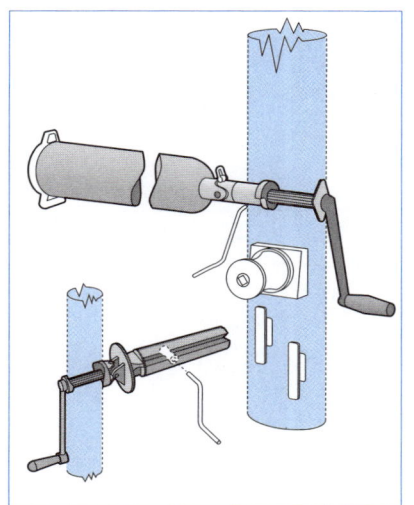

Fig. 234 Otros sistemas emplean un mecanismo giratorio en el cual se monta un eje que atraviesa el palo. Allí se monta una manivela con la que se puede enrollar la vela en la botavara. Para barcos más grandes se desarrolló un sistema con engranajes a fin de enrollar velas grandes o para manejar, desde una altura adecuada, botavaras muy altas.

Fig. 235 En una botavara enrollable la vela mayor con sables forzados se enrolla sobre un eje giratorio montado sobre cojinetes. El tambor de rizado puede estar tanto en la parte anterior como en la posterior del palo. Este sistema emplea una guía (adicional) para el grátil con alimentador de vela automático para que la vela se enrolle debidamente en la botavara. La guía puede colocarse en el palo con remaches o sobre patines especiales montados en un canal ya existente. El cabo de rizado se usa desde la bañera.

La vela enrollada puede guardarse con una cubierta especial montada sobre la botavara.

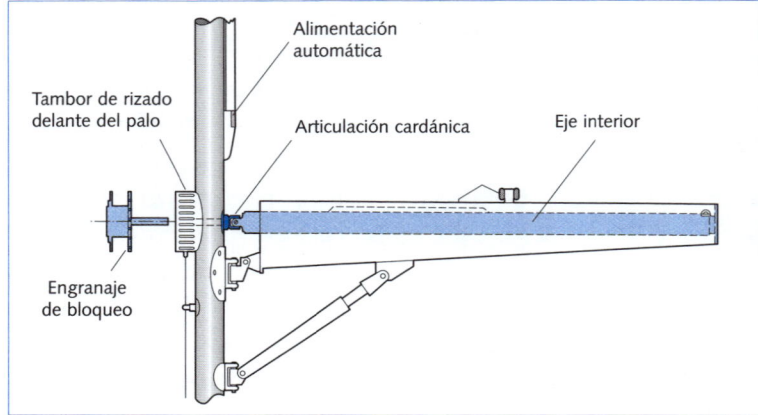

Fig. 236 Componentes técnicos de una botavara con cámara hueca: el tambor de rizado va montado delante del palo y puede ser usado con seguridad por una persona que esté allí. Un engranaje de bloqueo en el tambor impide que la vela salga volando involuntariamente. Una articulación cardánica une el eje en la botavara con el tambor en el palo, de forma que el rizado puede efectuarse aunque la botavara esté ligeramente desplazada tanto horizontal como verticalmente.

prototipos con botavaras de varias formas. La fabricación en serie pudo iniciarse en 1986 en un barco de 11 metros. Actualmente, varias empresas ofrecen botavaras enrollables construidas bajo el mismo principio, con diferentes nombres comerciales.

El sistema es muy simple: hasta entonces, muchas generaciones de aficionados a la vela enrollaban las velas alrededor de la botavara tanto en yolas de vela ligera (fig. 232) como en barcos más grandes (fig. 233). Sin embargo, el verdadero padre de las botavaras enrollables modernas es el sistema que se muestra en la fig 234, que es el empleado en todo el mundo hasta la aparición de las mayores enrollables. Algunos fabricantes de veleros afirman que su sistema de enrollado compuesto por una botavara con un eje interior es un sistema "inventado por ellos" (fig. 235).

Se llegó a este sistema moderno para solucionar el problema de la contra cuando la vela estaba rizada. La contra también es un invento reciente en la técnica de la vela. Las botavaras enrollables se fabrican de aluminio o de fibra de carbono. De esta forma no sólo son ligeras, sino

SOBREPASAR LA VELOCIDAD DEL CASCO, ¿O FRENAR RIZANDO?

que también adquieren una forma aerodinámica. Una de las condiciones para poder usar este sistema es disponer de una mayor con sables forzados (fig. 106) para que la vela pueda enrollarse en toda su anchura sin que se produzcan pliegos. En este caso, también podrá emplearse una mayor muy alunada.

Para rizar, la vela debe estar proa al viento y la botavara, si no está equipada con un pinzote colocado sobre una articulación cardánica, debe estar en posición horizontal. Este sistema se maniobra desde la bañera (como todos los sistemas actuales): el cabo de rizado pasa por un tambor situado a popa del palo, en la misma botavara o delante de la misma. El empleo de una articulación cardánica de acero inoxidable que une el eje de accionamiento del tambor con el eje en la botavara es el sistema más caro, pero también el más seguro (fig. 236). Un engranaje de bloqueo en el tambor descarga el cabo de rizado y evita que la vela salga volando.

En este caso, la vela mayor sólo puede trimarse mediante la tensión de la driza, la contra y la escota de la mayor; no pueden emplearse ni pajarín ni cunningham. La ventaja frente a un sistema de enrollado en vertical consiste en que se llega a cualquier punto de la botavara cuando la vela se atasca y, en caso de emergencia, pueda arriarse la vela de forma convencional, es decir, dejándola caer y aferrándola a la botavara. El centro vélico no cambia mucho en comparación con el sistema de palo enrollable.

Para que la vela puede entrar de forma homogénea y vertical desde arriba en la botavara enrollable (y no caiga por un lado si se ha filado la driza con demasiada rapidez), se recomienda usar además *lazy jacks* (fig. 108).

Índice alfabético

aerodinámica, 27
Alinghi, 51
Allrounder, 74, 76
altura del aparejo, 61
alunamiento, 69, 77, 123, 232
amante de rizo, 227, 228, 229
ángulo de actuación de la escota, 148
ángulo de desviación, 183
ángulo de incidencia, 188
    óptimo, 35, 36, 99
ángulo de tiro, 142
ángulo de viento aparente, 18, 44, 207
ángulo de virada, 25
ángulo del timón, 214
ángulo del viento, 18, 45
aparejo, 88, 226
    3/4, 130
    5/6, 87
    7/8, 69, 70, 88, 89, 138, 140
    a tope de palo, 62, 68
    balandro con dos estays, 81
    de cangreja, 69
    de la escota de la mayor, 104
    del puño de amura, 143, 167, 168, 170, 172
    flexible, 68, 88, 89
    fraccionado, 67
aplanar, 162
ardiente, 103, 224
arriar el spi, 193, 202
arriar vela de proa, 180

articulación cardánica, 232
atravesarse a la ola, 202, 215
avance, 210

babystay, 88, 220
bailar con las olas, 201
balanceo, 203
    navegando con spi, 201
balandro, 61
balandro con dos estays, 65, 160, 216, 220
baluma, 103, 111, 120, 121, 142, 165
    abierta, 103, 142
    cerrada, 103, 142, 152
    del spi, 168
bandas de trimado, 150
barber, 133, 144, 178
    de génova, 145, 174
barber hauler, 174
barco de desplazamiento, 224
barcos que planean, 225
Beaufort, 10, 11
blister, 67, 74, 76, 133, 134, 166, 170, 172
bolina, 19
bolsa, 83
    del spi, 200
booster, 76
borde de ataque del viento, 138, 175, 179
botalón, 75, 133, 169, 220
botavara con cámara hueca, 232

botavara enrollable, 115, 227
braza, 165, 193
Bruce Banks, 188
burdas bajas, 90

cabalgar por las olas, 225
cabo de izado, 192
cabo de trimado, 104
cabo del cunningham, 82
caída del palo, 139
calcetín, 173, 175, 193, 200
    del blister, 175
    del spi, 175
caña, 214
carro de escota, 103, 156
catavientos, 152
centro de presión lateral, 211, 212, 215
centro vélico, 32, 86, 211, 212, 218, 233
ceñida, 19
chapa agujereada, 154, 156
chapa de trimado, 156
clipper, 116
código cero, 61, 165, 170
código uno, 166, 168
coeficiente de empuje, 37, 38, 218
coeficiente de la fuerza del viento, 10
coficiente de resistencia, 36, 37, 207
contra, 100, 104, 110, 112, 114, 232, 233
cross cut, 188
Crossbow, 53
cruceta, 150
cunningham, 82, 233

dacron, 112
de popa, 20, 181
diagrama polar, 36, 188
diagrama de prestaciones, 23, 43
diseño de vela, 36, 38, 86, 160
dispositivo de trimado, 136, 149, 174
driza de la mayor, 80

driza del spi, 172, 173
dyneema, 80

efecto de la pala, 213
embolsamiento, 83, 137, 138
    de una vela, 41, 77, 84, 136, 180
empuje, 210
energía eólica, 16
engranaje de bloqueo, 233
enrollador, 161, 176
    de gennaker, 175
    de génova, 161
    de vela de proa, 230
equilibrio direccional, 214
escala de la fuerza del viento, 10
escora, 16, 226
escota de dos velocidades, 104
escota de la mayor, 94, 95, 97, 233
escota del spi, 204
escotas dobles, 181
escotero, 136, 139, 143, 179, 183
estabilidad de rumbo, 211, 215
estay de proa, flexión, 145, 162

flamear, 152
flexión del palo, 84, 85
flujo circulatorio, 33
foque, 64
    autovirante, 65, 154
    de trabajo, 127
    doble, 72, 74, 156
    foque I, 127
    sobre enrollador, 216, 220
fórmula IOR, 64
fuerza de escora, 97, 210
fuerza del aire, 15, 207
fuerza del viento, 11, 12
fuerza lateral, 97
fuerzas aerodinámicas, 210
fuerzas hidrodinámicas, 210

gennaker, 61, 74, 133, 166, 170, 171, 176, 188, 190

ÍNDICE ALFABÉTICO

génova, 63, 128, 135, 139, 165
    doble, 76
    enrollable, 65, 159, 171
    génova I, 165
gradiente vertical del viento, 13, 50, 56
grátil del spi, 168
grátil, volante, 175, 180
guía para el grátil, 232
guía perforada, 149

Hard Sails, 188

instalaciones de pilotaje mecánicas, 202
irse de orzada, 197, 205

jarcia de varilla *(rod)*, 161

kevlar, 80, 112, 155

laminados, 80
lanitas, 142
largo, 22
lazy jacks, 112, 113, 233
línea de flotación constructiva, 211

marcas, 153, 214
matafiones, 227, 228
mayor enrollable, 68, 119, 120, 121
medida LP, 64
medidas, 63
    del spi, 168, 194
método de rizado, 228
mordaza de escota, 177
mosquetón, 171
Myth of Malham, 61

navegando en modo de desplazamiento, 224
navegar haciendo bordos, 105
New Zealand, 50
North Sails, 188

ola de popa, 223
ola de proa, 223
ollao de la baluma, 228

pajarín, 82, 85, 118, 193, 229, 232
palo con cámara hueca, 121
palo Stoway, 115
paralelogramo de las velocidades, 15
    del viento, 43, 208
parte superior, 56
pasteca, 145
patín, 113
patín de la driza, 162
patines, 113
    Ballslide, 113
    con rodamientos, 113
    de los sables, 110, 112
    de plástico, 114
pentex, 80, 112
perfil, 160
    aerodinámico, 149, 204
    con dos relingas, 160
    de la vela de proa, 145
    hueco, 123
pie de gallo, 104, 155, 156
pinzote, 228, 229
planeo, 223, 225, 226
plano de flotación asimétrico, 218
plano portante, 27
plano vélico, 125
popa redonda, 51, 188
posición del timón, 213, 214
presión de la pala, 213, 218
presión de los sables, 114
prestaciones en navegación, 45, 84
procedimiento de corte controlado por ordenador, 79
propenso a arribar, 214, 220
pujamen del spi, 168
puntera, 170
puño de amura, 173, 180
puño de escota, 148, 163

radial head, 205
reacher, 182
   de estay, 182
reducir los movimientos de balanceo, 201
refuerzo en la vela, 153, 155, 157
regala, 177
relación lateral, 72, 196
relinga, 230
resistencia de casco R, 207
resistencia inducida, 71
resistencia, 209
   de la vela, 208
resistencias de inducción, 118
retenida, 111, 202, 205
rizo de fondo, 85, 229
roldana a tope de palo, 170, 173
rotura del palo, 225
rueda, 214
ruedas, 213
rumbo, 49
rumbo a un largo, 102, 120, 168, 171, 196
rumbo de bolina, 18, 169, 218
rumbo de ceñida, 97, 102, 104, 126, 171, 217
   óptimo, 18, 47
rumbo de popa, 101, 133, 167, 175, 183, 196
rumbo de través, 49, 129, 170, 195, 219
rumbo indirecto óptimo, 173
rumbo portante, 114, 146, 225
rumbos de vientos portantes, 104

sables, 110, 111, 121
sandwich de mylar, 112
sistema de enrollado, 230
sistema de palo enrollable, 232
sistema de raíl para mayores con sables forzados, 115
sistema de rizado, 228
sistema de rizo automático de un cabo, 229, 230
sistema de rizos automáticos de dos cabos, 230
sistema, de olas, 224
solapamiento, 125, 130
spectra, 80, 157
spi, 165, 187
   de crucero, 75, 168, 189
star cut, 188
superficie de la pala, 213
superficie vélica de ceñida, 217

tallboy, 133
tambor de rizado, 162, 233
tangón, 171, 173, 179, 190, 192, 184, 203
   telescópico, 65, 75, 185, 190
Ted Hood, 188
tejido, 80
tejido reticular, 80
tensión de la driza, 136, 233
tensión del estay de proa, 139, 147
tensión del estay popel, 147
tensión del grátil, 137, 172
tensor de rueda, 109, 147
tensor del estay popel, 91
tensor hidráulico, 92
terminal del tangón, 88, 91, 94
timón, 213
   compensado, 213
   semicompensado, 212
   no compensado, 212, 213
tipos de spi, 168
tomar rizos, 220, 226
tormentín, 64, 220
torsión, 50, 136
trabuchar, 179, 183
   con blister, 180
   con el spi, 197
trasluchada involuntaria, 183, 202
trasluchar con dos tangones, 199
trasluchar el spi, 197, 198
través, 20

ÍNDICE ALFABÉTICO

triángulo de proa, 67, 146
trimado de la escota de la mayor, 103
trimado de la vela, 217
trimado del carro de escota, 104
trimado del palo, 139
trinqueta aparejada sobre percha, 154
trinquetas, 183
trinquete, 131
tri-radial, 195

valor útil de la vela, 207
valores de medición, 189
vectores de presión, 31
vela asimétrica, 172
vela con sables, 113
vela de proa, 123
    asimétrica, 40, 64, 74, 131, 133, 134, 165, 220
    enrollable, 158
vela de viento ligero, 39
vela de viento medio, 40
vela enrollable, 65
vela mayor, diseños, 79
vela mayor, distribución de fuerzas, 78
vela mayor con pujamen suelto, 183
vela mayor con sables forzados, 69, 112, 233
vela mayor enrollada en el palo, 120, 227
vela mayor rizada, 224
vela para navegar en los alisios, 74, 160
vela triangular, 121
velas adicionales, 73, 187
velas laminadas, 156
veleta, 18
velocidad a barlovento, 26, 44, 207, 208
velocidad de crucero, 223
velocidad de planeo, 225
velocidad del casco, 223, 224
velocidad del viento, 9, 149
velocidad máxima, 224
velocidad óptima, 223, 224
ventolinas, 128
viento, 9
viento aparente, 9, 179
viento atmosférico, 9, 17
viento de a bordo, 18, 139, 182, 188
viento de a bordo relativo, 9, 17, 21
viento de través, 22
viento fuerte, 129, 130
viento generado por el avance del velero, 9, 17
viento medio, 129
viento real, 9
    ángulo de, 19, 43, 208
virar, 23

OTROS TÍTULOS PUBLICADOS EN ESTA MISMA COLECCIÓN

Volumen 1   EMBARCACIONES NEUMÁTICAS. *Manuel Figueras*

Volumen 2   EMPLEO DEL RADAR EN EL MAR. *Robert Avis*

Volumen 3   MANUAL DE NUDOS NÁUTICOS (3.ª edición). *Peter Owen*

Volumen 4   HOMBRE AL AGUA. *Dietrich v. Haeften*

Volumen 5   SITUARSE EN LA MAR (2.ª edición). *Manuel Figueras*

Volumen 8   COMUNICACIONES NÁUTICAS. *Manuel Figueras*

Volumen 9   LOS TRUCOS DEL MARINO 2. *Klaus Bartels*

Volumen 10 MANUAL DEL CATAMARÁN. *Manuel Figueras*

Volumen 11 LA PREPARACIÓN DE UN CRUCERO. *Klaus Hympendahl*

Volumen 12 CÓMO EVALUAR UN YATE. *Joachim F. Muhs*

Volumen 14 NUDOS DECORATIVOS Y SUS APLICACIONES EN EL BARCO
            Manuel Figueras

Volumen 15 LOS TRUCOS DEL MARINO 3. *Klaus Bartels*

Volumen 16 ELECTRICIDAD DEL BARCO. *Manuel Figueras*

Volumen 17 PRIMEROS AUXILIOS A BORDO. *Jürgen Hauert*

Volumen 18 AIS. TEORÍA Y PRÁCTICA. *Rüdiger Hirche*

Volumen 19 ¿Y AHORA QUÉ HACEMOS PATRÓN?. *Bill Anderson y Chris Beeson*

Volumen 20 FONDEAR. *Bobby Schenk*

Si desea más información sobre éstos y otros títulos de náutica publicados por Ediciones Tutor, visite nuestra página web: www.edicionestutor.com